Breve história da
ARTE SACRA CRISTÃ

TIMOTHY VERDON

Breve história da
ARTE SACRA CRISTÃ

Tradução
Gabriel Frade

Edições Loyola

Título original:
Breve storia dell'arte sacra cristiana
© 2012, ²2020 Copyright by Editrice Queriniana, Brescia.
Via Ferri, 75 – 25123 – Brescia (Italy)
ISBN 978-88-399-2877-1

Dados Internacionais de Catalogação na Publicação (CIP)
(Câmara Brasileira do Livro, SP, Brasil)

Verdon, Timothy
   Breve história da arte sacra cristã / Timothy Verdon ;
tradução Gabriel Frade. -- São Paulo : Edições Loyola (Aneas), 2025.
   -- (Arte sacra)

   Título original: Breve storia dell'arte sacra cristiana.
   ISBN 978-65-5504-433-1

   1. Arte e simbolismo cristão I. Frade, Gabriel. II. Título. III. Série.

25-250544   CDD-704.9482

Índices para catálogo sistemático:
1. Arte cristã : Simbolismo : História   704.9482
Eliete Marques da Silva - Bibliotecária - CRB-8/9380

Diretor geral: Eliomar Ribeiro, SJ
Editor: Gabriel Frade

Capa: Ronaldo Hideo Inoue
Diagramação: Sowai Tam
Preparação: Tarsila Doná
Revisão: Mônica Glasser

Capa montada a partir de detalhe da obra
The Crowning with Thorns (c. 1602-1604),
de Michelangelo Merisi da Caravaggio (1571-1610).
Coleção do *Kunsthistorisches Museum*, Viena, Áustria.
© Wikimedia Commons/Google Art Project.

Aberturas de capítulo e caderno de imagens
executados por Ronaldo Hideo Inoue.

Imagens das aberturas creditadas em suas
respectivas páginas. Imagens do caderno cedidas
pela editora estrangeira.

Rua 1822 nº 341, Ipiranga
04216-000 São Paulo, SP
T 55 11 3385 8500/8501, 2063 4275
editorial@loyola.com.br, vendas@loyola.com.br
loyola.com.br, @edicoesloyola

Todos os direitos reservados. Nenhuma parte desta obra pode ser reproduzida ou transmitida
por qualquer forma e/ou quaisquer meios (eletrônico ou mecânico, incluindo fotocópia e gravação)
ou arquivada em qualquer sistema ou banco de dados sem permissão escrita da Editora.

ISBN 978-65-5504-433-1

© EDIÇÕES LOYOLA, São Paulo, Brasil, 2025

Sumário

Prefácio à edição brasileira 7

Introdução. A arte sacra 11
    O conceito de arte sacra na Bíblia 16
    A serviço da liturgia comunitária 19
    Coordenadas escriturísticas, simbólicas e históricas 21

1. Da arte helênica à arte cristã 25
    Uma linguagem de sinais 28
    Bizâncio e Ravena 34
    Imagens mistagógicas 36
    Santo Apolinário in Classe 39

2. A Alta Idade Média 43
    O monarquismo ocidental e seu sistema religioso e cultural 45
    A arte carolíngia e otoniana 50
    A arte românica 54
    Sistemas decorativos 59

3. O gótico 63
    A nova arquitetura 65
    Arquitetura gótica fora da França 70
    As fachadas e a escultura gótica 72
    Pintura italiana entre os séculos XIII e XIV 77
    Escultura, arquitetura e pintura do gótico tardio 81

4. O século XV 87
    Do gótico internacional ao Renascimento 89
    Filippo Brunelleschi e a nova arquitetura 91
    Masaccio e a nova pintura 93

A *ars nova* flamenga	95
Elaborações no Norte, trocas transalpinas	98
Elaborações na Itália	103
Difusão do estilo renascentista em outras partes da Itália	107
Roma, Florença e Milão nos anos 1480-1490	110
Final do século XV em Veneza	113
Final do século: de Florença a Roma	116

5. O século XVI — 119

Os inícios entre Roma e Florença	121
Bramante, Michelangelo e Rafael em Roma	122
O início do século XVI no Norte	126
A Itália da "maneira" e da arte veneziana	130
Veneza e o norte da Itália	132
A arte da Contrarreforma	136
Espanha, Flandres e Holanda	141
Itália: arquitetura, pintura e escultura do final do século	143
Roma no final do século XVI	146

6. O barroco — 149

Roma e os primórdios da pintura barroca	151
Flandres e Espanha	154
O século XVII na França…	157
… e nos Países Baixos	159
O alto barroco romano: arquitetura e escultura	162
Outros mestres da Roma barroca	166
O barroco tardio na Itália e na Europa	168

7. O período moderno e contemporâneo — 173

Nostalgia da cultura cristã	176
Perda de foco, esgotamento poético, fosso cultural	178
O início do século XX	183
Manzù e o concílio, Paulo VI e a arte	186
Do concílio aos nossos dias	189
Novas igrejas	194

Bibliografia — 199

Prefácio à edição brasileira

> Ele [o Cristo] é a imagem do Deus invisível...
> A Vida se manifestou, e nós a vimos.
>
> (cf. Cl 1,15; 1Jo 1,5)

O livro de padre Timothy Verdon – como o próprio título deixa intuir – é o que poderíamos chamar de um verdadeiro e próprio "compêndio de arte sacra".

Oferecer uma síntese da arte sacra cristã produzida pela Igreja, especialmente na região da Europa, é uma tarefa assustadora, seja pela vastidão das obras produzidas, seja pela amplitude do tempo transcorrido em que essas manifestações artísticas ocorreram. No entanto, o autor, sempre muito preciso em suas descrições dos vários estilos arquitetônicos e das artes plásticas votadas ao sagrado, oferece-nos com maestria um fio condutor capaz de guiar com segurança o leitor pela vasta paisagem da arte sacra. Sua visão ímpar dos vários cenários, sempre balizada pelo olhar atento do historiador da arte e do teólogo, procura evidenciar em suas análises não apenas os elementos técnicos, históricos e culturais, mas também o dado da fé.

Como já acenado, sua visão se restringe majoritariamente ao contexto europeu, visto que foi precisamente aí que a "venerável árvore" do cristianismo afundou com mais profundidade suas raízes e produziu seus frutos mais abundantes no campo das artes. Contudo, essa constatação não deve desanimar o leitor brasileiro, pois, como se sabe, para se compreender com mais propriedade a arte sacra produzida nas Américas, particularmente no Brasil, é necessário conhecer antes suas raízes; do contrário se corre o risco de não se conhecer em profundidade nosso rico patrimônio ou, pior, de ficar "prisioneiros" de determinado estilo artístico.

Aliás, é de imaginar que o recente retorno no Brasil, especialmente entre as gerações mais jovens, ao gosto por determinado estilo histórico – pensemos aqui no neobarroco, mas também no neogótico, no neoclássico e no ecletismo – se justifique em parte pela crença ingênua de que a Igreja desde sempre produziu tal tipo de estilo artístico e que apenas a arte contemporânea representaria uma "fratura" em relação a esse estilo, erroneamente interpretado pelos mais jovens como "tradicional".

Lendo as páginas deste livro, o leitor logo descobre que o "tradicional" é na verdade multiforme, multivariado, multifacetado em um prisma de diversas culturas, épocas e compreensões. E, no entanto, nessa mesma fantástica diversidade de arte e arquitetura, repousa a permanência de uma identidade bem definida: trata-se sempre da arte cristã.

Por outro lado, para que não paire dúvida alguma nos leitores brasileiros, é preciso logo dizer que não há mal algum em apreciar as obras de arte sacra produzidas durante o período colonial brasileiro ou mesmo depois, quando os séculos XIX e XX se prodigalizaram em produzir igrejas neogóticas, neoclássicas ou mesmo ecléticas, com suas respectivas alfaias.

O problema, ao que parece, é quando se quer ressuscitar esses "estilos históricos" como o grande modelo ideal a ser perseguido e imposto, permanecendo prisioneiros de certas compreensões e anacronismos que presenciamos ainda em nossos dias. Nesse sentido, consideremos, por exemplo, o uso da expressão "missa de sempre" por alguns jovens para designar a missa romana do rito de São Pio V, quase como se fosse para indicar o mesmíssimo rito celebrado pelos apóstolos na época de Jesus – os quais, dentre outras coisas, certamente não dominavam o latim nem sequer vestiam paramentos da missa romana característicos de um período muito posterior, e que foram "canonizados" apenas no século XVI, na Igreja latina… Logo se vê que essa expressão, entendida de modo redutivo, como muitos o fazem, na verdade não possui fundamentação histórica alguma.

O livro que o leitor tem em mãos nada mais faz do que corroborar, com os fatos da história da arte, aquilo que foi felizmente formulado pela *Sacrosanctum Concilium* (SC), a primeira Constituição do Concílio Vaticano II que trata da liturgia. Em seu capítulo VII, dedicado às artes e às alfaias da Igreja, lemos a solene afirmação:

> A Igreja nunca considerou um estilo como próprio seu, mas aceitou os estilos de todas as épocas, segundo a índole e condição dos povos e as exigências dos vários ritos, criando deste modo no decorrer dos séculos um tesouro artístico que deve ser conservado cuidadosamente. Seja também cultivada livremente na Igreja a arte do nosso tempo, a arte de todos os povos e regiões, desde que sirva com a devida reverência e a devida honra às exigências dos edifícios e ritos sagrados. Assim poderá ela unir a sua voz ao admirável cântico de glória que grandes homens elevaram à fé católica em séculos passados. (SC, 123)

Fazemos votos que a leitura deste livro – haja vista que não há muitas obras disponíveis no Brasil como esta, felizmente publicada por Edições Loyola – possa abrir os horizontes dos leitores, que encontrarão nestas páginas uma narrativa ágil e metódica, capaz de descortinar o rico panorama da arte sacra cristã no Ocidente. Além disso, esta obra é uma excelente ferramenta para os amantes das artes, mas também para os membros do clero, religiosos, leigos engajados na pastoral e para artistas e arquitetos que tenham o desejo de ampliar seus conhecimentos na arte sacra cristã.

Boa leitura!

Prof. Gabriel Frade
Itaquaquecetuba, 07 de janeiro de 2025.

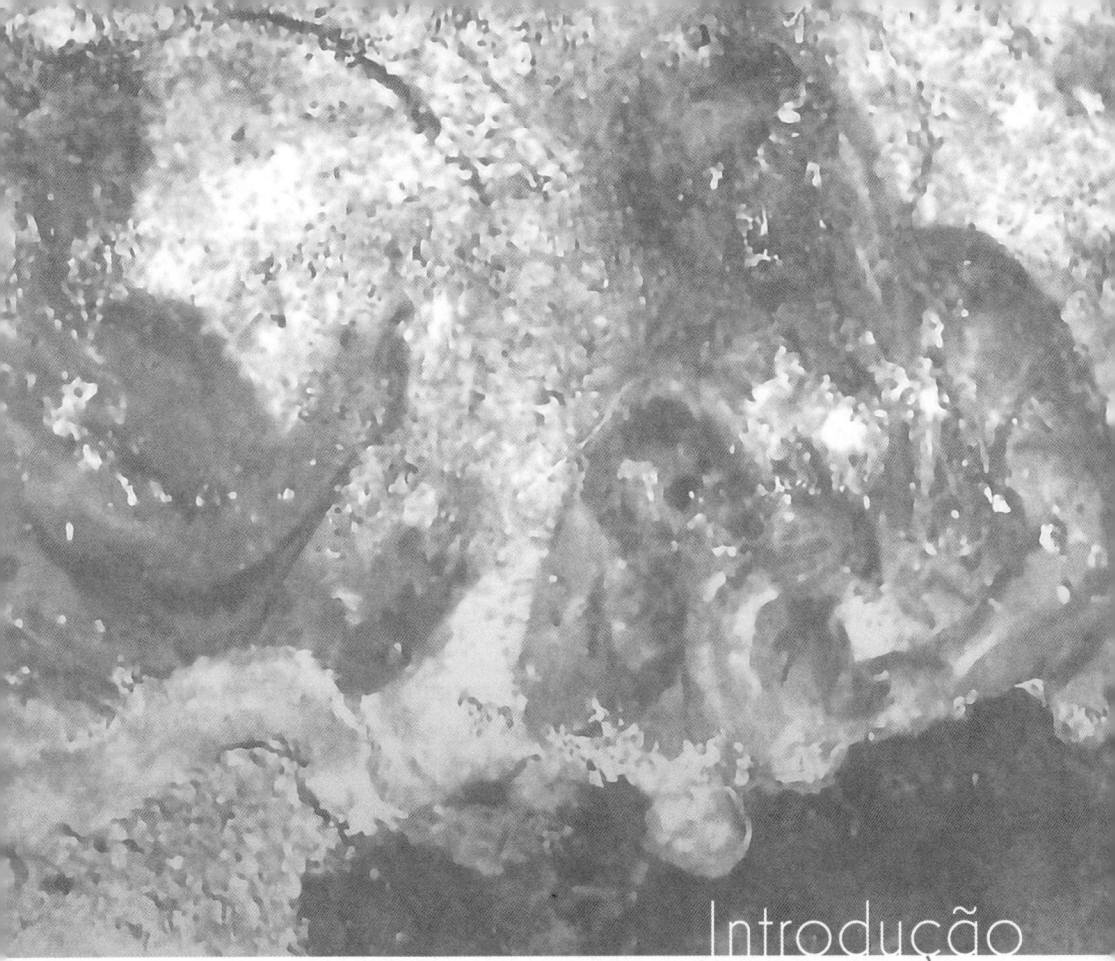

Introdução
A ARTE SACRA

Detalhe de afresco paleocristão
com a mais antiga representação da
Virgem Maria (final do século II)
Catacumba de Priscila (Roma, Itália)
© Wikimedia Commons

Querendo escrever brevemente sua história, é necessário antes dizer o que é a arte sacra cristã e como ela pode se distinguir de outros gêneros de arte. Qual coeficiente particular eleva uma construção ou uma obra material do "profano" para o "sagrado"? O estilo? O conteúdo? A função eclesial?

Uma primeira resposta a esses tipos de pergunta foi formulada pelo Papa João Paulo II em sua *Carta aos artistas*, assinada no dia de Páscoa de 1999. Bebendo talvez em recordações de infância, o Papa polonês evocou as igrejas do Oriente cristão, com seus ícones resplendentes na penumbra, citando uma maravilhosa frase de Pavel Florensky:

> O ouro, bárbaro, pesado, fútil à clara luz do dia, se reaviva com a luz trêmula de uma lâmpada ou de uma vela, pois cintila com miríades de fulgores, ora aqui, ora ali, fazendo pressentir outras luzes não terrestres que preenchem o espaço celeste[1].

Na ótica sugerida pelo Papa, a "sacralidade" da obra deriva então de sua destinação ou finalização religiosa, determinante pelo modo como ela é percebida. O mesmo ouro com o qual se faz joias, que à luz do dia parecem fúteis, aplicado a imagens vistas na igreja, adquire um significado novo, ligado à poética da fé. De fato, essa é a acepção mais antiga do termo "sagrado", que conota a *separação* de uma coisa comum do contexto meramente humano e sua "consagração" ao serviço divino.

---

1. João Paulo II, *Lettera agli artisti*, Libreria Editrice Vaticana, Città del Vaticano, 1999, n. 8. A frase foi tirada de Florensky, P., *La prospettiva rovesciata e altri scritti*, organizado por Nicoletta Misler, Roma, Casa del libro, 1984, 63. [João Paulo II, *Carta aos artistas*, São Paulo, Loyola, 1999. (N. do T.)]

Contudo, a questão não concerne apenas à percepção de quem observa, pois também o artista pode ser alguém que crê. Nesse caso, o seu processo criativo, bem como a utilização de técnicas e de materiais, pode ser condicionado pela sua fé. Há, portanto, elementos de *intencionalidade* e de *projeto* que conotam uma obra como "sacra", mesmo quando um artista não crente intencionalmente aceita a fé de clientes fervorosos, valorizando talvez mais a ampla dimensão antropológica do cristianismo do que a dimensão especificamente religiosa.

Há finalmente um elemento *histórico* que, na arte de todas as religiões, assume sempre, com o passar dos séculos, sempre uma importância maior. Construções, estátuas, pinturas e alfaias se tornam testemunhas da fé que uma geração transmite às gerações sucessivas, preciosos instrumentos de comunicação e partes irrenunciáveis de uma tradição.

Em todo caso, os cristãos, desde os primeiros séculos de sua história, fizeram uso de imagens, conferindo a elas um papel que vai para além da mera ilustração dos textos sagrados: um papel reconhecido por João Paulo II em sua *Carta* de 1999 com a admissão extraordinária de que, "para transmitir a mensagem que lhe foi confiada por Cristo, a Igreja *tem necessidade* da arte"[2]. Já outro Papa do século XX, Paulo VI, tinha explicado essa "necessidade" quando, dirigindo-se aos artistas, escritores e músicos em 1965, disse que

> [...] já há muito tempo a Igreja fez aliança convosco. Vós edificastes e decorastes seus templos, celebrastes seus dogmas, enriquecestes sua liturgia. Vós a ajudastes a traduzir sua mensagem divina na linguagem das formas e das figuras, a tornar visível aos sentidos o mundo invisível[3].

Essa atribuição de importância às imagens é, de fato, um elemento constitutivo do cristianismo. Um documento-base da fé, o *Evangelho segundo João*, indica sua razão teológica, ligando o sentido humano da visão ao plano de salvação revelado em Cristo. Caracterizando o Salvador em termos alusivos aos antigos textos sacros, João disse que "no princípio existia o *Verbo*, o Verbo

---

2. João Paulo II, *Carta aos artistas*, op. cit., n. 12.
3. Paulo VI, Homilia por ocasião do encerramento do Concílio Vaticano II (8 de dezembro de 1965), in: *Acta Apostolicae Sedis* 58 (1966) 13. Cf. também o *Enchiridion Vaticanum 1*, Bologna, EDB, 1981, nn. 495*-496*.

estava voltado para Deus, e o Verbo era Deus" (Jo 1,1). Em seguida adiciona que esse Verbo – o próprio Cristo – "se fez carne e habitou entre nós. Nós *vimos* sua glória, glória que recebe de seu Pai como Filho único, cheio de graça e verdade" (Jo 1,14). No mesmo espírito, outro texto atribuído a esse evangelista diz que em Cristo a vida eterna "se *manifestou,* nós a *vimos* e disso damos testemunho" (1Jo 1,1 s.), e uma carta atribuída a Paulo chama Cristo simplesmente de "imagem [no original grego: *eikõn,* 'ícone'] do Deus invisível" (Cl 1,15).

Essas citações sugerem a relação muito particular de Cristo, o Verbo feito homem para ser "imagem" do Deus invisível, com imagens humanas que falam de Deus, com construções (pois também o edifício sagrado é uma "imagem"), esculturas, pinturas, miniaturas, vitrais, marfins, ourivesarias. Trata-se de fato de uma relação única na história das religiões, pois, enquanto em outros sistemas de fé a arte ilustra conteúdos cujo baricentro permanece alhures, no cristianismo ela conduz, pela própria natureza, ao coração do objeto crido, isto é, ao paradoxo de um Deus espiritual que quis se exprimir de forma material. "Houve tempo em que não se podia fazer imagem alguma de um Deus incorpóreo e sem contorno físico", recorda o mais corajoso defensor das imagens cristãs, São João Damasceno, evocando a proibição bíblica de toda representação da Divindade. "Contudo, agora Deus foi visto na carne e se misturou à vida dos seres humanos", continua, "de modo que é lícito fazer uma imagem do que foi visto de Deus"[4]. Escrevendo em 730, no contexto da interdição das imagens por parte do imperador de Bizâncio, o iconoclasta Leão III, esse autor – nascido cristão em uma Damasco então sob controle muçulmano – reafirma o nexo entre a encarnação do Verbo e o uso das imagens, sobretudo aquelas que representam o próprio Cristo.

Para demonstrar o erro dos iconoclastas, tanto João Damasceno quanto os demais apoiadores do uso das imagens se baseavam em um "retrato" de

---

4. São João Damasceno, Discorso sulle immagini, I, 16. Cf. Camelot, P. T., Jean de Damas, défenseur des saintes images, in: La vie spirituelle, 140 (1986) 638-651; Noble, T. F. X., John Damascene and the History of the Iconoclastic Controversy, in: Noble, T. F. X.; Contreni, J. J. (orgs.), *Religion, Culture, Society in the Early Middle Ages. Studies in Honor of Richard E. Sullivan*, Medieval Institute Publications, Western Michigan University, Kalamazoo/MI, 1987, 95-116; Menozzi, D., *Les images. L'Église et les arts visuels*, Paris, Cerf, 1991, 89-94.

Jesus muito venerado naquele tempo. Trata-se de um pano com a imagem do rosto do Salvador, já mencionado num escrito do século V, quando era considerado como uma imagem feita ao vivo nos tempos de Jesus por vontade do rei de Edessa, Abgar, e executado pelo pintor da corte enviado até Jesus para impetrar a cura do rei, que era leproso. Sucessivamente se falará desse pano, chamado *mandylion* (do árabe *mandīl*, "guardanapo"), como *acheropita*, "não feito por mão humana", e é assim que o objeto é citado pelos santos João Damasceno e André de Creta, durante a controvérsia iconoclasta, como prova da vontade divina de que os cristãos tenham imagens de Cristo a serem veneradas. Ao longo dos séculos a influência do *mandylion* original se fez sentir em numerosas cópias, dentre as quais a do Vaticano e a de São Bartolomeu dos Armênios, em Gênova.

O *mandylion* pode ser considerado um autêntico retrato de Jesus? É verdade que a liturgia, com uma expressão poética, chama Cristo de "o mais formoso dos filhos de Adão" (Sl 45,3), mas na realidade não há testemunhos dessa época que digam respeito ao aspecto físico do Salvador, nem as Escrituras cristãs falam disso. Santo Agostinho, escrevendo nas primeiras décadas do século V, negou tanto a existência de representações exatas de Cristo quanto a utilidade dessas imagens, caso existissem. Dentro de um discurso sobre a fé não baseada na evidência dos sentidos, o bispo de Hipona afirma que "também o rosto físico do Senhor – que era específico, seja qual fosse – é imaginado de modo infinitamente variado, segundo as diferentes representações que cada um faz dele", e insiste sobre o fato de que fundamental, para quem crê, não é a especificidade retratista, mas a aceitação genérica da humanidade do Filho de Deus[5]. Essa afirmação prepara a atitude livre com que a cristandade latina representará Cristo nos séculos sucessivos, e preanuncia o ceticismo em relação à imagem *acheropita* de Edessa que se encontrará, por exemplo, no teólogo carolíngio Teodulfo de Orleães, o qual, escrevendo meio século depois de São João Damasceno, nega a historicidade do *mandylion*.

---

5. Santo Agostinho, *De Trinitate* VIII, 4s., in: *CCL* 50, 260ss. (ed. it., *Opere di sant'Agostino, IV: La Trinità*, Introduzione di A. Trapé e M. F. Sciacca, Roma, Città nuova, 1973).

O conceito de arte sacra na Bíblia

Se da tradição eclesial as origens da arte sacra são difíceis de especificar, a Bíblia, pelo contrário, oferece a esse propósito um quadro detalhado e de particular riqueza teológica, afirmando, no livro do *Êxodo*, que "os artistas, que o Senhor dotará de sabedoria e entendimento para saberem executar todos os trabalhos da construção do santuário", eram instruídos por Moisés em pessoa para que fizessem "tudo conforme o Senhor tinha ordenado" (Ex 36,1). Essa passagem veterotestamentária é, com efeito, o fundamento absoluto da concepção judaico-cristã da arte, e é necessário aqui recordar tanto o seu arranjo conceitual quanto sua posição dentro do relato da fuga da escravidão do Egito rumo à liberdade da "terra prometida". O chamado dos artistas para a construção do santuário é, de fato, o ato conclusivo de uma série de eventos determinantes para a história e para a própria identidade do povo de Deus.

Enquanto sobre o monte Moisés recebe as tábuas da Lei – os dez mandamentos –, o povo, desconfiado, manda fazer um bezerro de ouro e se põe a adorá-lo (cf. Ex 32,1-6). Quando desce do monte, Moisés, ofendido pela infidelidade dos israelitas, quebra as tábuas e obriga o povo a escolher entre Yhwh e o ídolo, dizendo: "Quem é pelo Senhor, junte-se a mim!" (cf. Ex 32,15-28). Suplicando, obtém em seguida o perdão do pecado do povo e a promessa de que o Senhor caminhará no meio deste.

Contudo, quando Moisés pede para si próprio o privilégio de ver Deus diretamente, o Altíssimo responde: "Não podes ver a minha face. Ninguém pode ver-me e continuar vivo!" (Ex 33,20). Para seu amigo, porém, Deus faz uma concessão: "Olha este lugar junto a mim. Quanto a ti, fica de pé junto ao rochedo para que, quando a minha glória passar, eu te abrigue dentro de uma fenda do rochedo. Estenderei a minha mão sobre ti, até que eu tenha passado. Depois, retirando eu a mão, poderás ver-me por detrás. Minha face, porém, ninguém poderá vê-la" (Ex 33,21-23). Moisés então sobe a montanha e vê, desse modo parcial, Yhwh, que, enquanto passa, se identifica como um Deus "compassivo e clemente, lento na cólera e rico em misericórdia e verdade". Deus estabelece uma aliança com Israel, e "as dez palavras" são reescritas sobre novas tábuas (cf. Ex 34,1-28).

Nesse ponto, tendo descido novamente da montanha, Moisés pede ao povo uma "contribuição voluntária" para o que deverá servir materialmente ao culto (cf. Ex 35,1-29) e chama o primeiro dos artistas, Beseleel, afirmando que o próprio Yhwh "encheu de um espírito divino, com sabedoria, entendimento e conhecimento para toda espécie de obras: para fazer projetos e executar trabalhos em ouro, prata e bronze, para lapidar pedras de engaste e entalhar madeira, enfim, para tudo o que exige talento artístico" (Ex 35,31-33).

Nessa sequência de eventos – que se abre com a confecção do bezerro de ouro e se fecha com a fabricação dos ornamentos do santuário –, a arte tem a ver com o pecado e com o perdão. Ela marca uma escolha radical por parte de Israel e materializa a promessa de Deus de "caminhar" em meio a seu povo. Além disso segue, e de algum modo prolonga, uma revelação parcial da glória divina (a visão que Moisés tem de Yhwh por trás) e manifesta a vontade do povo em contribuir com os próprios meios na realização de "um lugar próximo a Deus", cujo arquiteto é sempre Deus: ele fornece o desenho e dota os artistas de talento. Essa "contribuição voluntária" por parte do povo se tornará o sinal de penitência pelo pecado da idolatria, do mesmo modo como a beleza do santuário será sinal da aliança oferecida por um Deus "compassivo e clemente, lento na cólera e rico em misericórdia e verdade, que conserva a misericórdia até a milésima geração; que perdoa a culpa, a rebeldia e o pecado" (Ex 34,6 s.). Como está apresentada no livro do Êxodo, a arte sacra é um dos sinais do pacto subsistente entre o ser humano e Deus, que, perdoando a culpa, caminha em meio a seu povo; é quase um "sacramento" da presença e da salvação que Deus oferece.

No Novo Testamento, ao contrário, essas funções, que Israel tinha concentrado no santuário portátil que Moisés mandara construir e sucessivamente no suntuoso templo hierosolimitano, pareceriam destinadas a diminuir. Com efeito, falando com uma mulher da Samaria, Jesus dirá que nem o monte sagrado dos samaritanos nem o templo dos israelitas servem mais, pois "vem a hora, e já chegou, em que os verdadeiros adoradores adorarão o Pai em espírito e verdade. Adoradores como estes é que o Pai deseja. Deus é espírito"; e Jesus continuou: "os que o adoram devem adorar em espírito e verdade" (Jo 4,21-24). No mesmo tom, um dia, enquanto ensinava, ouvindo alguns que falavam sobre como "o templo era construído de belas pedras e ornado com ricos donativos, Jesus disse: 'Virão dias em que, de tudo quanto contemplais, não ficará pedra sobre pedra: tudo será destruído'" (Lc 21,5 s.). E, em outra ocasião, usou termos paradoxais para redimensionar a fé litúrgico-artística de Israel, quando, depois de ter expulsado os vendedores e cambistas do pátio externo do templo, justificou-se dizendo: "Destruí este templo e em três dias eu o construirei de novo" (Jo 2,19).

Contudo, eis que aparece imediatamente a verdadeira chave de leitura dessas passagens: o evangelista João, explicando o estupor dos ouvintes – "Levaram quarenta e seis anos para edificar este templo e tu serias capaz de reerguê-lo em três dias?" (Jo 2,20) –, esclarece que Cristo "dizia isso a respeito do templo de seu corpo", e que, "quando ressuscitou dos mortos, os discípulos se lembraram do que ele falou e acreditaram na Escritura e na palavra que Jesus tinha dito" (Jo 2,21 s.). Para a teologia cristã, é de fato ele – Jesus em pessoa – o novo "templo", o "lugar junto a Deus" onde o fiel contempla a glória do Pai.

Tanto no Novo Testamento como no Antigo Testamento, o homem não pode ver Deus diretamente, e o quarto evangelho, com efeito, insiste sobre o fato de que "ninguém jamais viu a Deus" (Jo 1,18a); contudo, adiciona: "O Filho Único, Deus, que está voltado para o seio do Pai, o revelou" (Jo 1,18b). A afirmação remonta ao próprio Cristo, que havia respondido, ao apóstolo Filipe, que tinha pedido para ver Deus: "Quem me vê, vê também ao Pai" (Jo 14,9). No mesmo espírito, o já mencionado texto da Carta aos Colossenses pode afirmar que o próprio Cristo é "imagem do Deus invisível" (Cl 1,15).

Contudo, se Cristo é o "ícone" pessoal e encarnado do Pai invisível – a irradiação daquela glória que Moisés quis ver e não pôde –, então o papel das *imagens* na nova aliança deverá ser não *menos*, mas *mais* importante que na antiga aliança. O lugar mais decorado do templo de Jerusalém (assim como fora na "morada" ou "tenda" feita por Beseleel) era a cela interna: o *Sancta sanctorum* que continha a arca em que se conservavam as dez palavras de Deus sobre tábuas de pedra; os revestimentos feitos com a preciosa madeira de cedro, com relevos que representavam botões de flores, faziam alusão à importância das palavras de Deus (cf. 1Rs 6,14-18). No entanto, em Jesus Cristo, não foram dez palavras de Deus, mas *a* Palavra – o *Lógos* ou *Verbum* – que se fez carne para ser vista. Não estava escondida numa arca, numa cela inacessível, mas visível, de modo que a Primeira Carta de João poderá dizer: "Nós vos anunciamos o que era desde o princípio, o que ouvimos e vimos com nossos olhos, o que contemplamos, o que tocamos com nossas mãos a respeito do Verbo da Vida. Porque a Vida se manifestou, e nós a vimos e damos testemunho, e vos anunciamos a Vida eterna, que estava ante o Pai e se manifestou a nós. Nós vos anunciamos o que vimos e ouvimos para que vivais vós também em comunhão conosco" (1Jo 1,1-3).

O papel da arte na nova aliança será, portanto, o de um anúncio, que visa à comunhão daquele "que era desde o princípio" e que alguns agora o experimentaram de modo sensorial – isto é, o "ouviram", "viram", "contemplaram" e até mesmo "tocaram" –, a Palavra encarnada, Vida eterna que, tornando-se visível, suscita em quem a vê um testemunho alegre. Efetivamente, a frase que conclui a passagem joanina acima citada diz: "Nós vos escrevemos tudo isto para que nossa alegria seja completa" (1Jo 1,4).

A serviço da liturgia comunitária

Ora, na vida da Igreja, o lugar oficialmente reputado para a expressão da alegria de que fala a Primeira Carta de João – o âmbito típico do testemunho e da comunhão – é a liturgia. As imagens ao seu serviço se tornam, portanto, automaticamente partes de um *anúncio* que é também um *encontro*, em analogia com os sacramentos; com efeito, é a partir da liturgia sacramental que as imagens haurem "presença", "força" e "realidade".

Por sua vez, ela – a liturgia – é em si obra artística e geradora de arte. De fato, em todas as culturas que a história tenha conhecido, o conjunto dos ritos com que um povo externa sua relação com Deus é composto de ações rituais conjugadas a palavras e tem necessidade de espaços onde possa desenvolver as ações e de alfaias que ilustrem o sentido dos textos. Por sua vez, os templos e as procissões, os cantos sacros, as imagens e as alfaias pressupõem a colaboração de profissionais dos vários campos: arquitetos e coreógrafos, compositores, cantores, poetas, pintores, escultores, ourives.

Para os teólogos dos primeiros seis séculos do cristianismo, os ritos eram reconhecíveis como "criativos" e os sacramentos, considerados "imagens". Segundo São Basílio, por exemplo, no batismo (que é participação na morte e ressurreição de Cristo: cf. Rm 6), "a água nos oferece *a imagem* da morte, acolhendo o corpo como num sepulcro"[6]. E, falando da eucaristia, Gaudêncio de Bréscia diz que "o pão é considerado, com razão, *imagem* do corpo de Cristo", pois é feito com "muitos grãos de trigo", que, moídos, amassados com água e assados ao fogo, se tornam sinal amplo da comunhão de muitas pessoas

---

6. São Basílio, Tratado sobre o Espírito Santo, 15,35, in: *PG* 32,130 s.

batizadas na água e no fogo do Espírito Santo – pessoas que se tornam, por sua vez, o único "corpo místico" de Cristo, isto é, a Igreja[7].

Nessas citações, em que domina o aspecto metafórico da relação "imagem-sacramento", não falta a dimensão *visual*. São Leão Magno chega a dizer que, depois do retorno de Cristo ao Pai na Ascensão, "o que era *visível* em nosso Redentor passou para os ritos sacramentais", reveladores da "arcana série de ações divinas", nas quais "toda a existência do cristão se fundamenta"[8]. De fato, a importância desse *conhecimento por imagens sensíveis* é tal que Gaudêncio de Bréscia considera necessário que os sacramentos sejam celebrados em cada igreja do mundo

> [...] até o retorno de Cristo do céu, para que todos – sacerdotes e leigos – tenham todos os dias diante dos olhos a viva representação da paixão do Senhor, a toquem com a mão, a recebam com a boca e com o coração, e conservem memória indelével da nossa redenção[9].

Contudo, se toda a comunidade deve ter sempre "diante dos olhos" a paixão de Cristo, daí deriva que, juntamente com os ritos que constituem "a viva representação" da morte e ressurreição do Salvador, terão grande dignidade também os mosaicos e as pinturas, os vitrais e as esculturas que, aproximadas aos ritos, visualizam seus conteúdos. A arte no lugar de culto, de fato, ilumina a expectativa dos cristãos, e nos personagens e nos eventos que ela ilustra se oferece como *espelho* da Imagem em que os fiéis esperam ser transformados. Nessa ótica "especular", o sujeito iconográfico não é nunca limitado aos personagens ou aos eventos representados, mas inclui sempre aqueles que nele se espelham enquanto esperam uma transformação pessoal. Essa "intersubjetividade" diz respeito ao indivíduo e à comunidade, para que todos sejam "edificados" – interiormente *construídos* – por imagens vistas enquanto escutam a missa; nessa situação, com efeito, as imagens não são apenas "vistas" (assim como a missa não é apenas "escutada"), mas *comparticipadas*, *vividas* em sempre novas configurações intersubjetivas.

---

7. São Gaudêncio de Bréscia, Tratado, 2, in: *CSEL* 68,30-32.
8. São Leão Magno, Discurso 2, sobre a Ascensão, I, 4, in: *PL* 54,397-399.
9. São Gaudêncio de Bréscia, *op. cit.*

Por sua vez, nas construções e imagens ligadas à liturgia, assim como na própria liturgia, o fiel é convidado a buscar, para além daquilo que ele enxerga, um algo *a mais* – talvez não enxergado porque ainda está no futuro, ou que talvez já exista, mas de maneira escondida; em todo caso, um algo a mais que muda radicalmente o sentido e o aspecto das coisas vistas. A obra de arte se torna assim *epifania* e *apocalipse* – "manifestação" e "revelação" –, capaz de suscitar uma tensão em quem a contempla com fé. Um aspecto fundamental da história da arte sacra diz respeito, de fato, ao potencial *moral* das obras, a sua capacidade de levar o espectador a comparar a própria vida com aquilo que está representado. Frequentemente deixada de lado, essa dimensão é o limite transponível entre a idealidade do sujeito e a situação real do indivíduo ou do grupo a quem a imagem está destinada. Essa função é facilmente legível em obras de caráter simbólico, como, por exemplo, as representações bizantinas do Cristo *Pantocrator*, em que os vários elementos codificados assinalam uma separação entre a natureza e a arte, a ponto de suscitar o sentido de uma diversidade significativa: o fundo dourado, a pose hierática, a veste de realeza, a fixidez do olhar, que requalificam o dado mimético, transformando o instinto de assimilação num cálculo analógico preciso. O espectador fiel se pergunta: "Se o homem-Deus possui essa grande dignidade, qual não deverá ser a minha dignidade de discípulo?".

Coordenadas escriturísticas, simbólicas e históricas

Como essas reflexões introdutórias sugerem, a arte sacra cristã possui uma relação fundamental com o Antigo e com o Novo Testamento, e é desses textos que é tirada boa parte dos sujeitos interpretados pelos artistas. Contudo, normalmente não se trata de questão de mera "ilustração textual" – daquilo que é denominado de *biblia pauperum* –, ainda que o autor desse conceito, o Papa Gregório Magno, afirmasse que "a pintura ensina aos iletrados, que para ela olham, aquilo que a Escritura traz para quem a lê". Embora sublinhe a função didática da imagem, Gregório Magno insistia, contudo, no fato de que os fiéis devem ser conduzidos da *visio* para a *adoratio*:

> Uma coisa é adorar uma pintura, outra é aprender, a partir de uma cena representada numa pintura, o que se deva adorar [...]. Que a tua

fraternidade com zelo solícito esclareça a questão, para que os fiéis experimentem compunção ardente diante do drama da cena representada e assim se prostrem humildemente em adoração na presença da Trindade santa[10].

O sétimo Concílio Ecumênico de Niceia II (787) formulará até mesmo uma "norma escriturística" para a arte a serviço do culto cristão, inspirando-se no versículo 9 do Salmo 48: "Tudo o que diziam, vemos em tua cidade, ó Deus. Cidade do nosso Deus, seu protetor para sempre", estabelecendo que "as venerandas e santas imagens [...] devem ser expostas nas santas igrejas de Deus".

A iconografia "escriturística" da arte cristã possui, portanto, um caráter eclesial e, por isso, litúrgico, encontrando eco na memória coletiva da comunidade escutadora da Palavra. Os eventos e os personagens mais representados do Antigo e do Novo Testamento e o estilo desenvolvido para a sua representação correspondem, de fato, às exigências da comunidade de fé nos diferentes momentos e lugares de sua história. A liturgia, de modo particular, determinou a escolha dos sujeitos bíblicos ilustrados pelos artistas: com efeito, a iconografia cristã visualiza principalmente os textos lidos nos períodos fortes do ano litúrgico, ou seja, Advento e Natal, Quaresma e Páscoa. Mas, mesmo quando o sujeito não é bíblico – por exemplo, no caso de representações da Assunção ou da Coroação de Maria –, os elementos iconográficos se reportam aos textos bíblicos utilizados na liturgia para explicitar o sentido do evento: a veste luminosa de Nossa Senhora, "mulher revestida de sol" (Ap 12,1), ou o aparato real da cena da Coroação, que evoca a poesia do Salmo 45,14 s. ("De majestade e ouro revestida, toda em brocado e vestes multicores, filha de rei, ao Rei é conduzida...").

Também *os símbolos* usados na arte cristã derivam das Escrituras conhecidas por meio do contexto litúrgico. Estes, contudo, à diferença das referências textuais que insistem em temas específicos, abrem o espírito para leituras múltiplas e fluidas do dado religioso; principalmente – como sublinhou o estudioso da religião comparada Mircea Eliade – "os símbolos falam não apenas à consciência plenamente desperta, mas à totalidade da vida psíquica da pessoa". Por isso, segundo Eliade,

---

10. São Gregório Magno, Epístola 11, a Sereno de Marselha, in: *PL* 77, 1128-1130.

[...] não devemos concluir que a mensagem dos símbolos esteja limitada àqueles significados que alguns indivíduos podem reconhecer [...]. A psicologia do profundo nos ensina que o símbolo cumpre sua função também lá onde seu significado exato vai além da compreensão do sujeito interpretante[11].

Nesse sentido, o jesuíta Karl Rahner enuncia um princípio fundamental: "Todo ente é *per se* necessariamente 'simbólico', pois deve se exprimir necessariamente para realizar a própria essência"[12]. Por outro lado, porém, como observa Paul Tillich, um teólogo protestante: "o enigma e a profundidade de toda forma expressiva é que revela e contemporaneamente esconde a realidade última"[13]. Essa ambiguidade faz parte daquilo que alguns chamaram de "negatividade dos símbolos religiosos", ou seja, o modo pelo qual o próprio ato simbólico tende a acentuar a discrepância entre forma e conteúdo, de modo que os símbolos religiosos dão sempre um sentido de seu caráter provisório[14]. Assim, a utilização dos símbolos na arte favorece uma experiência estética não dessemelhante daquilo que, na economia dos sinais da fé, chamamos de "sacramental".

Pode-se dizer que o cristianismo, enquanto sistema religioso, pressupõe o uso de imagens simbólicas: o Evangelho de João apresenta Cristo como "Verbo Encarnado", e isso parece situar o simbolismo entre elementos constitutivos do pensamento cristão. Como explica Rahner,

[...] a teologia do *Lógos* [Verbo, Palavra] é realmente uma teologia do símbolo; antes, é a sua forma suprema [...], pois o Pai é si mesmo

---

11. ELIADE, M., Methodological Remarks in the Study of Religious Symbolism, in: ELIADE, M.; KITAGAWA, J. M. (orgs.), *The History of Religions. Studies in Methodology*, Chicago/IL, University of Chicago Press, ⁶1973, 106 s. [tradução italiana, Osservazioni metodologiche sullo studio del simbolismo religioso, in: ELIADE, M.; KITAGAWA, J. M. (orgs.), *Studi di storia delle religioni*, Firenze, Sansoni, 1985, 103-124].
12. RAHNER, K., Sulla teologia del simbolo, in: RAHNER, K., *Saggi sui sacramenti e sull'escatologia*, Roma, Edizioni Paoline, 1965, 52-107; aqui, 57.
13. TILLICH, P., Art and Ultimate Reality, in: *Cross Currents* 10 (1960) 2.
14. Cf. DUPRÉ, L. K., *The Other Dimension. A Search for the Meaning of Religious Attitudes*, Garden City/NY, Doubleday, 1972, 164 s.

enquanto coloca diante de si a imagem que lhe é consubstancial, como pessoa distinta de si, e de tal modo ele se possui[15].

Ademais, a encarnação do Verbo – o seu assumir um corpo material, o seu ingressar no mundo – revela o caráter sacramental da matéria e do cosmos.

O último elemento-chave numa intervenção sobre a arte sacra cristã, e aquele sobre o qual se focaliza principalmente o presente ensaio, é *a história*. O cristianismo, de fato, é uma religião histórica, que crê num Deus que age no tempo até chegar ao ponto de enviar seu Filho para que se tornasse parte de uma época específica; crê também numa Igreja inserida como fermento na história dos períodos temporais igualmente específicos. Daí deriva que a arte que exprime essa fé está analogamente aberta para as dinâmicas históricas dos períodos em que se desenvolve, assumindo, mas também iluminando e transformando, as preocupações, as soluções, os estilos e os ideais culturais que os caracterizam.

A presente *Breve história da arte sacra cristã* quer sugerir as lógicas internas desse milenar processo de assimilação, iluminação e transformação. Repercorrendo a história da Igreja e das culturas às quais ela contribuiu com seu serviço, quer situar as construções, as obras plásticas e pictóricas, os objetos e as demais criações visuais na sucessão das correntes de teologia e de espiritualidade. Por meio da arte do passado – o "depósito" visual que a fé dos cristãos nos confiou –, quer ver e fazer ver o Verbo da vida, Jesus Cristo, que estava junto do Pai, mas se tornou visível para os seres humanos. Nas representações de Cristo, de Maria, dos Santos – mas também no âmbito do abstrato, da arquitetura, e naquele âmbito místico das imagens simbólicas –, quer redescobrir a beleza da fé.

---

15. Rahner, K., *Sulla teologia del simbolo*, *op. cit.*, 77 s.

DA ARTE HELÊNICA À ARTE CRISTÃ

Detalhe dos medalhões de mosaico
em estilo bizantino do grande arco triunfal da
Basílica de São Vital (Ravena, Itália)
© Wikimedia Commons/Petar Milošević

É provável que os cristãos tenham utilizado a arte desde o início. A nova fé se difundia nas cidades do império romano, cujos templos e cujas casas estavam adornados de obras escultóricas e pictóricas, e é natural pensar que, entre as prescrições judaicas rejeitadas pela Igreja das origens, estivesse a proibição de usar imagens. O caso conhecido da sinagoga de Dura-Europos (próxima da atual cidadezinha síria de Salhiyah), decorada no século III com afrescos que narram episódios da Bíblia hebraica, sugere que, no mundo culturalmente "poliglota" sobre o qual Roma governava, até mesmo os judeus compartilhavam o entusiasmo pela arte. Ademais, o bispo Eusébio de Cesareia, ao escrever no início do século IV, diz ter visto "que foram conservadas até os nossos dias tanto as imagens dos apóstolos Pedro e Paulo quanto as imagens do próprio Cristo", e chega até mesmo a descrever uma estátua de Cristo que fora mandada fazer em Cesareia de Filipe por uma mulher que Jesus tinha curado de uma perda de sangue[1].

Verossimilmente, essas e outras eventuais imagens realizadas nos primeiros séculos eram concebidas na linguagem estilística daquele tempo: o classicismo helênico difundido nos territórios controlados por Roma. Os próprios artistas teriam sido formados na ilustração de temas pagãos, de modo que, mesmo para aquele que entre eles tivesse aceitado a fé em Cristo, não era fácil inventar um repertório iconográfico totalmente novo. A solução típica era a "adequar" ao tema cristão fórmulas visuais pagãs: um exemplo célebre é o mosaico descoberto na área cemiterial sob a basílica de São Pedro no Vaticano.

---

1. Eusébio de Cesareia, *Historia Ecclesiae*, VII, 18 (ed. italiana: Eusebio di Cesarea, *Storia ecclesiastica II*, a cura di F. Migliore, Roma, Città Nuova, ²2005, 109).

Nele se representa Jesus como Hélios-Apolo que sobe numa quadriga (fig. 1). Os raios de luz que emanam da cabeça do personagem formam uma cruz e, ao redor da figura, os ramos de uma videira recordam uma passagem do Evangelho; porém essa obra da metade do século III, na realidade, não faz outra coisa senão repropor uma imagem que remonta à época de Alexandre Magno: a apoteose do herói semidivinizado. Uma arte verdadeiramente "cristã" na iconografia e no estilo tomará forma apenas nos séculos IV-V, isto é, no mesmo período em que se articula o Símbolo [Credo], se elaboram as definições cristológicas e se aperfeiçoa a práxis litúrgica.

A localização *cemiterial* do mosaico acima mencionado é significativa. Cristo havia dito: "Eu sou a ressurreição e a vida. Todo aquele que crê em mim, mesmo se morrer, viverá" (Jo 11,25), e a esperança dessa vida para além da morte será um importante tema para a arte cristã dos inícios e até os dias de hoje. De fato, entre as primeiras coleções de obras realizadas para o serviço dos fiéis, encontram-se os murais nas catacumbas de Roma do século III e da primeira parte do século IV. São mais extensas e adornadas de imagens que os lugares análogos de sepultamentos subterrâneos na Grécia, na África e em numerosas partes da Itália (Cagliari, Siracusa, Nápoles, Chiusi, Canosa, Áquila, Bolsena, Todi, Nepi, Sutri, Grotaferrata, Albano).

As imagens ingênuas das sessenta (e mais) áreas com catacumbas em Roma pertencem à categoria da arte "popular" antiga e possuem os traços estilísticos comuns da arte pagã do período. Os sujeitos são cristológicos e evocadores da ressurreição (o Pantocrator, o Bom Pastor, a ressurreição de Lázaro), eucarísticos (a *agápē* comunitária, o peixe com uma cesta de pães), biográficos (síntese emblemática da vida do defunto) e até mesmo relativos a anedotas (o "fossor", ou seja aquele que escavava os lóculos). Emergem, contudo, sinais de elaboração teológica: na pintura mural do século III, situada no Hipogeu da Via Latina, em Roma, por exemplo – uma *Ressurreição de Lázaro* –, ao fundo se vê uma coluna que sustenta um pequeno dragão. É uma alusão à serpente de bronze confeccionada por Moisés para curar aqueles, entre os israelitas, que – por terem murmurado contra Deus durante o êxodo do Egito – foram mordidos por serpentes. Segundo o livro dos Números, "Faz uma serpente e coloca-a sobre uma haste; aquele que for mordido, e olhar para ela, viverá" (Nm 21,8). No Novo Testamento, Jesus liga esse milagre aos efeitos salutíferos da sua morte na cruz, dizendo: "Como Moisés ergueu a serpente no deserto, assim o Filho do homem deve ser erguido, para que todo o que crer nele tenha a vida eterna" (Jo 3,14-15). Pintado sobre o fundo da *Ressurreição de Lázaro* da catacumba, o episódio sugere a continuidade do antigo projeto salvífico de Deus (dar a vida ao ser humano), colocando sua realização plena em Cristo, que, antes de ressuscitar o amigo, havia dito à irmã de Lázaro, Marta: "*Eu* sou a ressurreição e a vida. Todo aquele que crê em *mim*, mesmo se morrer, viverá; e todo o que vive e crê em mim não morrerá para sempre" (Jo 11,25-26).

Uma linguagem de sinais

Um desenvolvimento de grande importância dessa fase inicial é a elaboração de *uma linguagem de sinais simbólicos*. Trata-se de um idioma visual autenticamente cristão – ou seja, não uma mera adaptação de estilemas tardo-antigos – que, embora na modéstia dos meios técnicos, abre a estrada para o futuro. Um célebre exemplo é a lápide funerária do cemitério teutônico no Vaticano, sobre a qual um artista anônimo gravou um círculo que simboliza a perfeição, com uma cruz dentro do círculo, formada pelas letras gregas *chi-rho*; vemos outras letras gregas sob o braço transversal da cruz (o *alfa* e o *ômega*) e, fora do círculo, duas pombas. A mensagem cifrada funciona aí como uma frase sem palavras, que convida à livre associação dos conteúdos: "perfeição e plenitude" (o círculo), "Cristo" (*chi-rho*), "cruz" (no modo particular de sobrepor o *rho* sobre o *chi*), "início e fim" (*alfa* e *ômega*), "paz" (as pombas).

Realizada entre os séculos IV e V, essa lápide levanta uma pergunta: por que o artista e o cliente preferiram uma linguagem simbólica em vez do naturalismo figurativo ainda em uso na época? E por que preferiram uma lápide plana com símbolos gravados, em vez de uma escultura tridimensional ou um alto-relevo? Não é um caso único: no século V começa a declinar, mais ou menos em toda parte, a milenária tradição plástica do mundo greco-romano, e essa lápide plana e abstrata é apenas um entre tantos exemplos possíveis de uma nova orientação.

O desaparecimento da escultura monumental como forma artística do século V em diante possui múltiplas causas, e, entre essas, está o desconforto do cristianismo diante do tema principal da escultura antiga: a celebração do homem e de seu corpo. A razão do desconforto é óbvia: a escultura era por antonomásia a arte da idolatria e frequentemente representava divindades pagãs ou personagens históricos "divinizados". O cristianismo dos primeiros séculos não renunciará totalmente à escultura, mas ela não terá mais as características de monumentalidade e de plasticidade "minuciosa", típicas do mundo clássico, enquanto o processo incoativo de simbolização acima acenado se tornará cada vez mais influente sobre a linguagem da arte que estava então se formando.

A partir do século IV assume uma importância particular na vida cristã o *edifício do culto*, como expressão da nova religião, mas também como contexto típico das outras artes utilizadas pela comunidade. Mosaicos, afrescos e pinturas sobre madeira, assim como vasos sagrados em ouro e prata, móveis em marfim e madeira, paramentos de seda, lã e linho são criados para as igrejas construídas em toda parte do mundo romano depois do Edito emanado pelo imperador Constantino em Milão, no ano 313, que garantia aos cristãos a liberdade de celebrar os ritos de sua fé. Algumas igrejas existiam mesmo antes dessa data, mas foram destruídas durante as perseguições ou substituídas, depois do Edito de Milão, com estruturas mais amplas e suntuosas. O historiador Eusébio de Cesareia, bispo e conselheiro de Constantino, nesse sentido, menciona a nova catedral de Tiro, na Fenícia, reconstruída entre os anos 316 e 319, após ter sido arrasada até o chão pelos perseguidores, comparando-a ao templo de Jerusalém reconstruído depois do exílio babilônico. Cita a profecia de Ageu segundo a qual "grande será a glória deste Templo, deste segundo, mais do que do primeiro Templo" (Ag 2,9), e diz que o comitente da nova igreja, o bispo Paulino,

> abriu um vestíbulo amplo e de altura notável para receber os raios do sol nascente, oferecendo assim também àqueles que permaneciam fora do sagrado pátio uma ampla vista do edifício interno, como para atrair para o ingresso até mesmo o olhar daqueles que são estranhos à nossa fé, de modo que ninguém pudesse passar além sem refletir com profunda comoção, diante da recordação da desolação de antes, sobre o extraordinário espetáculo de hoje. Ele esperava que apenas a emoção diante daquela visão teria tocado as pessoas, levando-as a entrar[2].

---

2. ID., X, 4 (ed. it. cit., 231).

Um convite como esse para contemplar a ação de Deus na contemporaneidade da história não implicava necessariamente uma mudança radical de estilo. A conversão da antiga cultura greco-romana à fé em Cristo era, de fato, uma realidade tão profunda que não se podia exprimir superficialmente numa mutação externa das coisas, mas no "milagre" de uma conversão de sentido que deixasse a exterioridade sem variações. Roma permanecia Roma, e as igrejas cristãs do século IV copiavam a forma das salas públicas do império, chamadas *basílicas*. "De fato, os cristãos não se distinguem dos demais homens, nem pela região, nem pela linguagem, nem pelo hábito", afirmara um texto eclesial do século II, a *Carta a Diogneto*[3], e as construções de culto da época constantiniana falavam analogamente de um Deus que se encarnou na ordinariedade da história.

A assunção por parte da Igreja de tipologias arquitetônicas antigas não era apenas um fato de conveniência. Ela tomou do mundo romano da época constantiniana formas capazes de exprimir dois dinamismos interiores de toda assembleia litúrgica cristã: o *caminho* e a *comunhão*. Os lugares normais cristãos de culto foram as basílicas longitudinais; espaços que na forma e no simbolismo falam da "Igreja peregrinante no mundo". Em vez disso, estruturas com um uso ocasional – *martyria* e batistérios – tinham tipicamente uma planta central que, unitiva e tendencialmente vertical, convidava a todos para se colocarem em volta de um centro que sugere ascensão.

A partir do século IV em diante, essas diferentes experiências espaciais serão integradas em grandes conjuntos, normativos para a história da arquitetura cristã. O mais influente, em absoluto, foi o santuário que o imperador Constantino mandou construir sobre o Gólgota, cujos componentes principais eram, portanto, uma basílica axial, dedicada aos apóstolos que tinham seguido Cristo até o martírio, e uma rotunda, a Anastasis, com o "troféu" do Ressuscitado, o Santo Sepulcro[4].

---

3. *Ad Diognetum*, 5, 1 (ed. it., *A Diogneto*, Introduzione, edizione critica e commento di H. I. Marrou, Roma, Edizioni S. Clemente, Bologna, Edizioni Studio Domenicano, 2008, 63).
4. CORBO, V. C., *Il Santo Sepolcro di Gerusalemme. Aspetti archeologici dalle origini al periodo crociato* (Studium Biblicum Franciscanum. Coll. Maior, 29), Jerusalem, Franciscan Printing Press, 1982; TOLOTTI, F., *Il Santo Sepolcro di Gerusalemme e coeve*

A maior das novas basílicas constantinianas foi aquela iniciada em 319-324 sobre o local do túmulo de São Pedro, em Roma, e construída sobre uma plataforma que cobria tanto uma área cemiterial quanto uma parte de um circo imperial (fig. 2)[5].

No âmbito técnico, a coisa foi extremamente difícil. Sobre o terreno com um declive do norte para o sul, Constantino queria fazer emergir o túmulo do apóstolo no ponto central do pavimento de uma basílica com 90 metros de largura em seu transepto! Essa vontade imperial, presumivelmente formulada em diálogo com o então chefe da comunidade cristã de Roma, o bispo Silvestre (314-335), obrigava um empreendimento de trabalhos titânicos para o nivelamento da colina, com escavações em direção ao norte, onde o terreno era demasiadamente alto, e com a elevação de uma plataforma na direção sul, onde o terreno era baixo. A operação recordava as empresas épicas dos césares de outros tempos: Trajano, por exemplo, tinha feito remover um promontório com 100 metros de altura – a área de passagem que outrora ligava o Palatino ao Quirinal – para criar a Basílica Úlpia[6]. No caso de São Pedro, a plataforma, destinada a acolher outras estruturas além da basílica, devia ter uma superfície que media 240 metros por, aproximadamente, 90 metros.

A igreja possuía cinco naves, das quais a central era mais alta dentre as demais. Era precedida por um pórtico de ingresso, no leste, e arrematada na parte oeste por uma abside separada das naves por meio de um transepto. As dimensões eram impressionantes: a fachada possuía uma amplitude de cerca de 64 metros, o pórtico tinha mais de 12 metros de profundidade! As naves tinham 90 metros de comprimento e a nave central tinha a largura de 23,5 metros, com uma altura de 32,5 metros, ao passo que as naves menores laterais tinham, respectivamente, alturas de 18 e 14,8 metros. O transepto, mais baixo do

---

basiliche di Roma, in: *Mitteilungen des Deutschen Archäologischen Institut-Rom 93* (1986) 471-512.

5. JONGKEES, J. H., *Studies on Old St. Peter's*, Groningen, Wolters, 1966; CHRISTERN, J., Der Aufriss von Alt-St.-Peter, in: *Römische Quartalschrift 62* (1967) 133 183; KRAUTHEIMER, R., The Constantinian Basilica, in: *Dumbarton Oaks Papers 21* (1967) 114-140; ID., *Le basiliche paleocristiane di Roma, IV-IX secolo* (Corpus basilicarum christianarum Romae, vol. V), Città del Vaticano, Pontificio Istituto di archeologia cristiana, 1980, 171 ss.

6. STACCIOLI, A., *Guida di Roma antica*, Milano, BUR, 1986, 249.

que a nave central, era separado dessa por meio de um arco triunfal sustentado por colunas colossais, e terminava tanto na parte norte quanto na parte sul com êxedras introduzidas de maneira similar por grandes colunas; sobre capitéis coríntios, as duas séries de colunas da nave central sustentavam uma trabeação horizontal, ao passo que as outras duas, entre as naves laterais, sustentavam arcadas; muitos dos fustes de mármore branco, rajado e de granito (e talvez também os capitéis) eram material reutilizado. Onze janelas em cada lado no nível inferior, até oito janelas em cada lado na parte mais alta da nave maior; outras janelas ainda no transepto e cinco na abside enchiam de luz esse espaço imenso e solene. O pavimento feito com grandes lápides de mármore branco, similares àquelas usadas no pórtico e no adro, estendia para a parte interna a luminosidade do exterior; e o forro feito com caixotões dourados recolhia a luz refletida pelo pavimento[7].

Para além do esplendor do próprio edifício, Constantino dotou a basílica vaticana de ornamentos principescos: o *Liber pontificalis* fala de uma cruz de ouro puro que pesava 150 libras e que o imperador, junto com sua mãe, Santa Helena, tinha oferecido em doação; diz também que Constantino mandou revestir o túmulo do apóstolo com lâminas de bronze[8]. A intenção de Constantino era claramente a de assegurar à Igreja e aos seus principais lugares de representação e de culto uma magnificência "imperial", e também era sinal de gratidão: no arco do triunfo entre a nave e o transepto, acima da decoração de mosaicos, o imperador fez colocar uma declaração de seu reconhecimento pela vitória sobre seu rival Maxêncio, obtida no ano 312 sob o signo da cruz: "*Quod duce te mundus surrexit / in astra triumphans / hanc Constantinus victor tibi condidit aulam* (Porque sob a tua condução, [ó Cristo], o mundo ressuscitou triunfante até as estrelas, o vitorioso Constantino edificou para ti este salão)"[9].

---

7. CECCHELLI, M. Il complesso cultuale vaticano dalla fondazione costantiniana ai lavori eseguiti fino al pontificato di Gregorio Magno (anno 604), in: PIETRANGELI, C. (ed.), *La Basilica di San Pietro*, Firenze, Nardini, 1989, 39-55, cf. especialmente 42 s.

8. DUCHESNE, L. (ed.), *Liber Pontificalis*, Paris, E. De Baccard, 1886-1892 (reed. 1955), biografia de São Silvestre: I, 176.

9. DE ROSSI, G. B., *Inscriptiones Christianae Urbis Romae*, Roma, Officina Libraria Pontificia, 1888, II, 420.

Outras fundações constantinianas estendiam a mensagem do triunfo do cristianismo por toda a Urbe: São João do Latrão, talvez já iniciada entre 312/313, tinha dimensões titânicas: 98x56 metros; Santa Cruz em Jerusalém, a "basílica palatina" da imperatriz-mãe Helena, feita a partir de um salão de representação de sua residência oficial, o Palácio Sessoriano [Sessório]; a basílica cemiterial de São Sebastião na Via Ápia, com 75 metros de comprimento; a primitiva basílica de São Lourenço na Via Tiburtina, com o comprimento de 98 metros. Havia uma basílica na Via Labicana, adjacente ao *martyrion* dos Santos Marcelino e Pedro, que continha o mausoléu da imperatriz Helena, e outra na Via Nomentana, próxima à memória de Santa Inês, onde a filha de Constantino, Constância, havia feito construir seu mausoléu (a atual igreja de Santa Constância). Junto com a basílica vaticana construída sobre o túmulo de São Pedro, essas estruturas, realizadas em tempos recordes, formavam uma primeira e prestigiosa "rede" de igrejas cristãs em Roma[10].

Variadas obras de arte do século IV e inícios do século V sugerem como os cristãos da época viviam essa nova realidade: o sarcófago de Júnio Basso, no Vaticano, por exemplo, ou o de Estilicão, em Santo Ambrósio, em Milão, que narram eventos do Antigo e do Novo Testamento no mais puro estilo clássico, apresentando Cristo e outros personagens em vestes romanas. Ainda mais explícito é o mosaico da abside de Santa Pudenciana, em Roma, que representa o Cristo sentado sobre o trono imperial entre Pedro e Paulo, apresentados como senadores romanos, com – ao fundo – uma esplêndida cidade romana. Ou a representação de Maria numa veste dourada com gemas preciosas de uma princesa imperial, na *Anunciação*; obra em mosaico na basílica a ela dedicada em Roma, Santa Maria Maior, após o reconhecimento da Virgem como "mãe de Deus" no concílio de Éfeso, em 431.

Entre os séculos IV e V, vários funcionários imperiais e acadêmicos convertidos à nova fé – Ambrósio, Agostinho, Jerônimo, Paulino de Nola – tornam-se o centro das atenções. Formados na cultura clássica, esses intelectuais imprimem à vida cristã e a suas expressões criativas o estilo da civilização romana. Sem surpresa, a arte começa a representar Cristo como um filósofo no

---

10. As medidas foram tiradas de Krautheimer, R., *Rome. Profile of a City, 312-1308*, Princeton/NJ, Princeton University Press, 1980, *passim*.

ato de ensinar, circundado pelo "colégio apostólico" (como no já citado sarcófago de Estilicão e, ainda em Milão, no mosaico da abside da capela de Santo Aquilino, na basílica de São Lourenço). Encontram-se também justaposições eruditas de episódios do Antigo e do Novo Testamento: nos relevos das portas lígneas de Santa Sabina, por volta de 432, e no ciclo (perdido) de afrescos encomendado para a basílica vaticana talvez pelo Papa Leão Magno (440-461). As cenas desse ciclo formavam uma *concordantia*, com episódios do Antigo Testamento na parede setentrional, à direita de quem entrava, e do Novo Testamento na parede meridional, à esquerda: uma sistematização de notável impacto teológico, que pode ser também encontrada no programa coevo executado em São Paulo extramuros e que permaneceu intacto até o desastroso incêndio que em 1823 destruiu aquela basílica.

Bizâncio e Ravena

Apesar do influxo determinante de Roma na primeira fase de desenvolvimento da arte cristã, a virada decisiva ocorre em outro lugar: no mundo bizantino e no posto avançado de Bizâncio na Itália: Ravena[11].

Com a ruptura política entre Constantino, o Grande, e o senado romano em 326, e com a fundação em 330 de uma nova capital – Constantinopla, construída sobre o lugar da antiga Bizâncio –, o fulcro do poder militar e econômico muda-se efetivamente para o leste. De fato, muitas das grandes igrejas romanas entre o final do século IV e o século VI são realizadas pelo Papa e pelas comunidades, ao passo que o mecenatismo imperial na Itália se concentrará na pequena cidade portuária na costa adriática, diante da Dalmácia, que serve de cabeça de ponte para as operações militares lançadas a partir de Constantinopla: Ravena, a última cidade imperial do Ocidente. Sede da corte da dinastia valentiniano-teodosiana, posteriormente capital do reino godo de Teodorico e

---

11. VOLBACH, W. F.; HIRMER, M., *Arte paleocristina*, Firenze, Sansoni, 1958; FARIOLI, R., *Ravenna romana e bizantina*, Ravenna, Longo, 1977, 29-39; KITZINGER, E., *Byzantine Art in the Making. Main Lines of Stylistic Development in Mediterranean Art, 3rd-7th Century*, Cambridge/MA, Harvard University Press, 1977, 81-99; VON FALKENHAUSEN, V., I bizantini in Italia, in: *I bizantini in Italia*, Milano, Garzanti-Scheiwiller, 1993, 1-136.

do exarcado bizantino, Ravena se tornou um centro difusor e canal da refinada cultura constantinopolitana na Itália.

São Vital, uma esplêndida igreja de Ravena construída a partir de 520, é a máxima expressão do novo estilo oriental. A planta octogonal, com uma série de êxedras feitas a partir de um corredor anular em torno do poço de luz central, inspira-se na igreja constantinopolitana, do mesmo período, dos Santos Sérgio e Baco, que, por sua vez, se inspirava numa igreja antioquena do século IV, com uma forma labiríntica semelhante e infelizmente perdida: Santa Armônia[12]. A essa experiência apofática – esse perder-se em busca de Deus – deve ser atribuído outro significado simbólico preciso, pois São Vital é um octógono, forma que para os Padres da Igreja conotava a eternidade: a *octava dies*, ou seja, o "oitavo dia", para além dos sete do tempo humano (a semana); o dia novo, fora do ciclo temporal em que o homem nasce e morre; o "dia sem ocaso" de Cristo ressuscitado. Assim, na passagem do corredor anular para o centro, o octógono se torna um círculo de luz, como que para afirmar que "apenas na eternidade o ser humano alcançará a verdadeira luz". É o triunfo do sentido simbólico acenado acima, que agora assume uma importância absoluta.

Em São Vital, um mosaico representa o cliente da maior igreja do mundo bizantino: o imperador Justiniano, que em Constantinopla, entre 532 e 537, fez construir Haghia Sophia, a "Santa Sabedoria", ao lado de seu palácio. Essa igreja colossal, transformada em seguida numa mesquita, é coroada por uma cúpula hemisférica que se apoia sobre junções curvas triangulares (as "perxinas"), juntando assim perfeitamente o quadrado e o círculo: um sistema construtivo inovador que influenciará profundamente na arquitetura cristã dos séculos posteriores, tanto no Oriente como no Ocidente. As estruturas maciças de apoio externo estão ocultas dentro de paredes abertas com arcadas sustentadas por colunas, e a superfície parietal é transpassada por inúmeras janelas que transformam a racionalidade da planta numa experiência de pura luz.

Um funcionário da corte de Justiniano, Paulo Silenciário, descrevendo a rica decoração interna de Haghia Sophia, sugere a carga mística do cristianismo bizantino e seu amor pelos materiais preciosos e pelas cores brilhantes nas

---

12. BECKWITH, J., *Early Christian and Byzantine Art*, Harmondsworth, Penguin Books, 1970 (^{2}1979), 64.

quais se considera ser possível contemplar a infinita beleza do cosmos. Os revestimentos parietais da basílica – pontua Paulo Silenciário – eram realizados

> com mármores verde-primavera de Caristo [ilha do Egeu] e mármores variados da Frígia, nos quais o vermelho e o prata brilham como flores e o pórfiro é constelado de pontinhos que parecem pó de estrelas. Aqui o amarelo esplende como o ouro, ali vemos algo como leite derramado numa pele negra, ao passo que pontos azuis brotam no mármore branco como pequenas flores na neve recém-caída.

Ademais, quem contemplava as colunas de mármore e os capitéis dourados da basílica imperial via "os riachos da Tessália contornados por flores", "uma vide com brotos verdes", "a paz profunda de um mar de verão", "o fresco verde da esmeralda", "gemas faiscantes no mármore da Tessália, com entremeios dourados"[13].

Imagens mistagógicas

A maior contribuição artística da cultura bizantina dos séculos V e VI – pelo menos entre aquelas obras que chegaram até nós – é definida nos mosaicos das igrejas de Ravena. Não encontramos mais os grandes ciclos históricos das basílicas romanas, mas episódios isolados, de forte valor didático; não mais uma *lectio continua* das Escrituras, mas passagens escolhidas, breves perícopes. Além disso, a ilustração particularizada da *concordantia* entre os dois Testamentos, que nas basílicas romanas tinha a finalidade de sugerir uma concordância análoga entre a cidade dos imperadores e a dos papas, não teria sentido numa nova cidade como Ravena ou na situação radicalmente nova do Império

---

13. "Descrição de Haghia Sofia", linhas 152 ss.: a passagem é citada em MATHEW, G., *Byzantine Aesthetics*, New York, Viking Press, 1964, cap. 7 (para o texto italiano da *Ekphrasis* de Paulo Silenciário, cf. FOBELLI, M. L., *Un tempio per Giustiniano. Santa Sofia de Costantinopoli e la Descrizione di Paolo Silenziario*, Presentazione di M. Andaloro, Roma, Viella, 2005). Cf. GRABAR, A., Le succès des arts orientaux à la cour byzantine sous les Macédoniens, in: *Münchener Jahrbuch der Bildenden Kunst*, 3ª serie, 2 (1951) 32-60; ID., La Représentation de l'Intelligible dans l'Art Byzantin du Moyen Âge, in: COMITÉ FRANÇAIS DES ÉTUDES BYZANTINES (ed.), *Actes du VI Congrès Internationale d'Études byzantines*, Paris, École des hautes études, 1951, 127-143.

do Oriente. Servia, pelo contrário, uma seleção qualificada: poucos eventos que traçavam um percurso do passado para o presente, colocando em evidência os sinais da ação divina. A mistagogia patrística desse tempo era precisamente isso: revelação do significado de alguns eventos do passado para o presente e para o futuro. Era justamente essa capacidade do evento-sinal de mostrar um valor liminar que era sublinhada pelo mestre da mistagogia do século IV, o bispo Cirilo de Jerusalém, que, em suas catequeses para os batizandos, ilustra seu método: "Certamente foi coisa extraordinária que o cego de nascença recuperasse a vista na piscina de Siloé", diz. E continua:

> Mas o que é isso em comparação aos cegos de todo o mundo? Foi certamente algo excepcional e sobrenatural que Lázaro, morto há quatro dias, voltasse à vida; mas essa graça recaiu apenas sobre ele. O que é isso em comparação a todos aqueles que, espalhados pelo mundo inteiro, estão mortos pelos pecados? Maravilhoso foi o prodígio que multiplicou os cinco pães fornecendo alimento para cinco mil pessoas. Mas o que é esse milagre em comparação àqueles que, sobre a face da terra, sofrem a fome da ignorância?[14]

Segundo São Cirilo, o evento-sinal por antonomásia é a morte em cruz do Salvador, em que todos os outros sinais da Escritura estão sintetizados. De fato, ele escreve:

> Toda ação de Cristo é fonte de glória para a Igreja Católica, mas a cruz é a glória suprema [...]. A coroa da cruz iluminou todos aqueles que estavam cegos pela própria ignorância, libertou todos aqueles que estavam oprimidos pelo pecado e redimiu o mundo inteiro.

Os mosaicistas de Ravena aplicam esse método, tornando transparente a opacidade da história, revelando no horizonte escatológico o longínquo ponto de chegada dos eventos. Por exemplo: numa das representações em mosaico de outra igreja da cidade, Santo Apolinário Novo, a história da *Multiplicação dos*

---

14. Cirilo de Jerusalém, Catequeses mistagógicas 13, in: *PG* 33, 771-802 (ed. it., *Catechesi prebattesimali e mistagogiche*, Introduzione di V. Saxer, Milano, Paoline, 1994, 384 s.).

pães e dos peixes é narrada de modo a mostrar o sentido último do alimento que Jesus deu àqueles que o haviam seguido no deserto, o significado profundo da compaixão que ele sentiu por eles. No centro da composição, numa veste púrpura que simboliza sua glória futura, Cristo estende os braços à direita e à esquerda para dar os pães e os peixes para os apóstolos. Mas a posição é a que ele assumiria mais tarde na cruz, como se o artista tivesse intuído que, no Novo Testamento, todo relato de um banquete de algum modo prepara o leitor para compreender o sentido do banquete decisivo em que, na noite antes de morrer, Cristo ofereceu o próprio corpo sob o sinal do pão, e o sangue sob o sinal do vinho, para satisfazer a fome espiritual da humanidade. O evento histórico (a multiplicação dos pães e dos peixes) "revela" o sinal salvífico (a cruz).

Essa "transparência do evento" fazia parte da sensibilidade particular que a Igreja estava então codificando, cujo contexto principal era a liturgia. Os ritos, em seu conjunto, eram um léxico hermenêutico que ensinava os fiéis a olhar, para além do gesto histórico, o sinal eterno. Em Santo Apolinário Novo, por exemplo, a chave de leitura litúrgica é explícita: acima das imagens representando eventos-sinais como a *Multiplicação dos pães e dos peixes*, há uma dupla procissão ofertorial. Há santos na parede da direita de quem entra e santas na parede da esquerda. Estão representados no ato de levar suas coroas para o Cristo e para Maria, figurados no trono nos respectivos lados do presbitério. Essa procissão "no céu" espelha a procissão que ocorre no momento da procissão das oferendas na missa feita por homens e mulheres viventes, cuja compreensão dos eventos representados nas paredes ficava assim ligada à experiência litúrgica. É o princípio pastoral que é expresso por meio de uma fórmula que se refaz a esta época: *lex orandi, lex credendi*, e que se poderia traduzir: "O ordenamento da oração pública determina o modo como o povo experimenta a fé". A arte sacra, de fato, faz parte agora do "ordenamento da oração pública"[15].

Também em São Vital o programa dos mosaicos insiste na liturgia como contexto hermenêutico. O já acenado retrato de Justiniano, junto a uma imagem análoga de sua consorte, Teodora, mostra o casal imperial enquanto leva

---

15. A ideia se refaz no século V, e é atribuída a Próspero de Aquitânia († 463, aprox.): cf. RIGHETTI, M., *Manuale di storia liturgica*, Milano, Ancora, 1950 (ed. fac-símile 1998), I, 25; cf. também DE CLERCK, P., "Lex orandi, lex credendi". Sens originel et avatars historiques d'um adage équivoque, in: *Questions liturgiques* 59 (1978) 193-212.

os dons para a procissão das ofertas. E no vão do altar, nos tímpanos dos arcos, à direita e à esquerda, estão representados os sacrifícios veterotestamentários: o encontro de Abraão com três misteriosos viajantes em Manré, quando lhe é prometido o nascimento de Isaac, e, em seguida, o "sacrifício de Isaac" sobre o monte Moriá. Na parte oposta estão representados os respectivos sacrifícios de Abel e Melquisedec. Assim, na liturgia eucarística, celebrada no altar verdadeiro no ponto intermediário, se revela a continuação e o cumprimento do sentido dos sacrifícios antigos. É então significativo que, nesse período que assistia à maturação dos ritos da Igreja e à redação quase definitiva dos vários textos litúrgicos, encontremos representados nos mosaicos precisamente aqueles personagens que são recordados no "Cânon Romano", em que a Igreja pede ao Pai: "Recebei, ó Pai, esta oferenda, como recebestes a oferta de Abel, o sacrifício de Abraão e dos dons de Melquisedec".

Santo Apolinário in Classe

O programa ravenense mais complexo, pela interpenetração dos sinais com a experiência histórica da comunidade no contexto da liturgia vivenciada, é o da basílica fundada pelo bispo Maximiano na área portuária de Classe, nos anos em que São Vital estava sendo terminada (e onde, dentre outras coisas, encontramos a representação de Abel, Abraão e Melquisedec, todos em torno de um único altar como tantos concelebrantes modernos).

No centro da grande abside (fig. 3) domina um sinal típico desse período: a cruz com gemas preciosas, quase uma ilustração do discurso de São Cirilo sobre a cruz como "glória das glórias" de Cristo e chave de leitura de toda ação de sua vida. É uma imagem paradoxal, que na época devia ainda comunicar a dramática contradição que ela ilustrava: um instrumento de morte elevado a sinal de vida, e a ignomínia humana mudada em glória divina. Assim como o coetâneo hino de Venâncio Fortunato, *Vexilla regis*, a imagem da cruz com gemas preciosas sugere a poética cristã do final da era patrística, o novo modo de ouvir e ver que não é apenas transparência do significado dos sinais, mas também visionária superação de toda barreira, união paradoxal de polos opostos, reconciliação dos princípios contrastantes naquele que abate o muro de separação entre uma coisa e outra, tornando-se ele mesmo a "paz" de quem nele crê (cf. Ef 2,14-16).

Essa cruz "está" para o Cristo, cujo rosto está representado ao centro: como se do acontecimento do Gólgota só restasse o rosto do Crucifixo rodeado de glória. Sob a cruz vemos o bispo e mártir Apolinário, padroeiro da cidade e da basílica, paramentado para a liturgia eucarística e com as mãos levantadas em gesto orante. Visto que, por baixo dessa representação do bispo celebrante, está o altar utilizado para a celebração verdadeira e própria, forma-se uma significativa estratificação de imagens, na qual o bispo e mártir Apolinário, acima, completa o significado dos gestos do sacerdote no altar, abaixo. Aos pés do santo vemos então doze ovelhas representando o "rebanho" do "pastor" Apolinário, em uma relação que revela em termos ideais a relação do rebanho reunido na nave com o sacerdote que celebra, mostrando assim a inseparável ligação entre a liturgia terrena e celestial, na comunhão dos santos.

Após esta primeira fase de leitura segue-se uma segunda fase. Acima da cruz que representa Cristo vemos a mão do Pai descendo entre as nuvens; à direita e à esquerda há meias figuras identificadas por legendas como *Moyses* e *Helias*; e do lado de fora da "janela" visionária estão mais três ovelhas olhando para a grande cruz. Ou seja, é uma simbolização da transfiguração de Cristo, em que o sinal "absorve" o acontecimento histórico, com a cruz de gemas preciosas substituindo-se àquele que, diante de Pedro, Tiago e João (as três ovelhas), no Tabor deixou transparecer sua glória. É uma leitura mistagógica do texto lucano da transfiguração, em que se especifica que o tema da conversa entre Cristo e os representantes da Lei (Moisés) e dos Profetas (Elias) foi precisamente "o seu êxodo, que estava para se realizar em Jerusalém" (Lc 9,31) – isto é, sua morte. Ao significado da veste "branca e esplendorosa" da história do Evangelho (9,29), o artista sobrepôs o significado do "êxodo" subsequente – a morte que é já o *elevar-se* – na imagem única da cruz de gemas preciosas, e esta serve como chave para a compreensão da identidade comunitária no contexto litúrgico, revelação de uma futura "transfiguração" do povo orante, devida ao mistério presente no pão e no vinho "transformados" no corpo e no sangue de Cristo.

Para além do significado, rico em conteúdo bíblico e teológico, aqui é importante a própria experiência exegética: o processo de decifração da imagem que traduz em termos visuais a tensão noética da mistagogia cristã, a emocionante descoberta de conexões entre realidades conhecidas separadamente e que, tomadas em conjunto de uma nova maneira, revelam um sentido dinâmico geral que nos enche de espanto e alegria. Essa é a experiência descrita por Santo Agostinho, quando diz que as verdades

> [...] que nos são apresentadas sob figuras simbólicas têm por objetivo nutrir e de certa forma atiçar o fogo do amor, através do qual somos, como que por uma força, arrastados para cima ou para dentro de nós mesmos em direção à paz. Apresentadas dessa forma, essas coisas comovem e acendem o amor com mais força do que se houvesse propostas nuas, sem nenhum refinamento simbólico das realidades sagradas [...]. Acredito que o sentimento da alma, enquanto permanece ligado às coisas terrenas, é mais lento para se acender; se, em vez disso, ele é conduzido às imagens corpóreas e por essas transportado para as realidades espirituais, que lhe são mostradas por aquelas figuras, ele passa, por assim dizer, a adquirir novo vigor a partir do processo mesmo de transposição, e com um amor mais ardente ele é arrastado para o descanso eterno, como o fogo de uma tocha que se acende com mais força se for sacudida[16].

A "comovente" linguagem gestual dos sinais em Santo Apolinário in Classe representa uma escolha altamente significativa, mesmo que nem sempre praticada no mundo bizantino; pensemos, por exemplo, no mosaico desse mesmo período na abside da igreja monástica de Santa Catarina no Monte Sinai, que de modo semelhante retrata a transfiguração de Cristo e no qual a linguagem ainda é literal, com as figuras corpóreas de Jesus, Pedro, Tiago e João. A preferência dada à linguagem dos sinais em Ravena deve-se provavelmente à reação da Igreja Ocidental ao Arianismo: uma insistência, através dos sinais, na divindade, e não apenas na humanidade de Cristo. Em qualquer caso, a articulação sígnica dos acontecimentos históricos, em Ravena e em outros locais do século VI, torna-se uma aquisição permanente da arte a serviço da liturgia, em que a dinâmica dos sinais sacramentais – o seu contínuo "desvanecimento" das realidades materiais para realidades espirituais – impõe flexibilidade semelhante aos artistas.

---

16. *Epistola* 55, 11, 21 (ed. it., *Opere di sant'Agostino*, XXI: *Le lettere I (1-123)*, Introduzione di M. Pellegrino, Roma, Città nuova, 1969).

Na verdade, podemos falar de uma *nova linguagem visual*, na qual o artista responde ao pedido da Igreja para visualizar "aquelas coisas que os olhos não viram, nem os ouvidos ouviram, nem jamais entraram no coração do homem" até que Deus as tenha "revelado pelo Espírito" (1Cor 2,9 s.; cf. Is 64,3); uma *visualidade* cuja chave hermenêutica é a fé, que "é o fundamento daquilo que se espera e a prova daquilo que não se vê" (Hb 11,1). Uma pequena placa votiva dos séculos IV-V ajuda a caracterizar essa nova forma de ver a realidade: preservada nos Museus do Vaticano, é uma fina placa de ouro com dois olhos bem abertos e – entre eles – a cruz. Eis que a visualidade moldada pelos sinais sacramentais preparou os fiéis para contemplar o universo pelo prisma do mistério pascal, no qual se torna claro que todas as coisas materiais e espirituais "subsistem nele", Cristo, que as reconcilia e apazigua "com o sangue da sua cruz" (cf. Cl 1,17-20).

2
A ALTA IDADE MÉDIA

Detalhe de dois dos quatro evangelistas
representados em iluminura de página inteira do
antigo manuscrito *Evangelho Carolíngio* (c. 815)
Aachener Domschatzkammer (Aachen, Alemanha)
© Wikimedia Commons/Sailko

Os esplendores das igrejas de Ravena, ilustrados no capítulo 1, anunciam o início de uma arte autenticamente cristã. No entanto, marcam também o fim da civilização greco-romana e são um prelúdio do tempo que está prestes a nascer: a *media aetas*, a "idade média" entre a Antiguidade e o alvorecer da Era Moderna. É o longo e tumultuado período em que tanto o Oriente cristão como a "cristandade" ocidental forjaram uma identidade cultural homogênea, também em reação à nova fé que, a partir do século VII, se espalhou rapidamente: o Islão. Esse período tem duas fases: a "Alta Idade Média", incluindo a arte dos séculos obscuros, a do Renascimento carolíngio e do românico; e depois (como veremos no capítulo 3) a plenitude da Idade Média europeia na arquitetura e na arte gótica. Para ambas as fases serão destacados desenvolvimentos paralelos na arte bizantina e, quando necessário, também na arte islâmica.

O início da Idade Média é caracterizado por movimentos históricos de povos inteiros, exércitos e grupos específicos: as incursões bárbaras no crepúsculo do Império Romano; a ocupação árabe de grandes extensões da Itália, Espanha e França; as missões evangelizadoras na Frísia, na Prússia e nos países escandinavos; a conquista normanda da Inglaterra, Calábria e Sicília; as cruzadas na Terra Santa; as peregrinações rumo a Jerusalém, Roma e Santiago de Compostela; a itinerância de mestres construtores e escultores organizados em grupos a serviço das comunidades clientes. Apesar da diversidade das suas motivações, estes movimentos favoreceram importantes intercâmbios culturais e artísticos.

O monarquismo ocidental e seu sistema religioso e cultural

Podemos abrir o nosso relato da arte dessa época com um objeto não só belo, mas também historicamente significativo: a magnífica encadernação de um evangeliário guardado no Museu e Tesouro da Catedral de Monza, muito provavelmente identificado com a *"lectio sancti evangelii theca persica inclausa"* mencionada por Gregório Magno numa carta à rainha longobarda Teodolinda, por ocasião do batismo do seu filho Adaloaldo em 603[1] (fig. 4). O precioso objeto, que combina cruzes de gemas preciosas com camafeus romanos e antigas gemas esculpidas – tudo organizado num esquema geométrico que reflete a ourivesaria bárbara daquele período –, traz uma inscrição que lembra que a rainha fundara uma basílica em Monza dedicada a São João Batista. (Teodolinda, que se convertera ao catolicismo a partir da heresia ariana, tinha seu palácio naquela cidade.)

Notamos que se trata de um objeto de dimensões limitadas: não é um edifício ou uma estátua, tampouco um mosaico ou uma pintura mural, mas duas folhas da capa de um livro dos Evangelhos. A arte ocidental desse período raramente foi monumental: o império tinha caído, e os meios, tanto econômicos como técnicos, eram escassos. Notamos ainda que se trata de um objeto *litúrgico*: é agora o culto cristão que oferece as principais oportunidades de encomendas, assim como é a fé cristã que unifica os povos que convergiram no mundo outrora romano. A encadernação incorpora alguns fragmentos desse mundo passado – preciosos camafeus da época imperial –, mas o traçado iconográfico não reflete o gosto clássico, mas sim a nova linguagem simbólica que observamos em Ravena: em cada folha da capa vemos efetivamente uma cruz com gemas preciosas semelhante à do mosaico de Santo Apolinário in Classe, de meio século antes. Por fim, a decoração geométrica das bordas e a mesma organização composicional das gemas incrustadas nas cruzes traem um *horror vacui* semelhante ao que encontramos na ourivesaria franco-céltica desse mesmo período, como mais tarde na arte merovíngia e irlandesa – características essas encontradas em outros objetos litúrgicos que datam da época do reino longobardo da Itália: cruzes, coroas e outros objetos preservados em Monza,

---

1. *Epístola* 4,12.

Brescia e Cividale. Em suma, é um estilo completamente novo, apesar da nostalgia pela cultura clássica então perdida.

O que deu coesão às múltiplas orientações culturais do início da Idade Média, preservando alguns elementos greco-romanos essenciais, foi uma nova forma de vida cristã: o monaquismo. O próprio Gregório Magno, que presenteou a obra que acabamos de discutir à rainha Teodolinda, havia sido monge e, como papa, escreveu a vida do fundador do movimento monástico na Igreja latina, São Bento de Núrsia, que morreu quando o futuro pontífice ainda era uma criança, em 546, um ano antes da consagração de São Vital em Ravena[2]. Na verdade, o retrato literário de São Bento editado por Gregório Magno apresenta as características dos mosaicos de Ravena: cada acontecimento da vida do personagem é um sinal legível *in Christo*. No relato gregoriano, por exemplo, Bento, ainda jovem, renuncia à família, à herança e aos estudos mundanos para dedicar-se exclusivamente a Deus. Vestido com o hábito religioso, "enterra-se" durante três anos na solidão de uma caverna em Subiaco. Mas ele "ressuscita" quando Deus envia um sacerdote que o convida a quebrar o jejum comendo em sua companhia, "porque hoje é a grande festa da Páscoa"[3].

O almoço pascal na companhia de outro fiel, narrado por São Gregório Magno, anuncia um fato histórico fundamental. Embora Bento tenha escolhido a "morte" da solidão eremita, Deus o chama de volta à vida na comunidade eclesial; o monaquismo beneditino será de fato comunitário: cenobítico, não eremítico. Assim, enquanto em todo o mundo romano as cidades se esvaziavam, devido às invasões bárbaras e à decadência das estruturas e infraestruturas herdadas desde a Antiguidade, nasceram no deserto novos lugares de vida associativa: aqueles mosteiros que, como cidades simbólicas, irão servir como uma ponte entre a civilização do mundo clássico e a do alvorecer da Era Moderna.

O caráter comunitário do monaquismo ocidental favoreceu a produção da arte sacra. Os monges beneditinos, devido a um voto particular de *stabilitas*,

---

2. MORICCA, U. (ed.), *Gregorii Magni dialogi*, Roma, Tipografia del Senato, 1924; DE VOGÜÉ, A. (ed.), *Grégoire le Grand: Dialogues*, 3 voll. (Sources chrétiennes 251, 260, 265), Cerf, Paris 1978-1980, 1.

3. *Dialoghi*, II, 1.

não deixam o mosteiro nem são transferidos, mas permanecem juntos por toda a vida. Nessas circunstâncias, é fácil que se crie uma espécie de fraternidade científica ou artística dentro da fraternidade religiosa, como testemunham as conquistas dos monges em muitos campos: agricultura, silvicultura, apicultura, arquitetura, miniatura, música sacra etc. E a arte, embora não seja o objetivo primeiro, torna-se um reflexo natural, quase inevitável: a vida do monge, estruturada em termos de disciplinas adquiridas e visando a uma "perfeição" interior, é ela mesma uma arte, uma forma particularmente cuidada e expressiva do compromisso comum de todos os cristãos. Na sua *Regra para os monges*, de fato, São Bento compara o mosteiro a uma oficina artesanal, na qual "*die noctuque incessabiliter*" os irmãos aperfeiçoam o trabalho ordenado por Deus, tendo como "ferramentas" os preceitos morais da vida cristã, "*instrumenta artis spiritualis*"[4].

Essas frases metafóricas, escritas por Bento no mosteiro de Montecassino por volta de 540, nos cinco séculos seguintes serão traduzidas em realidades concretas moldadoras de cultura. Em toda a Europa, os mosteiros se tornarão centros impulsionadores das artes: porque um clima de criatividade em um setor desperta criatividade semelhante em outros setores. A presença de cantores talentosos, por exemplo, torna-se, na vida de uma comunidade religiosa, um incentivo para a composição de música sacra e ao mesmo tempo para a produção de livros corais. A vida do claustro, então, excluindo distrações profanas, mergulha o artista na poética das Escrituras e das ações litúrgicas que dão forma e cor à sua fé, garantindo-lhe também um público devoto e preparado.

Um exemplo de como funcionava esse sistema cultural-religioso é a rocambolesca história de uma Bíblia iluminada da segunda metade do século VII, conhecida como a Amiatina porque está preservada na Abadia de São Salvador no Monte Amiata, na Toscana. Um dos protagonistas da história foi um monge inglês, um certo Benet Biscop, que, em suas viagens pela Gália romanizada e por Roma, recrutou artesãos e artistas continentais: alguns vidreiros franceses e até mesmo um cantor da basílica do Vaticano, convidado a atravessar o Canal da Mancha para ensinar aos monges da Nortúmbria os cantos sagrados "como

---

4. *Regula sancti Benedicti* 4, 75 (ed. it., *Regola di san Benedetto*, La Scala, Noci [Ba] 1980).

eram cantados na Basílica de São Pedro, em Roma", como assegura o historiador medieval Beda, o Venerável. O outro protagonista foi o superior do duplo mosteiro de Wearmouth-Jarrow, o abade Ceolfrido, que, numa peregrinação a Roma junto com Benet Biscop, comprou um precioso manuscrito da Bíblia.

Ao voltar para casa, Ceolfrido mandou fazer três cópias do texto recebido em Roma, das quais as duas que permaneceram na Inglaterra chegaram até nós apenas de forma fragmentada, ao passo que a terceira cópia, enviada pelo abade ao Papa Gregório II (mas que acabou no mosteiro de Monte Amiata), está perfeitamente intacta; um testemunho incomparável da cultura dos copistas e dos iluminadores ingleses da época. As miniaturas inglesas, incluindo uma famosa representação do escriba Esdras em seu escritório, são inspiradas em imagens semelhantes da Antiguidade tardia de estudiosos trabalhando, talvez vistas no original perdido trazido de Roma. Mas os artistas ingleses, não treinados na tradição clássica – seja porque não entendiam algumas coisas, seja porque certas coisas não lhes pareciam importantes –, introduziram notáveis simplificações anatômicas e espaciais. E assim, com o retorno à Itália de uma cópia do texto com iluminuras inglesas, essas simplificações estilísticas se ofereciam como componentes da nova cultura visual que então estava tomando forma.

As simplificações típicas dos artistas nórdicos diziam respeito à figura humana, cuja representação na tradição "bárbara" não tinha a mesma importância que a clássica, bem como à tendência para organizar superfícies decoradas com padrões geométricos no espírito abstrato típico da ourivesaria desses povos, ou com figuras estilizadas de animais: pense-se nas magníficas páginas iluminadas irlandesas dos evangeliários de Lindisfarne e Echternach, respectivamente, ambos datados de cerca de 700 d.C. Na Itália, então, esse sistema figurativo simplificado encontrou-se com a nova arte bizantina, por sua vez "simplificada" num sentido simbólico, criando obras de grande encanto gráfico, ricas em símbolos e animais simbólicos, mas pobres em figuras humanas credíveis (figuras completamente desprovidas de interesse psicológico; fato que caracterizou o naturalismo antigo): pensemos no altar do duque longobardo Rachis, de cerca de 740, e no frontal de altar em mármore do patriarca Sigualdo, datado aproximadamente do ano 770, ambos em Cividale del Friuli, e nos maravilhosos pavões estilizados dos plúteos e das placas de mármore da época, preservadas tanto em Pavia como em Brescia.

Um processo semelhante de simplificação e transformação ocorre na nascente arte islâmica do século VIII, que absorve tanto a cultura visual das vastas áreas conquistadas do Império Cristão Oriental como a antiga arte do Oriente Médio – especialmente persa – das terras alcançadas pelo Alcorão. Apoiando-se nos artesãos siríacos e bizantinos, por exemplo, entre 706 e 715 os califas mandaram construir uma enorme mesquita em Damasco e adorna-ram-na com mosaicos representando paisagens, sem figuras humanas; quando em 730 São João Damasceno insiste na legitimidade da imagem corpórea de Cristo, na sua carta ao iconoclasta Leão III, provavelmente pensava nesses mosaicos. Na primeira arte islâmica, hostil à representação do ser humano, além do amor pela natureza, desenvolveu-se um geometrismo decorativo semelhante ao da arte cristã europeia dos séculos VII-VIII; pode-se observar isso, por exemplo, na fachada do Palácio Mshatta da Jordânia, hoje em Berlim, datada de cerca de 743.

No mundo cristão, abate-se a tempestade iconoclasta que começara em 726 com a remoção de um ícone do Salvador de uma das portas da cidade de Constantinopla, por ordem do imperador Leão III, o Isaurico. A fúria dos iconoclastas não só apaga capítulos inteiros da história da arte sacra bizantina, mas também tem implicações no Ocidente. O Papa Gregório III, intrépido defensor da arte a serviço da fé, enviou um representante a Constantinopla em 731 com cartas ao imperador, para induzi-lo a revogar o edito contra as imagens sagradas, e em novembro desse ano reúne na basílica de São Pedro um sínodo para condenar o movimento iconoclasta. Na lógica dessa postura, em seguida Gregório III embelezou com ícones a *perghula* diante do altar papal, transformando-a numa verdadeira iconostase bizantina e, dessa forma, exaltando o papel das imagens[5]. A extraordinária qualidade da arte bizantina na Roma dessa época é sugerida por duas obras do início do século VIII: o painel em ruínas representando a *Madona com o Menino e os Anjos*, em Santa Maria em Trastevere, e uma figura sobrevivente do programa de mosaicos perdidos, realizado por João VII em São Pedro, a *Maria Rainha orante*, hoje em São Marcos, em Florença.

---

5. Cf. *La Basilica di San Pietro* (Noticiário mensal publicado pela Fábrica de São Pedro), IV/4 (1992) 3.

Nas terras orientais, porém, entre os séculos VI e VII, a arte tinha sofrido um processo de simplificação esquematizante, como se os artistas tivessem perdido o sentido das fórmulas anatômicas e paisagísticas transmitidas desde a Antiguidade: considerem-se os mosaicos do mosteiro de Hosios David e da basílica de Aghios Demetrios, na cidade grega de Salônica (a antiga Tessalônica). Mesmo na Itália, depois de meados do século VIII, a tradição bizantina se enfraquece: basta pensar na desajeitada pintura mural da crucificação em Santa Maria Antiqua, em Roma, de 741-752, ou nos afrescos do mesmo período de Santa Sofia em Benevento. No entanto, algumas obras bizantinas na Itália sugerem uma nostalgia encontrada pela grande arte da época clássica: penso nas extraordinárias pinturas murais da igreja de Santa Maria *foris portas* em Castelseprio (Varese), datadas talvez entre os séculos VIII e IX.

A arte carolíngia e otoniana

A nostalgia da cultura antiga será decisiva no período que se inicia com o final do século VIII; época associada primeiro ao rei dos francos, Carlos Magno, coroado imperador do Ocidente pelo Papa Leão III no ano 800, e depois aos imperadores saxões Oto I e Oto II, no século X. Depois do caos político e cultural que se seguiu ao colapso do Império Romano, a Europa encontra agora uma nova identidade, cujo elemento definidor será a fé em Cristo, vivida em comunhão com o Bispo de Roma. Essa identidade *cristã* e *ocidental* evolui juntamente com o trabalho missionário ainda em curso no nordeste da Europa e em contraste com o expansionismo islâmico na Espanha, na Sicília e no sul de França; passa a ser definido no contexto da ocupação bizantina no sul da península itálica, também através de deslocamentos de época como a emigração normanda para a Inglaterra e Sicília e as primeiras cruzadas. Esses acontecimentos, então, juntamente com a codificação de alguns grandes sistemas já existentes – o sociopolítico do feudalismo, o sociorreligioso do monaquismo, o ritual da liturgia eclesiástica –, deram à cristandade da época, compreendida entre os séculos IX e XII, um rosto bem definido e destinado a perdurar no tempo.

A contribuição italiana, nessa fase de formação da cultura europeia, é fundamental. Embora o poder político tivesse se deslocado para o norte dos Alpes, o poder simbólico do passado – considerável num período que legitimava as suas escolhas por referência à *auctoritas* dos antigos – permanecia como uma posse tranquila da Itália. Interessante neste sentido é o *denarius* cunhado por Carlos Magno para assinalar a sua nova dignidade imperial: tal como nas moedas do antigo império, no *recto* está a efígie do imperador, com o seu nome e título; a apresentação em perfil rígido, com a coroa de louros, imita exatamente os retratos numismáticos da época romana, sugerindo um ideal de continuidade com o poder dos césares. A imagem do *verso*, porém, é inovadora: não há a figura de uma divindade tutelar, como nas moedas romanas, mas um templo estilizado com uma cruz no frontão e as palavras *christiana religio*. A dupla mensagem, de um poder proveniente do mundo romano, mas a serviço da Igreja, é facilmente legível.

As próprias imagens são facilmente legíveis, especialmente a do templo no *verso* do *denarius*, graças à extrema simplificação das formas. O desenhista carolíngio, familiarizado com a estilização geométrica da arte celta e longobarda, consegue sugerir com alguns traços essenciais a plataforma arquitetônica, as colunas e o frontão de um edifício clássico. Além do evidente talento para a abstração, o mestre anônimo tinha um forte sentido decorativo: notamos a repetição da cruz entre as colunas do templo, como se o artista não tivesse vontade de deixar um espaço vazio. São características do estilo carolíngio que também encontramos em estruturas monumentais da época, como a porta de entrada da Abadia de Lorsch, na Renânia, onde o *designer* adaptou a linguagem da arquitetura romana – colunas com capitéis coríntios, pilares canelados e três aberturas de arco triunfal – em estilo germânico, enriquecendo a superfície da parede com formas abstratas, em dois tons puramente ornamentais. Os elementos antigos permanecem reconhecíveis, como as palavras latinas numa frase alemã, mas a sua "sintaxe" e "gramática" já não são clássicas.

O exemplo mais famoso desse processo de simplificação e adaptação é a esplêndida capela construída para Carlos Magno no centro do seu palácio em Aachen, consagrada em 805. O interior da capela (acessível através de portas de bronze que imitam o modelo da Antiguidade) interpreta as formas de uma estrutura italiana do século VI, São Vital em Ravena, as quais, na versão alemã, tornam-se mais maciças, mas também mais decifráveis. O que em São Vital é um jogo sutil de espaços absidiais, que, a partir do espaço central, se cruzam com o deambulatório em forma de anel, aí se reduz a um octógono com membros quadrados – uma alusão talvez ao *octava dies*, o oitavo dia fora do ciclo dos sete: o dia sem ocaso do Salvador ressuscitado. A forma abstrata, tão claramente desenhada na estrutura, enfatiza o símbolo, mas sacrifica algo do mistério da igreja de Ravena.

O processo de simplificação que encontramos na Capela Palatina deve-se apenas em parte à não compreensão do modelo italiano. Acima de tudo, representa uma forma diferente de conceber o espaço ou, melhor ainda, de articular a interação de múltiplos espaços que se interpenetram. A planta simples de Aachen (que exigia também um considerável conhecimento estrutural, na coordenação do alto vão octogonal com o polígono de dezesseis facetas que o contém) é na verdade o resultado de uma escolha precisa: uma leitura da relação com Deus não em termos de mistério, mas como participação na força divina. A colocação do trono de Carlos Magno no *matroneum*[6] ocidental, em frente ao altar voltado a leste, expressava essa participação.

Uma preocupação específica de Carlos Magno e dos seus sucessores foi a promoção da cultura cristã, e entre os produtos mais interessantes da arte carolíngia estão os evangeliários e outros livros sagrados iluminados, criados no âmbito da corte. Num deles, o chamado *Evangeliário de Carlos Magno*, que remonta a cerca de 800-810, a figura togada do evangelista Mateus, sentado sobre um faldistório enquanto escreve, revela grande familiaridade com a pintura helenística; provavelmente o artista – talvez italiano ou bizantino – tinha à sua disposição protótipos da qualidade de alguns códices gregos do século VI que chegaram até nós: o *Gênesis de Viena*, o *Codex Rossanensis*, o *Codex Sinopensis* (em Viena, Rossano e Paris, respectivamente). Mas o gosto carolíngio também conheceu outros estilos: poucos anos depois do *Evangeliário de Carlos Magno* surgiu um volume semelhante para o arcebispo Ebbo de Reims, com figuras de evangelistas animadas por uma energia quase convulsiva que alude à inspiração pneumática.

É quase certo que esses artistas eram monges: toda a *renovatio* carolíngia tinha, na verdade, um caráter monástico. Em 787, Carlos Magno visitou Montecassino, onde São Bento havia morrido 242 anos antes, e obteve uma cópia do texto da *Regra* que então se acreditava ser um texto autógrafo. Essa lhe foi

---

6. A galeria superior reservada às mulheres. (N. do T.)

enviada para Aachen, onde, no mesmo conjunto que albergava o palácio imperial, existia também um mosteiro; a cópia da *Regra* serviu de fato ao plano de Carlos Magno de normatizar a prática monástica nos territórios imperiais: caberia a seu filho, o imperador Ludovico, o Piedoso, impor a *Regula Sancti Benedicti* a todos os mosteiros em 817.

A cópia da *Regra* que chegou a Aachen foi, por sua vez, copiada em 820 por dois monges chamados Grimalt e Tatto, de Reichenau. Vinte anos depois, eleito abade do mosteiro suíço de St. Gall, Grimalt trouxe consigo uma versão da cópia da cópia, e entre muitos manuscritos perdidos ao longo dos séculos foi esta versão que sobreviveu: o *Sangallensis* 914. Encadernado junto com esse manuscrito da *Regra* há uma planta de como era então visualizado um mosteiro beneditino na época: um conjunto de edifícios funcionais – alojamentos, oficinas, estruturas agrícolas – em torno da grande igreja e do claustro, no qual se situavam a sala capitular, o refeitório, um dormitório e armazéns (fig. 5).

Essa planta, que funde elementos de *design* mediterrâneos com outros, de origem germânica, irá se tornar normativa em toda a Europa, copiado (assim como a *Regra*) num espírito de veneração por um "original" autorizado. Pelo que sabemos, porém, ela nunca foi traduzida para a arquitetura em St. Gall, e existem outras igrejas abaciais – as de São Pantaleão em Colônia e de São Miguel em Hildesheim; uma do final do século X e a outra do início do século XI, respectivamente – que sugerem hoje a monumentalidade do ideal arquitetônico carolíngio. O modelo monástico de vida e arquitetura resultante dessa *renovatio* carolíngia irá se espalhar para além da Alemanha, especialmente com a ascensão da abadia de Cluny, na Borgonha, entre a metades dos séculos X e XII, enraizando-se na França, Inglaterra, Espanha e Itália, graças a uma rede de centenas de abadias e priorados "cluniacenses", religiosa e culturalmente ligados à casa-mãe. No final do século XI, a própria Cluny, com os seus trezentos monges, tinha a maior igreja da Europa (que seria quase totalmente destruída no final do século XVIII).

Nas igrejas monásticas da época, a liturgia ocupava muitas horas da jornada, e uma parte importante da produção artística era colocada a seu serviço. Esplêndidos objetos em ouro e prata recriavam a magnificência dos ornatos litúrgicos que Carlos Magno tinha visto em São Pedro – as decorações da basílica descritas em fontes da época: placas de prata pesando 150 libras nas paredes do presbitério, uma balaustrada de ouro pesando 1.328 libras, um candelabro cruciforme com capacidade para 1.365 velas[7]; todos objetos perdidos em 846, quando os sarracenos invadiram Roma. Mas entre os séculos IX e XI foram criados para as igrejas do império carolíngio objetos semelhantes feitos em ouro e prata cobertos com gemas preciosas (*Evangeliário de Lindau, Códex da abadessa Uta de Niedermünster*), cruzes com gemas preciosas (a de Lotário II, em Colônia), relicários (o pé de Santo André, em Trier), frontais de altar (o altar de Vuolvinio, na Basílica de Santo Ambrósio, em Milão; o de Henrique II, agora no Musée de Cluny; o de Carlos, o Calvo, outrora em St. Denis, em Paris).

 O mesmo período assistiu também a um tímido regresso à escultura monumental: no crucifixo de madeira criado para o bispo Gero de Colônia, por volta do ano 1000, por exemplo, o escultor anônimo criou um Jesus com corpo e rosto verdadeiramente sofredores; também deve ser mencionado o crucifixo de bronze, outrora na igreja abacial de Helmstedt, perto de Werden-Essen, datado de meados de 1070. De grande importância são também as portas de bronze da igreja de São Miguel em Hildesheim, criadas para o então arcebispo da cidade, o teólogo e monge Bernoardo. As cenas da esquerda contam as histórias do "homem velho" (Adão), enquanto as da direita falam de Cristo. Contudo, estas não são "vidas paralelas", porque a ordem das duas sequências é cuidadosamente diferenciada, com o início das histórias de Adão no topo e a conclusão na parte inferior, enquanto a vida de Cristo começa na parte inferior e termina na parte superior. Essa concordância inversa cria uma série de *contrastes* entre Adão e Cristo, dos quais o mais tradicional se encontra no terceiro nível a partir do alto, onde a árvore do pecado original (na folha da porta à esquerda) é contrastada com a cruz redentora de Cristo (à direita).

A arte românica

 Os esforços culturais dos imperadores carolíngios e a magnificência difusiva dos mosteiros cluniacenses prepararam uma nova estação, à qual a história da arte atribui o nome de "românica", porque recria alguns aspectos da cultura romana antiga. No entanto, não se trata de um *revival* nem (com

---

[7]. BOCCARDI STORONI, P. *Storia della Basilica di S. Pietro*, Pavia, Editoriale Viscontea, 1988, 54 s.

algumas exceções) de um "proto-Renascimento", mas sim de uma nova linguagem, articulada de várias maneiras nas diferentes regiões da Europa, que entre os anos 1050 e 1200 funde elementos clássicos, paleocristãos, bizantinos e germânicos em um estilo homogêneo de grande força e beleza, o primeiro que poderia ser considerado "universal" após o colapso do Império Romano.

Nesse período se registou um aumento exponencial do número de igrejas em construção, devido a vários fatores: necessidades de representação dos príncipes feudais; o desenvolvimento gradual de antigos e novos centros urbanos; a criação de um novo ramo do monaquismo beneditino, a ordem cisterciense. Um monge do século XI, Rodolfo, o Calvo, diria que o mundo se revestia então com "um manto branco de igrejas"; igrejas frequentemente muito grandes, poderíamos acrescentar, destinadas a populações crescentes de cidades ou a grupos de peregrinos. A monumentalidade das novas igrejas foi, por um lado, um reflexo da atratividade de Roma nos séculos que assistiram à reforma do papado e à luta dos papas contra a interferência do poder imperial, e, por outro lado, uma resposta europeia e cristã às colossais construções religiosas feitas no mundo islâmico a partir do século IX em diante: mesquitas como a de Samarra (848) no Iraque, a de Ibn Tulun no Cairo (876) e, na Pérsia do século XII, as mesquitas de Rabat-i Malik (por volta de 1050) e de Isfahan (1088). Na própria Europa – na Espanha islamizada –, a mesquita construída em Córdoba no século VIII, e ampliada em 833, com uma nova expansão em 929, tornou-se um dos maiores edifícios religiosos da época em termos de tamanho e riqueza de decorações; Córdoba também explorou técnicas construtivas de origem persa destinadas a influenciar na arquitetura românica e depois na gótica: arcos cruzados como suporte de tração para velas e cúpulas. Por sua vez, na Espanha, como também na Sicília islâmica, foram aperfeiçoadas formas de decoração destinadas a contagiar a nascente linguagem românica.

O elemento construtivo e estilístico básico da arquitetura românica era o arco de volta plena, derivado do arco romano e sustentado por colunas, semicolunas parietais ou pilaretes. A ligação do arco à coluna ou pilar que o originou era um elemento de transição igualmente proveniente da Antiguidade: o capitel, muitas vezes enriquecido com formas geométricas ou florais, ou figuras esculpidas. Graças a esses elementos comuns, o aspecto especialmente interno das igrejas românicas oferece normalmente alguma impressão de classicismo: esses edifícios, que ninguém confundiria com os da Antiguidade – são *românicos*, e não *romanos* –, enunciam em todo caso uma relação clara com a cultura do antigo Império Romano. Entre as mensagens que esse estilo pretende comunicar estão, de fato, as tipicamente romanas de *poder* e *força*: valores que no mundo feudal e monástico da época pareciam ser de origem divina.

Entre os primeiros exemplos da arquitetura românica está a enorme catedral de Speyer, na Renânia, construída por vontade dos imperadores da Casa da Francônia. Iniciada por Conrado II por volta de 1030, foi ampliada por Henrique IV, que, embora adversário do Papa Gregório VII e humilhado por ele nas neves de Canossa em 1077, como todos os imperadores alemães teve a legitimação do título pela Igreja. Essa catedral atingirá 134 metros de comprimento e a sua nave central, com 33 metros de altura e 14 metros de largura, oferece uma vista de colunas enfileiradas evocativas das antigas basílicas romanas, embora estas semicolunas, demasiado altas e delgadas para parecerem clássicas, são interrompidos em sua metade por um capitel intermédio no nível dos arcos que separam a nave central das laterais. Originalmente o teto devia ser plano, ao passo que nas naves laterais existiam abóbadas sustentadas por arcos redondos; nas reformas posteriores, a nave central também teria sido dotada de abóbadas. O exterior, pontuado por grandes janelas de arcos plenos, mas espaçadas, apresenta uma solidez opaca, aliviada apenas por pequenas arcadas que coroam as massas das paredes.

Uma característica das igrejas alemãs é o fortalecimento maciço da parte ocidental, chamada *Westwerk*, "trabalho no oeste". É uma fortificação ao mesmo tempo funcional e simbólica: *funcional* porque muitas vezes as igrejas tiveram que servir de fortalezas, e *simbólica* porque dá a impressão da entrada de uma cidade murada, evocando assim a Jerusalém celeste. Normalmente o *Westwerk* é flanqueado por duas torres e às vezes encimado por uma torre quadrada; em alternativa, é uma grande estrutura que forma um ângulo reto com a nave, de modo a assemelhar-se a um transepto, por vezes até com uma abside "na fachada". Em Speyer, o atual *Westwerk* não é original, mas exemplos dessas tipologias estruturais são São Pantaleão, em Colônia, e as catedrais de Trier, Ratzeburg, Münster e Minden.

Uma visão de poder semelhante, mas mais evoluída, é comunicada pela igreja abacial de St. Etienne, em Caen (na Normandia), encomendada pelo duque normando Guilherme, dois anos após a sua conquista da Inglaterra, em 1066. A fachada ocidental ainda é uma espécie de *Westwerk*, mas aberta por grandes janelas com arcos redondos. O edifício tem a mesma solidez da catedral de Speyer, ainda que em seu interior haja uma articulação mais escultórica das arcadas sobrepostas da alta nave central. Também aí, um original teto plano de madeira foi posteriormente substituído por abóbadas de alvenaria sobre uma rede de nervuras leves que surgem de colunas fixadas às paredes.

A aparência primitiva de Santo Etienne pode ser imaginada nas grandes igrejas construídas pelos normandos na Inglaterra: na abadia de St. Albans, perto de Londres, por exemplo, iniciada em 1077 pelo abade Paul de Caen, e nos transeptos da Catedral de Winchester, que permaneceram românicos ao passo que o resto da igreja foi posteriormente "goticizado". A força bruta da arquitetura normanda inglesa e o seu peso (fig. 6) situam a conquista levada a cabo pelo duque Guilherme no contexto de acontecimentos históricos inevitáveis, ou – como se dizia na época – "queridos por Deus". Outras igrejas inglesas desse período introduziram elementos decorativos de inspiração mista, bárbara mas também clássica: Durham, por exemplo, com colossais colunas circulares na nave, que se alternam com as habituais colunetas parietais; essas grandes colunas são decoradas ora com motivos horizontais em ziguezague, ora com tubos verticais agrupados que evocam as antigas caneluras jônicas.

Entre as igrejas românicas mais imponentes encontram-se as da Via Francigena, que servem à multidão de peregrinos que desciam do norte para Roma ou Compostela. Famosa é St. Sernin (São Saturnino), em Toulouse, iniciada por volta de 1080, onde a abóbada de berço da longa nave é sustentada por arcos redondos que surgem de colunetas muito altas, dispostas em paredes pontuadas por arcadas sobrepostas. No exterior, a repetição do tema do arco nas laterais, nas capelas absidais dos transeptos e mesmo na alta torre colocada acima do cruzeiro sublinhava uma significativa "sistematicidade romana" para quem dirigia os seus passos rumo à cidade eterna. Para os peregrinos que, em vez de Roma, escolhiam o outro destino da Via Francigena, nomeadamente a ibérica Compostela, existia a versão espanhola de St. Sernin: Santiago; construída entre 1078 e 1211, com 100 metros de comprimento, 70 metros de largura no transepto e 24 metros de altura (na nave).

Deixamos a Itália para o final devido à extraordinária diversidade de leituras românicas encontradas na península. Na Lombardia – em Milão, Pavia, mas também em Parma e Modena – encontramos igrejas com características não muito diferentes das da Alemanha e da França. Na Toscana – em Pisa e

Florença – está se desenvolvendo uma espécie de *revival* da arquitetura basilical paleocristã, com a reutilização de elementos antigos. Em Roma e em seus arredores surge igualmente o desejo de evocar o antigo. E na Sicília reconquistada ao cristianismo pelos normandos há uma fusão de linguagens arquitetônicas e decorativas aludindo ao fecundo encontro entre culturas naquela fronteira entre os mundos clássico, bizantino e árabe.

Entre as obras-primas da arquitetura itálica desse período recordamos Santo Ambrósio de Milão (séculos XI-XII), com o clássico átrio exterior, o arco triunfal incorporado na galeria superior da fachada e a insistente horizontalidade do interior, tão diferente da ênfase vertical das igrejas transalpinas. Recordamos a catedral de Modena, iniciada pelo arquiteto Lanfranco em 1099, cuja fachada articula forte e claramente a organização interna da igreja em três naves. E dentre os grandes conjuntos arquitetônicos de toda a Europa recordamos a nova "primacial" de Pisa com o batistério à frente, a torre sineira atrás e o campo-santo monumental *a latere*. Uma série de inscrições colocadas na fachada, todas da época da construção do edifício, fornecem as coordenadas históricas e culturais do empreendimento. Duas epígrafes históricas resumem as vitórias que Pisa conquistou sobre os árabes no século XI, incluindo a de Palermo em 1064; com os despojos dessa última empresa foi iniciada a nova catedral. Outra placa informa que a igreja foi *"construta [...] civibus suis*, 'construída pelos próprios cidadãos pisanos'", e o epitáfio do arquiteto, o bizantino Buschetto, falecido em 1110, ao mesmo tempo que afirma que a capacidade de inventividade e técnica desse mestre superou tanto a de Ulisses como a de Dédalo, assevera também sem rodeios que *"non habet exemplum niveo de marmore templum quod fit Busketi prorsus ab ingenio*, 'não conhece precedentes o templo de alvo mármore feito graças à engenhosidade de Buschetto'".

Isto é, em Pisa, a nova catedral expressava o orgulho nacional de uma república marítima que, na defesa do seu comércio, tinha conseguido distinguir-se na luta daquele tempo pelo controle do Mediterrâneo. Expressava, assim, a confiança cultural daqueles que, sabendo-se na vanguarda, não hesitavam em se comparar aos antigos, mas ao mesmo tempo testemunhava a crença dos pisanos de que o seu sucesso vinha do céu. Tal como Roma derrotara os cartagineses, Pisa derrotou os sarracenos, mas não apenas para promover os próprios interesses; a cidade, que participara na primeira cruzada em 1099 e vira seu arcebispo, Daiberto, ser eleito patriarca latino de Jerusalém, sabia possuir um papel de indiscutível importância na expansão da cristandade, e a sua catedral, construída por um mestre bizantino mediante o saque dos árabes, em competição com os antigos, expressava essa consciência.

Em Pisa, como na Lombardia, não se tratava de respostas italianas às maneiras alemãs ou francesas, mas de inovações sem precedentes e inteiramente itálicas, porque eram a síntese de experiências que, dentro do sistema europeu, apenas a Itália de então vivenciava. No exterior da igreja primacial, as galerias sobrepostas com arcarias bordadas de incrustações de mármore, os motivos ornamentais sarracenos e a conspícua reutilização de materiais tanto de construção como de decoração romanos proclamam uma relação privilegiada com Bizâncio, um domínio da cultura muçulmana e uma recuperação precoce, mas segura, do legado antigo. No interior, as colunas romanas monolíticas das cinco naves, algumas com fustes de dez metros de altura, são *troféus de conquista*, espólio colonial trazido das Baleares, da Sardenha e da Córsega. Se imaginarmos então o aspecto interno da catedral quando as tesouras de madeira do teto ainda eram visíveis, não mascaradas pelos atuais caixotões renascentistas, entendemos que a igreja primacial pretendia evocar as basílicas paleocristãs de Roma. Essa referência tinha um sentido religioso, pois Pisa era uma paragem importante para os "*romei*": peregrinos que se dirigiam a Roma e que, na Urbe, teriam rezado na antiga Basílica de São Pedro, de São Paulo extramuros e em outras igrejas dos primeiros séculos cristãos.

Mas a lista das esplêndidas igrejas italianas dos séculos XI e XII seria longa, cada uma com a sua história principesca ou cívica: em Florença, São Miniato al Monte e o Batistério; em Espoleto, Santa Eufêmia; em Assis, a catedral; Santa Maria Maior na Tuscânia; a catedral de Civita Castellana; São Nicolau e a catedral de Bari; as catedrais de Trani e de Gerace; as igrejas de contos de fadas de Palermo do século XII: São Cataldo, a Martorana e a suntuosa capela do Palazzo dos Normandos; a catedral de Monreale; a basílica de São Marcos em Veneza, construída segundo um modelo constantinopolitano como capela palatina dos doges.

Sistemas decorativos

Nas diversas regiões da Europa afetadas pela explosão da construção de edifícios sagrados, são utilizados diferentes sistemas decorativos, desde os tetos arabescos da Sicília, ao mosaico de inspiração paleocristã (Roma) ou de inspiração bizantina (Palermo, Veneza), à pintura mural (Itália, Alemanha, França, Espanha), à escultura em alto-relevo em pedra, bronze e madeira (França, Bélgica, Espanha, Itália).

Com certeza, *a grande novidade é a escultura*. No norte e no sul dos Alpes, as igrejas começam a enfeitar-se com obras plásticas externas, como se sentissem a necessidade pastoral de preparar os fiéis para os ritos celebrados no interior delas. A primeira forma que esse fenômeno assume é a das portas de bronze e/ou madeira com figuras gravadas ou em relevo: na catedral de Augsburgo; em Santa Maria in Campidoglio em Colônia e em São Bertoldo em Parma; em Auvergne, na catedral de Le Puy. Completamente singular é a difusão no sul da Itália de portas de bronze de fabricação constantinopolitana: em Amalfi, Montecassino, Roma, Atrani e Salerno encontramos portas de madeira cobertas com folhas de auricalco fixadas com pregos. São trabalhos de montagem realizados com um sistema quase industrial que produzia portas leves, facilmente transportáveis em seções modulares. Existe também uma atividade italiana autônoma, e no novo reino normando das duas Sicílias as duas portas de Oderisi da Benevento para a catedral de Troia atestam a sua originalidade iconográfica. Mais a norte, as portas de São Zeno em Verona (cujas partes mais antigas datam de cerca de 1130), tal como as análogas portas criadas para a catedral de Plonk na Polônia (que passaram para Novgorod no século XV), são provavelmente devidas a artesãos alemães que se mudaram para o exterior. Os mestres de portas mais importantes da Itália românica foram Barisano da Trani e Bonnano Pisano, ambos chamados a criar portas para a nova catedral de Monreale; Bonanno também trabalhará na igreja primacial de Pisa.

Deve-se recordar que a *porta* é rica em conotações teológicas para os cristãos: o monge Suger, abade de St. Denis (mosteiro nas proximidades de Paris), em um poema escrito em 1140 para a consagração da igreja que ele construiu, falando das portas metálicas (agora perdidas) especifica: "O trabalho nobre brilha, sim; mas brilhando nobremente deve iluminar as nossas mentes, para que – avançando pelas luzes interiores – possamos alcançar a verdadeira luz na qual contemplamos Cristo, a verdadeira porta".

No entanto, essa multiplicação de portas historiadas foi apenas a primeira fase, e, a partir do século XII, notamos uma tendência crescente para dramatizar toda a zona de ingresso dos templos com obras plásticas de grandes dimensões: um prolongamento do portal e do pórtico de eloquência anteriormente reservada apenas à porta. Essa utilização de figuras em alto-relevo em torno de portais constitui, em alguns casos, uma primeira e tímida retomada da decoração plástica típica dos arcos triunfais romanos, e em todo o caso implica o início de um processo de superação daquela antipatia pela escultura monumental que se desenvolveu nos primeiros séculos cristãos. No início desse processo estão as esculturas do mestre Wiligelmo para a catedral de Modena (1106), e de um certo Niccolò para São Zeno de Verona (1138). Depois, na França, a maior concentração de portais escultóricos, em estilos muito diversos: em São Pedro, em Moissac (por volta de 1115); em Santa Madalena, em Vézelay (1120); em Notre-Dame la Grande, de Poitiers (cerca de 1130); em São Gilles du Gard, perto de Nîmes (por volta de 1135); em São Trophime, Arles (cerca de 1140); e, na Catedral de Chartres, as esculturas da fachada datam dos anos 1145-1170. Na Espanha recordamos Santiago de Compostela, cuja rica "Porta da Glória" (1168-1188) ainda mantém a policromia que originalmente caracterizou todas essas obras (fig. 7). Entre os maiores escultores da época está o italiano Benedetto Antelami, cujos relevos para os portais do batistério de Parma, criados entre os séculos XII e XIII, apresentam uma naturalidade e um *páthos* dramático não vistos desde a Antiguidade.

No campo da pintura, várias direções se alternam e se sobrepõem: na França, na chamada *Tapeçaria de Bayeux* (um pano de lã de 70 metros de comprimento que celebra a vitória de Guilherme da Normandia sobre os ingleses), um realismo narrativo simples, mas de grande impacto (estamos aproximadamente entre 1073 e 1083); na abóbada com afrescos de histórias bíblicas de Saint-Savin-sur-Gartempe, no oeste da França, do início do século XII, há uma estilização refinada semelhante à que encontramos na escultura daquele período; na iluminura franco-inglesa, está presente a redução da figura a áreas abstratas organizadas com uma caligrafia lírica que lembra a arte celta dos séculos VII-VIII (*Evangelho para o Abade Wédric*, de Lissies, cerca de 1147). Após meados do século XII encontramos claras alusões clássicas, especialmente na Alemanha e na Áustria, nas obras do ourives e *designer* Nicolau de Verdun (altar da Abadia de Klosterneuburg, cerca de 1181).

A lenta mas segura revalorização do patrimônio antigo deve-se também em parte à pintura bizantina que se desenvolveu após a interrupção iconoclasta, na chamada "segunda idade do ouro". O extraordinário mosaico da

Crucificação do mosteiro de Daphne (não muito longe de Atenas), obra do século XI, propõe até mesmo um *Christus patiens* (Cristo sofredor), cuja anatomia, embora estilizada, revela um interesse plástico derivado do antigo, assim como são igualmente de inspiração clássica as poses e os drapeados dos espectadores. Esse estilo foi retomado na maior igreja bizantina da época, São Marcos em Veneza, cujos primeiros mosaicos datam do início do século XIII.

Em Roma, onde já por volta de 1080 encontramos referências confusas à pintura romana antiga (na igreja inferior de São Clemente), surgiram no século XII artistas que, a serviço dos papas reformadores, evocaram eficazmente tanto a arte clássica como a dos primeiros séculos cristãos; pensemos, por exemplo, nos mosaicos da abside de São Clemente, com Cristo pendurado numa cruz com doze pombas entre as espirais de uma enorme videira, e nos mosaicos de Santa Maria in Trastevere, onde um Cristo togado, sentado ao lado de Maria, a abraça, enquanto ambos mostram escritos alusivos ao Cântico dos Cânticos. Mesmo no mosaico de São Clemente, representando a cruz rodeada por uma videira, há uma inscrição: "Tornaremos semelhante a esta videira a Igreja de Cristo". E no magnífico claustro de São Paulo extramuros, obra-prima dos marmoristas romanos Nicolò d'Angelo e Pietro Vassalletto, acima das colunetas retorcidas embelezadas com inserções de mosaico ainda encontramos uma inscrição, cuja mensagem é a seguinte: enquanto para os profanos brilha a arquitetura do claustro, para os monges brilha a Regra de São Bento. Muitas obras do século XII, de fato, transparecem um novo desejo comunicativo, que a arte do período seguinte – a arte gótica – irá recolher e desenvolver.

3
O GÓTICO

Detalhe do pórtico central, fachada oeste,
representando o embate entre o Arcanjo Miguel e Satanás,
pesando as almas durante o Juízo Final
Catedral Notre-Dame de Paris (Paris, França)
© Wikimedia Commons/PHGCOM

O estilo que designamos como "gótico" corresponde à plenitude da Idade Média. A sua primeira manifestação, na arquitetura francesa do século XII, coincide com a cultura românica que acabamos de discutir, aperfeiçoando alguns dos seus rumos, mas também introduzindo grandes inovações tanto na técnica de construção como na decoração. Mais do que o românico, ele se impôs como um idioma invasivo, definindo a estética que, de 1140 a 1400 (e até 1500 no norte da Europa), daria forma aos espaços e às imagens da Igreja latina. O gótico é na verdade "latino", ocidental: o primeiro estilo cristão sem ligação com a arte da Igreja oriental.

Nasceu e desenvolveu-se em resposta a inovações históricas de época, num quadro sociorreligioso fluido que viu o surgimento dos primeiros estados nacionais (França, Inglaterra, Espanha), a criação de sistemas produtivos e econômicos eficientes (as artes, os bancos), a codificação do direito eclesiástico (Raimundo de Peñafort, Estêvão de Tournai, João Teutônico) e civil (Irnério, Piacentino, Bassiano, Azzone, Accursio) e o desenvolvimento de uma abordagem inovadora no tratamento da investigação teológica (a escolástica). No século XIII, o conceito de vida religiosa mudou à medida que as ordens monásticas foram cedendo sua primazia aos frades dedicados à pregação popular (as ordens mendicantes). As escolas monásticas tornaram-se universidades, e do cultivo beneditino das artes e ofícios nasceram corporações profissionais capazes de regular a produção e comercialização dos seus produtos; os próprios sistemas de produção são organizados em escala industrial.

Essas mudanças têm como contexto *as cidades*, que estão aumentando rapidamente em população. As novas ordens religiosas vão se estabelecendo nas cidades para servir a população crescente, e as universidades e as corporações artesanais são igualmente realidades urbanas. O resultado disso é uma concentração de poder espiritual e intelectual, político e econômico que permite às cidades reivindicar maior liberdade em relação às estruturas feudais existentes – autonomia essa simbolizada sobretudo nas igrejas episcopais, ou seja, nas catedrais –, de modo que em quase todas as cidades europeias de alguma importância as catedrais são renovadas, ampliadas ou reconstruídas *ex novo*. As expressões típicas da identidade da cidade são, de fato, a arquitetura e a arte monumentais, e os canteiros de obras multiplicam-se por todo lado (também graças à competitividade entre cidades vizinhas), de forma que o período gótico é também conhecido como "a era das catedrais".

A nova arquitetura

A primeira estrutura gótica não se enquadra nesse quadro ideal, sendo uma igreja monástica localizada a alguma distância da cidade a que está associada: St. Denis, perto de Paris. Foi reconstruída a partir da década de 1130 por vontade do abade Sugerius (Suger), considerado o inventor do novo estilo, ou pelo menos o seu primeiro cliente e comentador. De fato, o erudito monge não só iniciou a reconstrução da antiga igreja abacial como também deixou um relato detalhado das suas intenções e da sua visão espiritual e artística, um documento único em toda a história da arte cristã.

Nascido em 1081, Suger, beneditino, foi contemporâneo do cisterciense São Bernardo de Claraval e amigo dos reis franceses Luís VI e Luís VII; este último o nomeou seu regente durante a segunda cruzada. Ele próprio um grande viajante, Suger foi cinco vezes a Roma, duas vezes à Borgonha, duas vezes à Alemanha e Bélgica. Diplomata habilidoso, foi escolhido pelo filho de Guilherme, o Conquistador, Henrique I da Inglaterra, como mediador em suas questões territoriais com a corte francesa. Abade de 1122 até sua morte em 1151, Suger trouxe conhecimento pessoal de muitos dos edifícios discutidos no capítulo anterior para o projeto da nova igreja; em seu texto – o *Libellus de consecratione ecclesiae Sancti Dionysii* (1144) –, ele também menciona tanto a Roma da era imperial (da qual ele originalmente pensou em obter antigas colunas para sua igreja) quanto a Haghia Sophia de Constantinopla, cujos suntuosos ornamentos litúrgicos tinha ouvido falar.

A partir de 1137, construiu primeiro a fachada ocidental, que foi concluída e consagrada apenas três anos depois, em 1140. Tal como em St. Etienne, em

Caen, também aí duas torres quadradas encimadas por pináculos ladeiam um edifício mais baixo, criando uma fachada tripartida, tanto na definição vertical quanto na horizontal. Enquanto em St. Etienne os três níveis são uniformes em toda a largura da fachada, aí a divisão em níveis é diferente nas torres e na parte central, e a massa das paredes é ainda animada por quatro contrafortes com uma saliência marcada, cada um com uma espécie de pilar que cresce a partir de sua frente. As janelas são muito maiores do que em St. Etienne: não uniformes, mas de desenhos diferentes, havendo até uma rosácea no edifício central. Nada resta da solidez opaca das igrejas românicas, e nas aberturas estratificadas dos três portais nascem estátuas de reis e rainhas bíblicos, enquanto no tímpano da porta principal um *Juízo Final* situa o ato de cruzar o limiar em uma perspectiva escatológica. Sob esse *Juízo* estavam as portas de metal dourado às quais Suger se referira nos versículos que citamos no capítulo 2: "O trabalho nobre brilha, sim; mas brilhando nobremente deve iluminar as nossas mentes, para que – avançando pelas luzes interiores – possamos alcançar a verdadeira luz na qual contemplamos Cristo, a verdadeira porta".

A luz. Mais do que a plasticidade movimentada da fachada de St. Denis, a poente, foi a luminosidade do deambulatório da igreja, a leste, que deu o caráter do novo estilo. O segundo componente do edifício por ordem de construção foi, de fato, o *chevet* (a cabeceira, a área da abside), com um coro elevado para os monges e uma cripta abaixo, também construída em tempo recorde e consagrada já em 1144 (fig. 8). Nessa área existem sete capelas radiais externas, cada uma aberta por duas grandes janelas dotadas de vitrais, cuja cor dominante deve ter sido o azul profundo que encontramos algum tempo depois nos vitrais de Chartres: Suger fala de "vidro de safira" e descreve o novo coro luminoso como "uma extensão elegante e significativa [da antiga igreja abacial] em forma de circunferência de capelas, graças à qual toda [a igreja] brilharia pelas janelas cintilantes de luz esplêndida e contínua e que, por sua vez, teria iluminado a beleza interna"[1].

---

1. "*Illo urbano et approbato in circuitu oratoriorum incremento, quo tota clarissimarum vitrearum luce mirabili et continua interiorem perlustrante pulchritudinem eniteret*": *Libellus de consecratione ecclesiae*, IV (ed. italiana, Sugerius, *Scritti: 1. La consacrazione di Saint Denis; 2. L'opera amministrativa*, organizado por ANGINO, T., Milão, Edizioni Archivio Dedalus, 2011, 57 s.).

E aqui chegamos ao elemento-chave do novo estilo. Quando Suger descreve a luz que é introduzida pelas janelas como *contínua*, ele alude a uma inovação arquitetônica de época: *uma suavização das estruturas de suporte do deambulatório*, de modo a permitir que a luz irradie das capelas externas em toda a área oriental da igreja, "invadindo o interior com a beleza", como diz o abade. Em vez dos maciços pilares necessários para suportar o peso e o impulso dos arcos redondos das igrejas românicas, os arquitetos do *chevet* de St. Denis inventaram um sistema airoso de finas colunas das quais surgem as nervuras dos arcos ora redondos, ora quebrados, mas tão leves que parecem flutuar. O peso das abóbadas e o seu impulso para fora eram direcionados para contrafortes situados no exterior do *chevet*, no ponto de junção das capelas absidais, para que a luz circulasse sem obstáculos no seu interior. O cálculo muito preciso da pressão exercida por cada componente estrutural permitiu reduzir a massa da parede a poucos pontos-chave, reforçados conforme o necessário, mas de forma invisível (por fora, não por dentro).

Tanto uma como a outra conquista – a luz e a organização racional da estrutura – tinham conotações místicas. Suger e seus contemporâneos confundiam o São Dionísio a quem é dedicada a abadia, martirizado em Paris no século III, com aquele Dionísio Areopagita que a tradição diz ter sido convertido por São Paulo. Na biblioteca da abadia encontravam-se também textos atribuídos a esse suposto discípulo de São Paulo (agora atribuídos a um autor talvez siríaco do século VI, precisamente denominado "pseudo-Areopagita"), nos quais Deus é identificado com o "Pai das luzes" e Cristo, com "a Luz superessencial" que o revela. A racionalidade estrutural da arquitetura gótica refletia também, em uma veia sapiencial, a luz intelectiva: a capacidade da criatura de compreender as leis arcanas que regem o universo e de aplicá-las a serviço do Criador, à cuja imagem foi feita. Tanto no refinamento dos cálculos aritméticos como na forma dos arcos ogivais, o novo estilo deve muito à cultura islâmica, revalorizada na época das Cruzadas. Mas a maior contribuição do mundo islâmico foi a transmissão para a Europa latina de textos de filósofos gregos, traduzidos na Espanha ou na Sicília, que entraram assim no *curriculum* das escolas associadas às catedrais: Euclides, Ptolomeu, o *Timeu* de Platão e a *Nova Lógica* de Aristóteles, conhecida na tradução latina já por volta de 1140. Que a razão é um instrumento de fé é assunto comum de muitos pensadores da época, incluindo Pedro Lombardo, Teodorico de Chartres e Pedro Abelardo.

A ordem das igrejas góticas reflete, de fato, a sistematicidade lógica da escolástica, celebrando aquele que, como *Lógos*, se revela em cada "construção" mental ou material: Cristo. De fato, uma famosa iluminura francesa do século XIII representa o Verbo debruçado sobre o cosmos *in fieri*, determinando sua medida com um compasso de arquiteto[2].

O novo estilo se espalha com surpreendente rapidez na arquitetura francesa, primeiro, e depois por toda a Europa. Como já foi referido, ele encontrará expressão sobretudo nas cidades, que competem entre si no desenvolvimento ora de um aspecto, ora de outro das ideias e formas nascidas na abadia de St. Denis. As linhas desse desenvolvimento dizem respeito à verticalidade, à luminosidade, à complexidade; isto é, as igrejas tornam-se cada vez mais arrojadas, com janelas cada vez maiores e sistemas de abóbadas cada vez mais elaborados. Por "verticalidade" e "arrojo" entendemos tanto a altura *real* dos edifícios como aquela *percebida* graças a truques arquitetônicos que visam acentuar essa qualidade; por "luminosidade" entendemos a tendência de criar não apenas janelas maiores, mas também paredes de vidro contínuas mais próximas umas das outras; e por "complexidade sistêmica" entendemos *in primis* o arcobotante – um engenhoso reforço do contraforte externo que tornou possível graças à mencionada dissolvência da massa das paredes, transferindo toda a tarefa de sustentação das abóbadas para pilares externos afastados das janelas – e depois a subdivisão cada vez mais imaginativa dos compartimentos das próprias abóbadas (as "velas" entre as nervuras) em figuras geométricas altamente sugestivas: quadripartidas, hexapartidas, estreladas com múltiplas pontas. Os extraordinários desenhos de um arquiteto do início do século XIII, Villard de Honnecourt, não deixam dúvidas sobre o fascínio que a interação dessas complexas geometrias lineares teve para a época.

A segunda construção no novo estilo é a catedral de Sens, iniciada já na década de 1140. Sens foi a residência do arcebispo primaz da Gália, e a dimensão "nacional" deve ser notada imediatamente: Suger, conselheiro de dois reis e por um certo tempo regente ele próprio, convidou os bispos das dioceses próximas para a consagração do coro de St. Denis, na esperança de que a linguagem revolucionária que introduzira fosse imitada, dando ao poder real central um

---

2. *Codex Vindobonensis 2554*, fol. 1v., Biblioteca nacional austríaca, Viena.

look moderno e racional; muitas das dioceses estavam sob o controle da coroa, com bispos que também eram vassalos do rei com o título condado de "pares da França". Entre essas dioceses estavam Laon e Noyon, cujas novas catedrais começaram a ser construídas nos anos 1155-1160.

A mais importante das novas catedrais foi a de Paris, Notre-Dame, iniciada pelo Bispo Maurice de Sully em 1163, com a consagração do *chevet* em 1182. Aí que foi introduzido o novo tipo de contraforte, o arcobotante, permitindo a abertura de vitrais muito altos acima do chamado *matroneum*, e que também surgiu a nova insistência na verticalidade: as naves atingem quase 40 metros de altura (fig. 9). Em seguida, na década de 1190, na sequência de um incêndio que destruiu boa parte da catedral então existente, a mais famosa dessas primeiras grandes igrejas góticas foi construída em Chartres, outra diocese controlada pela coroa. Em Chartres a nave não só é mais alta que em Paris, mas também a aparência de altura é acentuada pela redução do segundo nível do alçado interno em um *trifório*, ou seja, uma arcada cega estreita, muito baixa, no lugar da galeria profunda (o "*matroneum*") de Notre-Dame. Algo semelhante já tinha sido feito em Noyon e Laon, mas como um nível adicional, acima da galeria; aí, porém, todo o alçado interno é simplificado de forma a enfatizar sua altura e luminosidade. Na prática, só se leem dois níveis – o da arca de passagem e o do clerestório –, porque o trifório, que não ocupa profundidade, acaba por parecer pouco mais que uma cornija sob os altos vitrais possibilitados pelos arcobotantes muito mais complexos do que aqueles de Paris.

Em Chartres havia originalmente 186 vitrais (hoje restam 172), totalizando uma área total de mais de dois mil metros quadrados. O seu sentido religioso é sugerido por Pierre de Roissy, chanceler da escola da catedral de 1203 a 1213: "As pinturas sobre os vitrais são escritas divinas, que introduzem a luz do verdadeiro sol – isto é, de Deus – no interior da igreja, ou seja, nos corações dos fiéis, que são assim iluminados"[3]. Os temas ilustrados são retirados do Antigo e do Novo Testamento, e também da vida dos santos, de modo que os vitrais efetivamente "introduzem" o Deus das Escrituras judaico-cristãs na mente dos fiéis. Em Chartres não existe um programa iconográfico global, mas os temas

---

3. Cf. STODDARD, W. S., *Art and Architecture in Medieval France*, New York: Harper & Row, 1972 (Wesleyan University, 1966), 266-277.

das janelas individuais refletem a piedade dos clientes, incluindo reis e nobres (44 vitrais), corporações de artesãos e profissionais (42), bispos e cônegos (16). O grande vitral do transepto norte, com soberanos bíblicos e Santa Ana juntamente com sua filha, Maria, foi doada pela Rainha Branca de Castela, regente da França depois de 1227; o vitral com as histórias do Bom Samaritano, na nave lateral sul, foi um presente da guilda dos sapateiros, retratados trabalhando sob as histórias do Novo Testamento.

A nave de Chartres é a primeira construção do "alto gótico", isto é, construída na forma madura do novo estilo, típico do século XIII. A partir dos anos 1220-1230, as catedrais de Reims, Amiens e Beauvais seguirão esse modelo, acentuando cada vez mais a vertiginosa altura interna: as abóbadas de Reims ultrapassam as de Chartres, as de Amiens acrescentam mais metros, e as de Beauvais ainda mais, completando um total vertiginoso de cerca de 55 metros. Mas em 1284 a nave de Beauvais desabou, deixando apenas o cruzeiro e o coro de pé, tal como o vemos hoje.

Arquitetura gótica fora da França

Do outro lado do Canal da Mancha, o desenvolvimento do estilo gótico foi condicionado pelos laços culturais ainda estreitos entre a Inglaterra – que controlava a Bretanha e a Normandia na segunda parte do século XII – e a França. O arquiteto da primeira estrutura inglesa no novo estilo, o coro da Catedral de Canterbury (1175-1185), foi certo William de Sens, educado na França, lugar onde nasceu. O espaçoso *chevet* que ele construiu destinava-se a abrigar o corpo do santo arcebispo Thomas Becket, morto pelos capangas de Henrique II na mesma catedral em 1170 e canonizado apenas três anos depois. A arca erguida em sua homenagem no novo coro tornou-se imediatamente destino de peregrinações, ajudando a difundir o novo estilo francês por toda a Inglaterra. De fato, nos anos e décadas seguintes ao *chevet* de Canterbury, as catedrais de Wells (antes de 1186), Lincoln (1192), York (1215) e Salisbury (1220) serão iniciadas.

O gótico inglês, apesar de toda a sua beleza excepcional, é um derivado em que – como muitas vezes acontece em situações de transmissão cultural – se perde o equilíbrio interno do original. Os arquitetos ingleses não aspiravam à altura espetacular das igrejas francesas nem às soluções técnicas de vanguarda acima mencionadas; na verdade, eles foram menos ousados em dissolver a massa da parede. Interessados na luminosidade como valor místico, os ingleses ampliaram e multiplicaram janelas que, no entanto, permanecem *aberturas*, e não paredes de vidro como além do Canal da Mancha. Fixaram-se em algumas possibilidades lexicais da nova linguagem, negligenciando outras: desenvolveram a *lancet window*, por exemplo (uma janela alta e estreita que culmina num arco ogival), mas não a rosácea monumental. Aperfeiçoaram e multiplicaram os elementos decorativos: semicolunas tubulares que se transformam em feixes nos arcos, intrincados frisos florais e vegetalistas, dando a sensação de um estilo gótico aprendido nos livros – por assim dizer, manualístico. Em Salisbury, por exemplo, a linearidade repetitiva dos elementos arquitetônicos traz à mente o linearismo dos desenhos daquele mesmo período de Villard de Honnecourt, retratando detalhes das catedrais francesas. Enfatizando o efeito "desenhado" está a utilização, pelos construtores ingleses, do *mármore purbeck*: um calcário rico em fósseis e conchas fossilizadas que, assumindo várias cores, parece um mármore misto, com movimentos e matizes sutis. As semicolunas e feixes tubulares de *mármore purbeck* em Salisbury e em outros lugares, lapidadas e polidas como gemas preciosas, caracterizam-se ao mesmo tempo por um cromatismo pictórico e uma precisão quase mecânica.

Entre as partes mais inovadoras das catedrais góticas inglesas estão as salas do capítulo, muitas vezes construídas fora da igreja como salões com planta octogonal e com nervuras no teto em forma de guarda-chuva, que nascem de uma única coluna central (Salisbury, Lincoln, Southwell, Wells e Glouchester). De verdadeira originalidade – embora excepcionais – são as soluções técnicas como o contraforte interno em Wells, composto de dois arcos pontiagudos sobrepostos, sendo o superior invertido, formando assim um "x", ou o fecho do transepto norte de York Minster (a catedral metropolitana primacial de York), com cinco *windows lancet* muito altas, conhecidas como as "cinco irmãs".

Ao contrário da Inglaterra, a Espanha manteve-se intimamente ligada aos modelos franceses, tendo sido utilizado o coro "sugeriano" com deambulatório e capelas radiais, a partir de 1170-1180, na catedral de Ávila, em Castela. A de Burgos, iniciada em 1221, imitou por sua vez a catedral francesa de Bourges, assim como Toledo (iniciada em 1226) e Léon (em 1255). Mesmo na área germânica foi o exemplo francês que prevaleceu. Na catedral de Magdeburgo, o arcebispo, que estudara em Paris quando jovem, mandou construir em 1209 um coro com deambulatório, capelas radiais e um clerestório com janelas muito altas, mas reaprovcitou numerosos elementos da anterior igreja românica, obtendo um efeito híbrido. Em Estrasburgo, na fronteira com a França, entre 1230 e 1240, os mestres pedreiros românicos que iniciaram a nova catedral foram substituídos por outros franceses. Em Colônia, o coro maior, iniciado por volta de 1248, elevou metodicamente a verticalidade apreciada pelos franceses a novos níveis, inspirando-se primeiro em Beauvais e depois em Amiens.

As fachadas e a escultura gótica

Na primeira fase do gótico houve também um desenvolvimento na ideia da fachada, que se transformou de um *Westwerk* fortificado em um movimentado frontispício aberto que sugere ao exterior o caráter e a organização do interior. Já notamos a diferença entre o românico de St. Etienne em Caen e o de St. Denis ao norte de Paris; se compararmos agora St. Denis, cuja fachada foi consagrada em 1140, e Notre-Dame em Paris, na qual os trabalhos na fachada ocidental começaram por volta de 1200, vemos claros elementos de continuidade – a divisão tripartida definida por contrafortes de pilastras, as janelas que desmentem, ao abri-la, a massa de muros –, mas também inovações notáveis. Entre estas destacamos o absoluto rigor do desenho, que, evitando as excêntricas diferenças de nível de St. Denis, equilibra a dinâmica vertical com dois fortes acentos horizontais: a série de figuras esculpidas que atravessam toda a fachada acima das portas e a galeria arquitetônica acima da rosácea, o que, entre outras coisas, confere a toda a parte inferior da fachada um aspecto quadrado. Outra novidade é a enorme rosácea, com 10 metros de diâmetro, que – tal como a galeria perfurada acima – dá a sensação de um tecido de parede diáfano.

Mas o verdadeiro avanço nesse setor remonta a dez anos antes de Notre-Dame: à fachada da catedral de Laon, iniciada mais ou menos em 1190, na qual o arquiteto anônimo fez duas coisas que, para dizer o mínimo, foram revolucionárias. Portas e janelas – que em Notre-Dame ainda serão aberturas numa superfície plana – são feitas em profundidade, ou melhor, são *escavadas*, de modo a dar a sensação de uma parede espessa mas plástica, criando efeitos de claro-escuro em constante mudança. Depois, no mesmo espírito, construiu as duas torres quadradas da fachada com torreões emergindo diagonalmente dos quatro cantos, como contrafortes: não sólidos, mas perfurados. Villard de Honnecourt, fascinado por essa inovação (à qual dedica um desenho), escreve que nunca viu torres semelhantes, que parecem mudar de forma à medida que se olha para elas[4]. Ele não é o único a admirar essas inovações, cuja influência torna-se conhecida em Amiens, onde a fachada principal (datada de cerca de 1220) funde Laon e Notre-Dame; depois em Chartres, onde no segundo quartel do século XIII as fachadas dos transeptos norte e sul receberam pórticos escavados com efeito claro-escuro; e sobretudo em Reims, onde a fachada, construída entre 1220 e 1230, combina, como em Amiens, a série de figuras esculpidas de Notre-Dame com os pórticos escavados e as torres movimentadas de Laon.

Um componente fundamental de todas essas fachadas foi *a escultura*, que se encontrava analogamente em uma fase de desenvolvimento dramático. Das figuras rígidas do século XII – as figuras de Saint-Denis e do portal ocidental de Chartres, em simbiose com os batentes que adornavam –, no início do século XIII alguns escultores descobriram a flexibilidade do movimento natural e um naturalismo nos detalhes totalmente diferentes das poses hieráticas e das vestes convencionais de algumas décadas antes. No pórtico sul de Chartres uma figura dos anos 1215-1220 retrata o santo guerreiro Teodoro, com armaduras e armas de época, em pose relaxada: com o peso do corpo apoiado na perna direita, numa boa aproximação da pose usada pelos escultores antigos e conhecida como "contraposto".

Ao mesmo tempo, alguns artistas demonstram um forte interesse pela arte antiga; por exemplo, o mestre anônimo da monumental *Dormitio Virginis*, no tímpano do portal do transepto sul da catedral de Estrasburgo, retrata figuras que exibem uma série de movimentos físicos e psicológicos de modo novo, assim como novos são os panejamentos fluidos de seus vestidos. Mas a "nova" intensidade trágica, como as vestes com dobras paralelas que moldam os corpos, deriva na verdade da escultura greco-romana, e esse mestre – como já Nicholas de Verdun havia feito quarenta anos antes – provavelmente viu importantes obras clássicas. Mesmo no caderno de mesmo período de Villard de Honnecourt, ao lado de delineamentos figurativos geométricos em puro estilo medieval, encontramos personagens fisicamente articulados e

---

4. Ibid., 135.

envergando togas que confirmam o encanto pela Antiguidade na primeira parte do século XIII.

A obra-prima dessa veia classicista ao norte dos Alpes é um extraordinário grupo esculpido no pórtico da catedral de Reims: duas figuras femininas representando a *Visitação*, datadas entre 1225 e 1245. A obra, que apresenta Maria e Isabel como duas matronas romanas, é ainda mais revolucionária porque foi criada junto a um grupo semelhante, em simbiose com a arquitetura do portal – uma *Anunciação*. Vistos juntos por quem entra pela porta principal da catedral (fig. 10), esses dois grupos expressam a mudança física que ocorre ao conceber um filho. As figuras da *Anunciação* são esbeltas e quase incorpóreas; já as da *Visitação*, esculpidas por um mestre atraído pela arte clássica, revelam corpos sobrecarregados pela gravidez sob seus grandes mantos dobrados. Essa condição é então qualificada pela expressão de contentamento sonhador que o mestre anônimo da *Visitação* dá a Maria; vista ao lado de sua vizinha, a *Anunciação* com o rosto magro, essa florescente futura mãe traduz a exultação do *Magnificat* em pedra.

A catedral de Reims, muito admirada pelos contemporâneos daquele período (Villard fez dela cinco desenhos), é rica em escultura, com uma galeria de colossais figuras bíblicas de soberanos acima da rosácea e com trinta figuras, em seu interior, em altíssimo relevo nos nichos sobrepostos da contrafachada; entre estes, há um famoso grupo *Melquisedec e Abraão*, no qual o misterioso rei-sacerdote de Salém aparece paramentado com uma ampla casula de missa, enquanto o patriarca usa a armadura de um guerreiro medieval. Melquisedec – que segundo o livro do Gênesis "ofereceu pão e vinho" antes de abençoar Abraão (Gn 14,18) – aí segura uma píxide e a hóstia eucarística, que entrega a Abraão no ato de lhe dar a comunhão; por sua vez, Abraão volta-se para Melquisedec com as mãos juntas, e todo o seu corpo expressa profunda reverência. Essas figuras, em tão alto-relevo que parecem soltas da parede atrás delas, estão dispostas (como as demais da contrafachada) cada uma em seu nicho, só que neste caso os nichos são adjacentes e as duas figuras interagem psicológica e fisicamente, apesar da separação arquitetônica; a mão direita de Melquisedec, que oferece a hóstia a Abraão, praticamente se sobrepõe à coluna divisória. Essas figuras, executadas depois de 1250, já não têm um classicismo estereotipado, como as de Maria e Isabel na *Visitação*: o seu autor anônimo tomou emprestada da escultura antiga a arte de encenar um drama humano de forma convincente.

Encontramos algo semelhante na Alemanha, onde nos anos 1225/1226 alguns escultores formados em Reims chegaram ao canteiro da catedral românica de Bamberg e criaram uma *Visitação* no interior da catedral que, nas suas insistentes referências à escultura helenística, convida à comparação com o grupo análogo de Reims. Também no seu interior criaram uma das obras mais famosas da Idade Média europeia: uma figura quase em tamanho natural de um rei a cavalo, o chamado "Cavaleiro de Bamberg"; uma alusão precoce à estátua equestre antiga; ainda que o estilo não seja clássico, trata-se do novo naturalismo já observado em *Melquisedec e Abraão* de Reims. No exterior, no tímpano do "Portal do Príncipe", no lado norte da igreja, os mesmos mestres esculpiram então um *Juízo Final* em que os grandes sorrisos dos salvos e os gemidos dos condenados sublinham de forma quase caricatural o novo interesse pela expressividade emocional.

Nesse período surge um dos artistas mais originais do século XIII: o chamado Mestre de Naumburg. Francês, já havia trabalhado em Mainz, mudando-se por volta de 1240-1250 para Naumburg an der Saale, situada a nordeste de Bamberg; aí, no interior da pequena catedral, criou as esculturas da "partição": a divisória entre a nave e a área celebrativa a leste. A única abertura da divisória é uma grande porta dividida em duas por um pilar central, e é aí que o Mestre de Naumburg encena o drama do Calvário, com a cruz de Cristo sobreposta ao pilar e Maria e o discípulo amado nos batentes à esquerda e à direita. O corpo do Salvador – realista, policromado e de tamanho natural – define a verticalidade do pilar, e os seus braços estendidos definem a arquitrave horizontal, de modo que os sacerdotes que ascedem ao presbitério pela nave passam necessariamente "por Cristo": encostam em seu corpo enquanto caminham sob seus braços. Passam também pela mãe enlutada e pelo discípulo consumido pela dor, de modo que a procissão de introito assume o caráter de uma representação sagrada participada. O altar, visível para além da abertura da divisória, está igualmente incluído nesse drama sagrado – tal como, nos tratados litúrgicos daquele período, os gestos rituais da missa eram interpretados dramaticamente (a hóstia elevada representaria a elevação de Jesus na cruz; a hóstia colocada no altar, sua deposição no túmulo...).

Se na França e na Alemanha os mestres do novo estilo permanecem majoritariamente anônimos, o mesmo não acontece na Itália. Em Pisa, no batistério monumental em frente à igreja primacial, em 1260 um artista chamado

Nicola criou um ambão de mármore rico em relevos e pequenas estátuas. Esse escultor – de origem apuliana, mas conhecido como Nicola *Pisano* – apresenta, assim como o Mestre de Naumburg, uma série de cenas retiradas de um drama sagrado, mas com mais atores, e estes mais eloquentes tanto nas expressões como nos gestos. Seu estilo revive o antigo: na *Crucificação*, o Cristo musculoso da balaustrada parece ter sido inspirado em algum atleta helênico, e em outra cena, a *Apresentação no Templo*, as dobras paralelas dos panejamentos, a constituição robusta dos personagens e a interação psicológica expressada pelos olhares evocam de forma semelhante a escultura romana. Não se trata, como em Reims e Estrasburgo, de evocações magistrais do estilo clássico, mas de uma cultura artística autenticamente clássica. E de fato a formação de Nicola deve ser situada na corte do príncipe que controlou a Apúlia entre 1210 e 1250, Frederico II da Suábia, sobrinho e herdeiro ao mesmo tempo do ítalo-normando Rugero II da Sicília e do alemão Frederico Barbarossa e, portanto, simultaneamente rei da Sicília e imperador alemão. Tal como Carlos Magno no século IX, Frederico II promoveu uma espécie de *revival* classicista, contexto em que o jovem Nicola cresceria; mudando-se posteriormente para a Toscana, ele encontrou outros e talvez melhores modelos nos numerosos sarcófagos e em outras relíquias, provenientes ou da importante cidade romana a partir da qual a Pisa medieval evoluiu, ou dos territórios sob o controle pisano.

A mensagem global do ambão parece ter a ver com o novo sentido cristão do corpo, como sugere a figura de um anjo com veste de diácono carregando um livro, colocada em um dos cantos da estrutura hexagonal. O próprio anjo tem as formas fortemente modeladas e o rosto esculpido típico do classicismo de Nicola, e na encadernação do livro está um Cristo crucificado ainda mais poderoso que o da balaustrada: uma figura quase nua com músculos de herói – quase que para insistir no fato de que o Evangelho proclamado a partir desse ambão narra um Deus encarnado e envolve não só a alma dos ouvintes, mas também o corpo. Outra das figuras que sustentam o ambão é ainda mais explícita: um *Daniel* nu que propõe em pequena escala o tema principal da estatuária greco-romana: o corpo masculino atlético e belo. A fonte iconográfica – provavelmente uma antiga figura de Hércules – aí assume um valor alegórico, mas a musculatura acentuada e a pose classicamente equilibrada deixam claro que a mensagem não é alegórica, mas física; depois de oito séculos, Nicola

Pisano reativou o poder único do corpo para simbolizar a riqueza e a complexidade da pessoa humana.

Pintura italiana entre os séculos XIII e XIV

Encontramos um interesse semelhante pelo corpo na pintura italiana da mesma época, especialmente na Úmbria. Por exemplo, o *Cristo flagelado*, no verso de uma cruz pintada na região da Perúsia, datado por volta de 1260-1270 (Pinacoteca Nazionale, Perugia), embora não derivado de modelos clássicos, oferece uma análise extraordinária da estrutura física do sujeito. O artista anônimo utilizou a luz para modelar o peito, o abdômen e as pernas de Jesus amarrado à coluna. A insistente fisicalidade está então claramente a serviço de um novo *pathos*, porque o movimento do corpo culmina no olhar muito humano que Cristo dirige ao espectador, quase como se lhe implorasse que tivesse pena dele e partilhasse de seus sofrimentos. Essa cruz permite-nos finalmente esclarecer o contexto do novo interesse pelo corpo, porque na sua parte frontal, aos pés do Cristo moribundo tridimensional, estão duas pequenas figuras ajoelhadas em adoração: São Francisco de Assis e um frade, seu companheiro. Entendemos, portanto, que essa cruz foi criada para uma comunidade franciscana, que muito provavelmente recitava o Ofício atrás do altar e, por isso, enquanto rezava, olhava de frente para o *Cristo flagelado*. O interesse pelo corpo e pelas emoções irá se desenvolvendo, de fato, no clima da espiritualidade encarnacional e afetiva dos seguidores do Pobrezinho, falecido cerca de quarenta anos antes (em 1226).

Na vida de Francisco e no movimento gerado pelo seu exemplo e pelo seu ensinamento – primeiro na sua terra natal, a Úmbria e a Toscana, depois em toda a Itália e no resto da Europa –, testemunhamos a inversão total dos pressupostos da cultura religiosa e artística bizantina. Nascido rico, Francisco renunciou à sua fortuna e – diante dos seus concidadãos horrorizados ou zombeteiros – chegou mesmo a despir-se na praça pública de Assis, dando prioridade à simples eloquência da natureza, dos sentimentos e do corpo; isso é atestado pelos numerosos escritos que o descrevem, nos cinquenta anos após a sua morte. Para confirmar a legitimidade da sua forma de viver a fé, recebeu os estigmas, as chagas corporais de Cristo, e o teólogo que escreveu a *Vida do Pobrezinho* a mando da ordem entre 1260 e 1263, o franciscano São Boaventura de Bagnoregio, dá ao evento uma interpretação altamente significativa. Ele afirma que, quando Francisco desceu do Monte La Verna, onde recebeu os estigmas depois de quarenta dias em oração, ele era como Moisés que trazia consigo a lei divina. No caso de Francisco, porém – continua Boaventura –, a lei "não foi esculpida pela arte em tábuas de pedra ou de madeira, mas foi inscrita nos seus membros de carne pelo dedo do Deus vivo"[5]! A *lex nova*, a lei do amor, esculpida no corpo humano: é a afirmação explícita e extremamente concreta de uma dignidade que, graças à encarnação do Filho de Deus, se estende a toda a existência humana, incluindo a corporeidade.

Nos últimos anos do século XIII, o interesse franciscano pelo corpo e pelas emoções desenvolveu-se sistematicamente no programa pictórico criado na basílica de dois níveis construída em honra a São Francisco em Assis, sua cidade natal. Mencionamos em primeiro lugar as imagens pintadas pelo florentino Cimabue, por volta de 1280, no transepto da basílica superior; por exemplo, a monumental *Crucificação* (tem 5,18 metros de altura e 7,32 metros de largura), que parece ser a comovente cena final de uma ópera de Verdi, com os protagonistas juntamente com o coro gesticulando em torno de um Cristo de dimensões sobre-humanas, cujo corpo se contorce na agonia da morte.

O artista que é associado aos afrescos da basílica de Assis é, no entanto, outro florentino, tradicionalmente considerado aluno de Cimabue: Giotto di Bondone, que na década de 1290 criou, juntamente com um grupo de colaboradores romanos e toscanos, vinte e oito afrescos na nave narrando a vida e os milagres de Francisco. O objetivo da basílica e da sua decoração era, de fato, apresentar Francisco aos fiéis como *alter Christus*, "outro Cristo"; não é por acaso que sob cada cena da sua vida encontramos um pequeno texto explicativo retirado da biografia elaborada por São Boaventura.

Nesse contexto, torna-se compreensível a mudança radical de estilo realizada por Giotto. Para os discípulos de Francisco, a linguagem hierática da arte bizantina e românica já não era aceitável: o seu santo era demasiado humano, demasiado livre *in Christo* para se conformar às regras arcaicas dos ícones; e na verdade a rigidez ainda bizantina com que os artistas de meados do século XIII

---

5. *Legenda maior* XIII, 5 (ed. it., *Vita di san Francesco*, a cura di M. Spinelli, Roma, Citta Nuova, 2005, 152).

representaram os acontecimentos da vida de Francisco, mesmo o seu sermão espontâneo aos pássaros, possui algo de absurdo. Na versão desse episódio feito por Giotto, porém, Francisco e seu companheiro apresentam solidez corporal e fluidez de movimentos; as dobras de suas vestimentas, suavemente modeladas, caem de modo natural; as árvores têm troncos realistas e galhos irregulares; e os próprios pássaros parecem afluir para ouvir atentamente as palavras de Francisco.

As inovações de Assis ganham um caráter mais dramático, alguns anos depois, nos afrescos da capela feita na antiga arena de Pádua pelo filho daquele Reginaldo Scrovegni a quem Dante condena pelo pecado da usura (*Inferno*, XII, 43-78). O ciclo, datado entre 1303 e 1305 e inteiramente da autoria de Giotto, está organizado em três níveis sobrepostos que circundam a capela, partindo da parede do altar e da parte superior. No primeiro deles estão representadas as histórias de Maria, no episódio da *Anunciação*; descendo do nível superior para o médio, as narrativas se fundem com as histórias de Cristo. Com efeito, a vida de Jesus ocupa os dois registros inferiores da capela, mais próximos do olhar do fiel.

No entanto, ocupando os *dois* níveis inferiores, a série que ilustra a vida de Cristo dá *duas* voltas na capela, fazendo com que as histórias da sua infância e do início da sua vida pública se encontrem *acima* das histórias que tratam da paixão, morte e ressurreição. Segue-se que o visitante, permanecendo no seu lugar, mas olhando para cima, vê não só o desenvolvimento horizontal da história, mas também a sobreposição de dois momentos narrativamente distanciados. A leitura, então, não é apenas ou principalmente sequencial, mas ocorre sobretudo através de *flashbacks*, porque acima de cada episódio da paixão há um acontecimento da infância ou da vida pública de Jesus.

Algumas dessas sobreposições visuais correspondem a paralelismos bíblicos. Por exemplo, ali onde, no nível inferior, encontramos a *Crucificação*, no nível superior está o *Batismo de Cristo*: foi o próprio Jesus quem caracterizou a sua morte como "outro batismo" que ele teve de aceitar. Ou, ainda, ali, onde no nível inferior vemos a *Ressurreição de Cristo*, acima está *Cristo que ressuscita Lázaro*. Mas a sobreposição mais sugestiva é aquela que envolve as figuras de Jesus e Maria na famosa *Lamentação sobre o Cristo Morto*, colocada sob a representação das *Bodas de Caná*. Acima vemos o contexto do casamento: Maria ordenando aos servos que fizessem o que seu Filho diria, e a água transformada em vinho; abaixo, porém, as bodas do Cordeiro: Maria, figura da Igreja, que abraça o seu Esposo, e a água da nossa humanidade que, em Cristo e precisamente no seu sacrifício, se torna o vinho forte de uma participação na dignidade divina.

Esses não são apenas paralelos conceituais fascinantes. O que mais importa nessas cenas – o seu verdadeiro *conteúdo teológico* – é comunicado pela profundidade física e emocional dos personagens, pelos seus olhares cheios de compreensão recíproca, consciência e aceitação mútuas. O enraizamento dos acontecimentos em um passado com as suas memórias – Maria abraçando o filho morto, "recordando" o espanto do sinal dado nas bodas de Caná – e sobretudo as relações entre as pessoas, destinadas a se tornarem sujeito privilegiado da arte europeia nos séculos seguintes, aparecem como contexto particular do encontro entre o homem e Deus, lugar de verificação da própria identidade do ser humano e da *gravitas* moral e espiritual da sua existência.

Nos afrescos da capela Scrovegni, uma intensidade particular nas relações entre as pessoas – uma interioridade partilhada já evidente nos afrescos de Assis – torna-se o conteúdo central das cenas pintadas. Por exemplo, o olhar trocado entre Cristo e São Pedro no *Lava-pés* ou aquele entre Cristo e Judas na *Prisão de Jesus* (fig. 11) são inesquecíveis. Nesta última cena, então, enquanto abraça o Mestre, Judas cobre-o com o seu manto, unindo os dois corpos num só, de modo que o rosto do traidor e o do Traído parecem pertencer a um único ser, como se dissesse: trair Cristo significa trair a si mesmo, trair o que há de mais nobre no homem. De modo semelhante, na *Lamentação sobre o Cristo Morto*, a urgência com que a Mãe aproxima a sua boca da do Filho, como se quisesse devolver-lhe o fôlego de vida, tem a força de uma cena de uma tragédia grega.

A influência de Giotto será sentida ao longo do século XIV, na sua Florença natal, graças a seguidores como Taddeo Gaddi, Maso di Banco, Bernardo Daddi e Agnolo Gaddi, mas também em mestres de Siena (Simone Martini, Pietro Lorenzetti), Veneza (Giusto de' Menabuoi, Altichiero da Zevio), Marcas (o mestre da capela de São Nicolau em Tolentino), Nápoles (o mestre da Capela Minutolo na catedral napolitana). No século XV, quando o humanista Leon Battista Alberti escreveu sobre a pintura de sua época, relacionando-a com a pintura antiga e pós-antiga, o único artista medieval que ele menciona nominalmente é Giotto, já naquela época considerado o pai da arte moderna.

Escultura, arquitetura e pintura do gótico tardio

As obras consideradas até agora sugerem o caráter do gótico do ponto de vista tanto da história da arte quanto da história da espiritualidade. Resta recordar alguns desenvolvimentos, sobretudo na escultura e na arquitetura, ocorridos entre finais do século XIII e finais do século XIV. Não se trata de inovações fundamentais, mas sim de variações, melhorias e ênfases nas formas e ideias já ilustradas; "elaborações", em suma, entre as quais, no entanto, não faltam obras-primas únicas.

Na escultura, dois assistentes de Nicola Pisano, seu filho Giovanni e Arnolfo di Cambio, desenvolveram o estilo do mestre de maneiras diferentes. Depois do ambão do batistério de Pisa, este fez outro na catedral de Siena (1265-1268), em que o insistente classicismo dos relevos acima discutidos se transforma em um estilo mais natural, com acentos de uma marcada dramaticidade. Trinta anos mais tarde, para um ambão semelhante em Pistoia (1298-1301), o seu filho Giovanni enfatizou esse naturalismo dramático, graças também a uma aparente abertura à escultura francesa daquele período. Já Arnolfo di Cambio – que se mudou da oficina de Nicola Pisano para Roma – tornou-se intérprete do classicismo de seu mestre. A extraordinária diferença entre os estilos dos dois discípulos emerge da comparação de suas principais obras, os programas escultóricos das fachadas da catedral de Siena (Giovanni Pisano, a partir de 1284) e de Florença (Arnolfo di Cambio, aproximadamente 1300-1310). Enquanto os personagens bíblicos de João têm poses movimentadas em "S", que na escultura francesa indicavam elegância e emoção, as figuras de Arnolfo propõem com força não apenas detalhes clássicos (vestes de toga, tipologias greco-romanas), mas também uma "presença" que não é mais a da *figura* medieval, mas a da *estátua* antiga.

As fachadas escultóricas das catedrais de Siena e Florença marcam uma viragem para a Itália, que até então continuava a construir igrejas praticamente sem esculturas externas. Agora, porém, valendo-se da experiência francesa e alemã, Siena e Florença queriam animar o exterior das suas catedrais com estátuas. Alguns anos depois, Orvieto também seguirá essa tendência, cobrindo a fachada inferior da nova catedral com relevos esculpidos por Lorenzo Maitani e assistentes (1310-1316), e no final do século XIV começa a catedral de Milão, destinada a superar as demais em número de estátuas feitas para o exterior.

Independentemente do significado dos programas individuais, a mensagem global dessas fachadas repletas de esculturas – na Itália, mas mesmo antes disso no norte da Europa – era *eclesiológica*. As estátuas, grandes, realistas e muitas vezes policromadas, pareciam dizer aos fiéis que entravam nas igrejas:

> Portanto, já não sois estrangeiros nem hóspedes, mas concidadãos dos santos e membros da própria família de Deus. Sois o edifício construído sobre o fundamento que são os Apóstolos e os Profetas, sendo o próprio Cristo Jesus a pedra angular. Nele, todo o edifício se ajusta e se ergue num templo santo no Senhor. Nele, sereis também integrados na construção, para virdes a ser, no Espírito, morada de Deus (Ef 2,19-22).

No domínio da arquitetura, há também que recordar algumas acentuações do período gótico tardio. A primeira é a ênfase cada vez maior na luminosidade, que muitos historiadores veem como uma nova categoria estilística, o *style rayonnant* ou "estilo de luz irradiante". O modelo do *rayonnant* foi a capela palatina de dois níveis construída por vontade do santo rei da França, Luís IX, entre 1241 e 1248 para abrigar as relíquias da paixão de Cristo trazidas pela Quinta Cruzada (dentre as quais, a coroa de espinhos): a Sainte-Chapelle, em Paris. Todo o nível superior é uma espécie de clerestório habitável: uma sala cujas paredes, em cima de uma base baixa, são inteiramente de vidro. O ponto focal visual é a plataforma onde eram expostas as relíquias, erguida acima do altar e, portanto, também acima do nível da base, de modo que o ato de elevar o olhar para as preciosas relíquias obrigava necessariamente a perder-se no brilho multicolorido que inunda todo o espaço.

Uma segunda estrutura *rayonnant* foi construída em St. Denis, onde – entre a fachada consagrada por Sugerius em 1140 e o *chevet* de 1144 – a nave que permaneceu foi a já preexistente (carolíngia), até 1260, quando foi iniciada a nova nave, concluída em 1281. Esta, por sua vez, apresenta a novidade de um trifório *com janelas*, ou seja, sob os enormes vitrais do clerestório, também o trifório (galeria semelhante ao *matroneum* e normalmente cega) deixa entrar luz na igreja. Esse efeito – de quase dissolução total da massa da parede em uma parede de vidro – já tinha sido tentado no coro de Amiens, mas em St. Denis as superfícies envolvidas são muito mais extensas.

Outra tendência do gótico tardio, ligada ao estilo *rayonnant*, foi a unificação espacial, como na Sainte Chapelle, cujo salão único se torna uma "igreja relicário". Não é por acaso que a vasta basílica superior de Assis, concluída em 1253, será um único salão: não de vidro, mas com as paredes inteiramente cobertas de afrescos, incluindo os de Giotto discutidos acima. Semelhante, mas maior, é a catedral de Albi, iniciada em 1282: uma nave de doze vãos abobadados sem naves laterais, com capelas baixas que se abrem ao longo das laterais. Uma variante interessante é a vasta igreja dominicana de Toulouse (*les Jacobins*), construída entre 1285 e 1385 como salão unitário, com seis colunas tubulares delgadas e muito altas no centro da nave, sustentando as abóbadas. Da coluna no início da abside curva surgem nervuras no topo que parecem galhos de uma árvore – efeito replicado alguns anos depois na Inglaterra, no capítulo octogonal da Catedral de Wells (1315).

A procura de uma unidade dos espaços internos – em vez da mais tradicional subdivisão "hierárquica" em naves subsidiárias e deambulatórios com múltiplas capelas – será uma característica da arquitetura do século XIV na Inglaterra (o coro da Catedral de Glouchester, a nova nave da Winchester), na Alemanha (a igreja-salão ou *Hallenkirche* de São Sebaldo em Nuremberg, com naves laterais da mesma altura da central) e na Itália (a redução do projeto original da nave central da catedral florentina para apenas quatro vãos colossais, bem como a ideia da cúpula titânica, criada no século XV por Filippo Brunelleschi) e na Espanha (S. Maria del Mar em Barcelona e a catedral de Palma de Maiorca, com pilares delgados que parecem não separar as naves; a nave única da catedral de Gerona, construída a partir de 1417).

Outra tendência do final do período gótico é um decorativismo cada vez mais elaborado e denso, tanto na superfície como aplicado em elementos estruturais. De longe, o exemplo mais espetacular é a fachada da catedral de Estrasburgo, que nas últimas décadas do século XIII foi recoberta por uma veste de rendas: um extrato praticamente livre de arcos abertos, esticado como as cordas de uma harpa diante da parede. Colônia e Praga seguirão esse exemplo, embora de forma menos ousada.

O decorativismo arquitetônico assume então diferentes formas e diferentes nomes: na Inglaterra é *decorated* (Exeter, York, Lincoln, Ely, Lichfield) e posteriormente *perpendicular* (Glouchester, o coro e a torre; Canterbury, a nave; Winchester, a nave; Wells, torre); o *perpendicular style* florescerá até o início do século XVI, produzindo obras-primas como a Capela do Kings' College em Cambridge e a Capela de Henrique VII na Abadia de Westminster.

Na Itália, a exasperação do elemento decorativo do século XIV é evidente no revestimento de mármore policromado da torre sineira da catedral florentina e na arquitetura das suas portas laterais; na adição de uma guirlanda puramente decorativa de "arcos góticos" ao batistério românico de Pisa; depois, no "gótico floral" veneziano (as decorações acrescentadas aos arcos externos de São Marcos); bem como no "goticismo" hiperbólico da catedral de Milão, iniciado apenas em 1386 e construído nos séculos seguintes. As decorações *platerescas* (de *"plata*, ourivesaria", termo relativo ao estilo espanhol) do grande pórtico lateral da catedral de Palermo datam do início do século XV.

Na Espanha fala-se de estilo *mudéjar* ou arabesco (Saragoça, abóbada em forma de estrela do cruzeiro) e de um estilo árabe-flamengo ou "isabelino" (ou seja, da época de Isabel de Castela, em finais do século XV: Burgos, a Capela dos Condestáveis, com sua mágica abóbada em forma de estela perfurada que deixa entrar luz de cima). Por fim, a última versão do gótico, que pertence inteiramente ao século XVI francês, é o estilo *flamboyant*, "flamejante", com uma multiplicação na parte externa dos edifícios de arcos pontiagudos perfurados pela estrutura interna movimentada "com uma chama viva" (Vendôme, fachada da abadia da Trindade, 1507; Rouen, St. Maclou, 1500-1514).

A questão é que, até a primeira metade do século XIV – e, ao norte dos Alpes, durante mais de cento e cinquenta anos –, a Europa tinha apenas uma única linguagem arquitetônica desenvolvida para dar voz ao anseio universal em direção ao alto, na direção da ordem mística da geometria e em direção à luz, símbolo de Cristo. Linguagem única, o gótico era, no entanto, maleável, diferindo muito mais nas suas expressões "nacionais" do que no românico. Como já foi sugerido, foi de fato o primeiro estilo verdadeiramente comum do cristianismo latino, um elemento fundador da identidade histórica da Europa.

Nesse sentido, será útil concluir este capítulo destacando um último tema transversal da arte gótica: o da *natureza*, particularmente importante na pintura e na escultura do final do século XIV e dos primeiros anos do século XV. Por "natureza", entendemos seja a natureza *cósmica* – paisagem, plantas, animais –, seja a natureza *humana* – fisiologia e psicologia do homem e da mulher.

Já na escultura tardia e na decoração arquitetônica do gótico tardio, vemos um novo interesse pelos detalhes naturalistas: nas catedrais de Lichfield e de York, por exemplo, bem como em Naumburg, Toledo, Veneza e Florença. Em vez das formas vegetais convencionais, típicas dos séculos XII-XIII, no século XIV encontramos flores reais, folhagens exuberantes, plantas vívidas e abundantes. Assim também na pintura do período, tanto naquela monumental quanto nas iluminuras, há uma atenção extraordinária dada às plantas e aos animais; basta pensar nos detalhes do *Livro das Horas* de Jeanne D'evreux (1325-1328), uma obra-prima de Jean Pucelle, ou no afresco do Palácio dos Papas, em Avignon, representando uma cena de pesca em um bosque, em que cada folha é distinta de todas as outras, ou nas paisagens do políptico da cartuxa de Champmol, ao redor de Dijon; uma obra-prima de Melchior Broaderlam, concluída em 1399. E pensemos principalmente nas obras francesas, italianas e alemãs dos primeiros vinte anos do século XV: do Mestre de Boucicaut, de Jaquetart de Hesdin, dos irmãos Limbourg, de Lorenzo Ghiberti, Lorenzo Monaco, Gentile da Fabriano, Meister Francke e do mestre Renano, autor do delicioso *Jardim do paraíso*, hoje em Frankfurt s. M. (Städel Museum).

Uma das fontes desse novo interesse pela natureza foi a arte islâmica daquele mesmo período, na qual o interesse científico pelo mundo natural surge em extraordinários manuscritos com iluminuras: famoso é o tratado de Dioscorides sobre as ervas usadas para fins medicinais, *De materia medica*, em uma edição de 1229 preservada no Palácio de Topkapi, Istambul, com imagens muito delicadas de plantas e animais, bem como os *Manāfi' al-Hayāwan* de Jibrā'īl ibn Bakhtīshū', um bestiário de 1298 preservado na Morgan Library em Nova York, e o *Shāhnāmeh* do poeta persa Firdowsi (o chamado Demotte *Shāhnāmeh*, preservado no Museu de Arte de Cleveland), de 1330-1336. Semelhantes detalhes maravilhosos de plantas e pássaros são encontrados na cerâmica que remonta ao século XIV de Soltānābād e de Kāshān, duas cidades do atual Irã. Deve-se lembrar, de fato, que as Cruzadas haviam criado assentamentos ocidentais no mundo islâmico e abriram as rotas comerciais, criando um mercado de luxo para os produtos da refinada cultura muçulmana.

O interesse pela natureza humana, por outro lado, desenvolvido na arte através dos objetos de escrita e devocionais, pertence ao universo explorado primeiro por São Bernardo e, em seguida, por São Francisco de Assis, mas também pelos grandes escolásticos como Santo Tomás de Aquino: o universo interior dos afetos, da relacionalidade, mas também da liberdade e da dignidade do ser humano. Nesse contexto, o *pathos*, já objeto do comentário sobre Giotto, se torna uma herança comum da pintura gótica tardia: basta citar aqui o ciclo da *Paixão de Cristo* por Lippo Memmi (San Gimignano, aproximadamente

1350-1560); a *Pietà* de Giovanni da Milano, de 1365 (Galeria da Academia, Florença), e as cenas extraordinárias tiradas do Apocalipse por Jean de Bandol e Nicolas Bataille; as tapeçarias da catedral de Angers (1375-1379); a *Paixão de Cristo*, do mestre anônimo do chamado *Parement de Narbonne* (Louvre, por volta de 1378); as cenas do *Altar de São Pedro*, do Meister Bertram em Hamburgo (1379); a *Ressurreição de Cristo*, do mestre do retábulo de Trebon (Praga, 1385-1390); a *Crucificação*, de Konrad von Soest (Niederwildungen, 1403?); sem mencionar as obras dos irmãos Limbourg e Meister Francke da geração seguinte.

O último grande mestre gótico não era pintor, mas um escultor: o holandês Claus Sluter, artista a serviço de Filipe II, o Audaz, duque da Borgonha, que trabalhou no mosteiro às portas da capital do ducado, Dijon: a cartuxa de Champmol (1385-1393). As dinâmicas estátuas do portal da igreja, incluindo retratos ultrarrealistas do duque e da consorte; as figuras dramáticas do poço monumental, especialmente o Moisés com dois metros de altura, que parece anunciar o barroco; e os *pleurants* (monges que choram a morte do duque) no túmulo de Filipe, o Audaz, testemunham um conhecimento íntimo do ser humano: dos movimentos de sua mente, dos movimentos de seu corpo, da grandeza de seu espírito. Esses serão os grandes temas da arte cristã do século XV, tanto ao norte quanto ao sul dos Alpes.

4
O SÉCULO XV

Detalhe da obra
Retábulo de Mérode (Tríptico da Anunciação) (c. 1427-1432)
Robert Campin (c. 1375-1444)
Metropolitan Museum of Art (Nova York, EUA)
© Wikimedia Commons/Google Art Project

A arte moderna nasceu no século XV, de formas diferentes no que diz respeito aos dois lados dos Alpes: na Itália ela ocorre com a redescoberta do mundo antigo; no norte da Europa, com a atenção voltada ao mundo atual. Nasceu com o estudo da anatomia e dos afetos humanos, nasceu com a racionalização, através da perspectiva linear, do espaço em que o ser humano vive, e com a descrição precisa das coisas que cercam a sua vida: os objetos e contextos, as paisagens e cidades. Assim, na esteira da arte gótica, a nova arte nasceu como uma expressão de fé exclusivamente *ocidental*; o Oriente cristão, de fato, não será tocado pelas ideias e estilos ilustrados neste capítulo. Além disso, após a tomada de Constantinopla em 1453 pelos otomanos, a arte de que falam estas páginas torna-se a linguagem visual de uma cristandade em conflito com o Islão, assumindo assim um valor *identitário* destinado a difundir-se através da invenção da imprensa e da descoberta de novos mundos a serem evangelizados: as Américas, a China, a Índia. Ser ocidental e cristão significará então se reconhecer nesta "arte moderna".

Entre as novidades do período está também o fato de, pela primeira vez, os artistas quase sempre terem nomes e sobrenomes; o seu *processo* criativo de fato fascinou os seus contemporâneos e foi considerado parte da cultura moderna que estava se formando. E, embora o período tenha produzido obras valiosas em todas as partes da Europa, tal é a concentração de mestres inovadores em apenas duas áreas culturais – Flandres e Itália – que falaremos sobretudo de artistas que aí trabalharam.

Do gótico internacional ao Renascimento

Em diversas ocasiões notamos a influência da arte gótica francesa, exportada para toda a Europa. Não é, portanto, surpreendente que, no início do século XV, também na Itália a linguagem estilística dominante fosse uma elegante síntese de elementos franceses e itálicos, condicionados pela experiência da arte boêmia, alemã e flamenga. Em Turim, Milão e Veneza, Nápoles e Palermo, esse "gótico internacional" era de fato florescente.

Em Florença, porém, desde os primeiros anos do século, um pequeno grupo de escultores vinha desenvolvendo um estilo diferente, livre do decorativismo gótico tardio, focado nos valores humanos comunicados com força e clareza, como na arte antiga. Esse novo estilo foi desenvolvido em encomendas públicas feitas a partir de concursos, dos quais o primeiro, anunciado em 1401, foi para uma porta de bronze para o batistério. Cada concorrente deveria apresentar um painel de dimensões predeterminadas, fundido em bronze, cujo tema e formato haviam sido bem definidos: o *Sacrifício de Isaac* em uma moldura de trevo de quatro folhas, iguais às usadas setenta anos antes numa porta anterior para o mesmo edifício.

Apenas dois painéis dos finalistas sobreviveram: o do vencedor, Lorenzo Ghiberti (fig. 12), e o do mais famoso entre os perdedores, Filippo Brunelleschi, que mais tarde se tornou arquiteto. Os dois artistas tinham muito em comum, orquestrando as inúmeras figuras exigidas pela história bíblica de forma a preencher a moldura gótica desejada pelo cliente: uma corporação florentina, a Arte de Calimala. Tanto Ghiberti quanto Brunelleschi conheciam a arte contemporânea e antiga: em ambos os painéis, a suavidade do manto de Abraão, por exemplo, com dobras tubulares e bainha flutuante, bem como o naturalismo do tratamento dado aos animais lembram Sluter e Broederlam, ao passo que a beleza juvenil do corpo de Isaac, no painel de Ghiberti, e a figura do servo removendo um espinho do pé, no de Brunelleschi, são claras alusões à estatuária greco-romana.

E, no entanto, o efeito visual e dramático dos dois painéis é muito diferente. Em Ghiberti as soluções formais têm uma relação clara com o acontecimento a ser ilustrado. Uma formação rochosa em ressalto separa fisicamente os servos de Abraão e de Isaac, como nos conta o relato de Gênesis, segundo o qual Abraão os havia deixado no sopé da montanha com o burro (Gn 22,5). O esporão superior dessa formação, acima do nível da cabeça do patriarca, alberga o carneiro, lembrando ainda exatamente o que diz o texto bíblico: "Então Abraão elevou os olhos e viu um carneiro, preso pelos chifres num arbusto" (22,13). Brunelleschi, por outro lado, está menos atento a esses detalhes: em seu painel não há uma real separação entre os servos e o evento principal, e para ver o carneiro Abraão teria que *abaixar* os olhos, e não os *levantar*.

Acima de tudo, a interpretação dada pelos dois mestres ao acontecimento é diferente. Em Brunelleschi o drama está resolvido: o anjo já deteve a mão de Abraão, que vê claramente o mensageiro divino; em Ghiberti, porém, ilustra-se o momento anterior, quando Abraão, ainda convencido de que deve matar o filho, olha fixamente para ele com intensidade trágica. O epicentro da composição de Ghiberti é, na verdade, o cotovelo do braço direito de Abraão, que está prestes a desferir o golpe; este é também o ponto mais saliente, que junto com o corpo de Isaac captura a luz. A beleza helênica do Isaac de Ghiberti e o olhar de confiança que ele dirige ao céu recordam que – para o cristianismo – Isaac salvo é uma figura de Cristo ressuscitado; Abraão, de fato, "recuperou-o também como símbolo" (Hb 11,19). Ou seja, Ghiberti restabelece a ligação entre forma e conteúdo, redescobrindo o equilíbrio entre a expressividade estética e a vida interior.

Além do batistério com suas portas, o outro foco de atividade escultórica na Florença do início do século XV foi o antigo mercado de grãos transformado em santuário mariano, Orsanmichele, onde surgiram escultores mais jovens que Ghiberti e especializados em mármore, incluindo Donatello. Uma de suas estátuas para Orsanmichele, o *São Jorge*, tem uma clareza de abordagem estática a anos-luz de distância dos corpos envolvidos em drapeados de Ghiberti; ele fica de pé, com os ombros para trás e a pélvis para a frente, numa posição desafiadora, e o escudo cruzado que segura à sua frente articula abstratamente a composição forte e simples de toda a figura. Em uma estátua anterior para Orsanmichele, o *São Marcos*, encomendado pela guilda dos tecelões de linho, Donatello havia comunicado a autonomia espiritual por meio da posição física, graças ao *contraposto* das estátuas antigas. O corpo poderoso modelado pelo drapeado, as mãos grandes e o olhar penetrante caracterizam em termos heroicos essa liberdade de escolha, que o uso da pose antiga investe de dignidade. No contexto político da época, essa estátua, tal como a sua contemporânea *São Jorge*, convidava à identificação com uma força derivada da fonte dupla, romana e cristã, da *libertas* republicana de Florença.

Filippo Brunelleschi e a nova arquitetura

Se na escultura do início do século XV existem múltiplos artistas e múltiplos estilos, na arquitetura só existe um mestre, Filippo Brunelleschi, criador e construtor de edifícios destinados a revolucionar o próprio conceito de arquitetura.

Em ordem cronológica, o primeiro deles é o *Spedale degli Innocenti*, Hospital dos Inocentes, o orfanato construído em Florença entre 1420 e 1446 (fig. 13). Na ampla fachada do edifício, chamam a atenção a sobriedade e a linguagem clássica equilibrada: em vez dos mármores policromados apreciados pelos florentinos do século XIV, encontramos as cores únicas do reboco branco e do arenito cinza denominado *pietra serena*, com toques de azul nos *tondi* [círculos] entre arco e arco; e, em vez das geometrias complicadas do gótico, aí se encontram poucas formas derivadas da arquitetura antiga – colunas, arcos redondos, arquitraves e frontões triangulares acima das janelas. Esses elementos em pedra serena, além de evocarem o mundo clássico, definem linhas estruturais ideais – verticais sustentando semicírculos que por sua vez sustentam horizontais –, como se estivéssemos lendo um desenho. O resultado é uma impressão de clareza e racionalidade que se estende da *loggia* à praça, ordenando o espaço da cidade em termos da forma e função do edifício.

De fato, na beleza ordenada do orfanato está simbolizada a capacidade humana de amar os outros, servindo a Cristo nos seus irmãos pequeninos. Os relevos acrescentados à fachada algumas décadas depois explicam o nome do hospital, dedicado à memória das crianças massacradas por Herodes na sua tentativa de matar Jesus: os "Santos inocentes". Nos *tondi* de terracota esmaltada feitos por Andrea della Robbia vemos delicados bebês em panos, dentre os quais alguns caprichosos e inquietos; são retratos ideais dos hóspedes do abrigo, os "expostos" passados pela roda no final do arco da fachada, à esquerda. Pode-se dizer que, diante da *desordem* que perturbou tantas jovens vidas – a doença ou morte dos pais, a pobreza de outros parentes, que os obrigou a abandonar os pequenos –, Florença soube contrapor uma *ordem* enraizada no amor: uma *paz* fruto da *justiça*, praticada por homens de boa vontade que intervieram no interesse do indivíduo enjeitado, mas também a favor da cidade onde esses jovens um dia encontrariam casa e trabalho.

Ou seja, a arquitetura de Brunelleschi traduz em pedra a fé do Renascimento cristão em uma ordem que transforma o ser humano: que o educa e enobrece. A escolha de um estilo "à antiga" – com colunas clássicas, capitéis, arquitraves e arcos de estilo clássico – sugere um enraizamento no passado, um regresso às origens. Como se dissesse: "Florença preserva os valores mais elevados do mundo greco-romano, incluindo a dignidade do ser humano".

Um entrelaçamento semelhante de significados transparece na basílica florentina de São Lourenço, reconstruída por Brunelleschi a partir de 1420, na qual a simetria das formas e dos espaços fala de um Deus que vence o caos, cria a ordem e enche de luz o universo (que também é "luz" do intelecto). Aqui, como no Hospital dos Inocentes, o estilo de Brunelleschi – em que os elementos estruturais são articulados em pedra cinzenta, enquanto as paredes são deixadas brancas – convida-nos a vivenciar o edifício em termos conceituais, de modo que o encontro com Deus, que cada igreja predispõe, já não se baseia tanto no mistério, mas na *inteligibilidade*, como se dissesse: "Feito à imagem de Deus, o homem realiza-se quando com inteligência penetra nas leis que estruturam o universo, e é mais semelhante ao Criador quando as reproduz – na arquitetura, mas sobretudo na própria vida espiritual, moral e ética". Finalmente, se acrescentarmos que essa igreja se encontra ali onde, no final do século IV, a primitiva comunidade cristã de Florença havia construído a sua catedral, dedicada a São Lourenço, não só fica claro o significado da forma basilical desenvolvida por Filippo Brunelleschi, que pretende evocar as basílicas paleocristãs, mas também o otimismo de uma nova relação com a história: a convicção de ser possível recuperar o passado para fazê-lo *renascer*.

O maior símbolo desse primeiro "renascimento" é a ousada cúpula construída por Brunelleschi entre 1418 e 1436, para completar a catedral, iniciada em 1296. De dimensões titânicas, a cúpula sugere uma grandeza espiritual – uma expansão da relação entre o ser humano e Deus – de forma absoluta. É a primeira expressão pós-antiga do potencial humano ilimitado, uma capacidade no homem de alcançar os limites do conhecimento. O impacto da cúpula nos contemporâneos ecoa nas palavras do humanista e arquiteto Leon Battista Alberti, no prólogo de seu tratado *Sobre a Pintura*. Tendo chegado a Florença, vindo de Roma, em 1434, Alberti assistiu à última fase da construção, e no seu texto ouvimos a admiração que essa "tribuna maior" da catedral suscitou na época. "Quem seria tão duro ou tão invejoso", pergunta Alberti apaixonadamente, "que não elogiaria Pippo arquiteto ao ver aqui uma estrutura tão grande, erguida acima dos céus, larga o suficiente para cobrir todos os povos toscanos com a sua sombra..."[1]. São palavras que ainda hoje comunicam a emoção do momento em que, tendo feito a última curva da estrada de Roma, Alberti viu pela primeira vez essa montanha criada pela mão do homem no meio da planície.

Masaccio e a nova pintura

A terceira arte renovada na Florença de então foi a pintura e, neste caso, como na arquitetura, a mudança de estilo se deve a um único artista: Tommaso di Giovanni di Mone, conhecido como Masaccio. Nascido em 1401 em Valdarno, e tendo se mudado para Florença no início da década de 1420, Masaccio tornou-se o intérprete pictórico do espírito já definido na escultura de Donatello e que então se concretizava na arquitetura de Brunelleschi.

A pintura de Masaccio comunica uma espiritualidade corporal, fortemente interessada no mistério da vida. Sua *Sant'Anna metterza* (Galeria degli Uffizi, Florença), por exemplo, conta a genealogia feminina de Cristo, sugerindo suas etapas generativas: a criança está colocada diante do colo de sua mãe, Maria, a qual, por sua vez, se senta entre as pernas de *sua* mãe, Sant'Ana – um corpo que nasce de outro corpo, a vida de Deus que vem da nossa história, que nasce da nossa carne coletiva, para se tornar o verdadeiro "Filho do Homem". No ciclo de afrescos executados por Masaccio e Masolino da Panicale, numa capela da igreja florentina de Santa Maria del Carmine, entre 1424 e 1427, o novo conceito de corpo emerge então de forma madura na *Expulsão do Paraíso*, pintada por Masaccio à esquerda de quem entra na capela, em frente a uma *Queda dos progenitores* de Masolino, à direita. A força física e psíquica dos personagens de Masaccio comunica o ideal humano do início da Renascença; a elegância coreográfica das figuras de Masolino pertence, em vez disso, ao gosto gótico residual. Nos mesmos anos, o último mestre do gótico internacional em Florença, Gentile da Fabriano, pintava uma fabulosa *Adoração dos Magos* brilhando com ouro, e em outros lugares artistas como Pisanello e Michele Giambono continuaram a trabalhar de forma semelhante no refinado estilo internacional.

---

1. ALBERTI, L. B., *Della pittura*, ed. critica a cura di L. Mallè, Firenze, G. C. Sansoni, 1950, 54.

A obra-prima da nova pintura é o afresco de Masaccio representando a *Santíssima Trindade com Maria, João e doadores*, pintado em 1425-1427 na igreja dominicana de Florença, Santa Maria Novella (fig. 14). Seguindo um esquema já consolidado, Masaccio situa a Trindade na "economia" da salvação, mostrando a vida do Deus uno e trino no ponto de interseção com a vida humana. Esse "ponto de interseção" é Cristo na cruz, sustentado e elevado pelo Pai (visível na parte superior da composição), que lhe dá o Espírito (a pomba branca entre a barba do Pai e a auréola do Filho). Da eternidade de Deus, baixa-se – em Cristo – na história e, através de Cristo, na vida dos homens e das mulheres: Maria, a mãe de Jesus; João, o discípulo amado; e depois os dois doadores, ajoelhados à direita e à esquerda. João torce as mãos e olha com angústia para o seu Amigo na cruz; Maria, por outro lado, olha para o espectador, apontando para Cristo, como se quisesse convidar o fiel a pensar no significado daquilo que vê. Os doadores estão absortos em oração, e sob o altar vemos a pintura de um esqueleto com as palavras: "Eu já fui o que vós sois, e o que eu sou, vós também o sereis".

Nesse formato mais ou menos tradicional, Masaccio introduz três inovações: a arquitetura de estilo clássico, a perspectiva linear e a igualdade de escala de todas as figuras. Ao contrário da arte medieval, em que os patronos são normalmente representados em dimensões menores, aí a escala uniforme elimina qualquer sentido de separação hierárquica, estendendo o mistério trinitário de modo a incluir o ser humano. O componente central da imagem – o elemento que liga a parte superior da composição à parte inferior, o céu à terra, a eternidade à história, Deus ao homem – é o próprio Cristo na cruz, "ícone" do Pai, expressão perfeita do amor que é dado.

A profundidade do mistério trinitário parece sondável, penetrável, graças à perspectiva linear, aí utilizada pela primeira vez numa pintura monumental. Desde a sua origem no Pai e através de Cristo, é como se uma emanação de vida se estendesse até nós, engolindo até a figura esquelética sob o altar. E o espaço em que vivem esses personagens diante de Deus parece ser coextensivo ao nosso espaço; na verdade, o nosso espaço revela-se como uma extensão do espaço de Deus: a nossa vida cotidiana é uma extensão do "dia" de Cristo ressuscitado.

Tudo isso, finalmente, *ab aeterno*, "desde a eternidade": uma dimensão que Masaccio sugere não com a tradicional glória dourada, mas com uma arquitetura que evoca a Antiguidade clássica que, naqueles anos, voltava à vida em

Florença. Arcos e arquitraves, pilares estriados e capitéis coríntios que definem o espaço de Deus no afresco são na verdade os mesmos que, na década de 1420, Filippo Brunelleschi projetava para a nova basílica de São Lourenço. A "eternidade" imaginada por Masaccio é, portanto, histórica: enraizada no passado, mas ao mesmo tempo atual, porque o passado voltava então à vida em Florença. E o amor do Pai, que entra no tempo humano em Cristo e que em Cristo vence a morte, revela-se como fidelidade histórica que dá vida nova até às pedras antigas, porque, em Deus, nada de válido realizado pelo homem se perde.

A *Santíssima Trindade* de Masaccio está entre as mais altas expressões do pensamento ocidental sobre o mistério de Deus, e os valores de fé e arte que ela incorpora permanecerão típicos da pintura renascentista italiana. Consistem numa legibilidade do mundo espiritual, até mesmo de verdades que vão além da razão; na intercomunicação do mundo espiritual com o material, sugerida por figuras sagradas anatômica e psicologicamente credíveis; em espaços pictóricos que – graças à perspectiva – parecem se estender ao espaço real; e na eternidade que se sobrepõe à história, graças ao uso da arquitetura clássica atualizada para a ambientação dos sujeitos sacros; são essas as características que darão o respiro "católico" – isto é, universal – à pintura italiana de Masaccio a Rafael e além.

A *ars nova* flamenga

Nos mesmos anos em que Masaccio pintou o afresco da Trindade na igreja dos dominicanos de Florença, em Tournai, no sul de Flandres, o pintor Robert Campin criou uma *Anunciação* sobre um painel para uma casa particular: a imagem central do tríptico conhecido como o *Retábulo de Mérode*, agora no Metropolitan Museum de Nova York. Ourives e chefe da guilda dos pintores, Campin (também conhecido como Mestre de Flémalle) é um mestre de uma escola: ele dirige uma oficina que, em 1427, inclui entre os seus aprendizes Rogier van der Weyden, um artista destinado à fama internacional e que iria visitar a Itália.

O *Retábulo de Mérode* é emblemático da nova arte flamenga. De tamanho pequeno (um quadrado de 64,5 centímetros de lado), não se destina a um local público, mas sim à casa do cliente; e de fato a cena principal, com o episódio da anunciação, reproduz a sala de estar de uma casa da época, com o seu mobiliário característico. Maria, imersa na leitura, está sentada no chão entre uma mesa oval e a grande lareira, e tanto o banco em que se apoia como a arquitetura do ambiente são "modernos" (do gótico tardio), como é moderno (gótico tardio) o complexo sistema de dobras angulares nas vestes da Virgem e do anjo. Campin, apesar de não conhecer o sistema de perspectiva italiano, utiliza as diagonais da sala e dos móveis para sugerir profundidade espacial, e – assim como Masaccio – inclui figuras do cliente e de sua esposa em oração (na porta esquerda do tríptico).

A mensagem religiosa da imagem é confiada mais aos detalhes do que a um esquema teológico global. Maria está sentada no chão porque é *humilde*; ela está lendo porque conceberá *o Verbo*; na mesa ao lado dela, um vaso com três lírios recorda a sua *virgindade*, e uma vela que acaba de ser apagada deixa claro que a luz artificial não é mais necessária, porque Cristo, a *verdadeira luz do mundo*, foi concebido. Também sobre a mesa, outro livro, com as páginas movimentadas pelo vento, alude à presença do *Espírito Santo*.

Esse simbolismo "oculto" – essa insistência na mensagem simbólica dos objetos mais comuns – é típico da piedade popular da época. Desenvolve intuições de origem franciscana distante, filtradas através das experiências e escritos de místicas medievais tardias, como Juliana de Norwich e Brígida da Suécia, e que confluíram na *devotio moderna*, uma corrente espiritual que foi muito difundida no norte da Europa no século XV. A ênfase típica da *devotio moderna* sobre Deus que se revela na concretude das coisas serve de base teórica ao realismo visual microscópico que distingue a nova arte flamenga. Na pintura de Campin, o vidro das janelas, a madeira dos móveis, o metal de uma bacia suspensa e do candelabro sobre a mesa, a faiança do vaso, a suavidade das roupas e a delicadeza brilhante dos chapéus de Maria e Gabriel: tudo convida a contemplar realidades concretas nas quais se tem a certeza de descobrir um significado sobrenatural.

Obra-prima da nova arte flamenga, o políptico monumental pintado pelos irmãos van Eyck para Judocus Vijdt, na igreja de São Bavo em Ghent, não só ultrapassa os limites pictóricos e teológicos do *Retábulo de Mérode*, mas oferece-se como uma das mais altas expressões da arte cristã de todos os tempos. Iniciado por Hubert van Eyck, após sua morte em 1426, o políptico foi concluído por seu irmão Jan, até 1432: doze painéis com vinte e quatro imagens organizadas em uma estrutura que pode ser aberta, originalmente mais complexa do que a que vemos hoje. Com o políptico fechado, podem ser vistos três níveis de imagens, com retratos de Vijdt e sua esposa juntamente com esculturas simuladas de santos, ao fundo; uma *Anunciação* na área intermediária; e dois profetas e duas sibilas nos arremates superiores. Abrindo as portas, o políptico apresenta sete imagens no nível superior: a partir do centro, Cristo, Maria e João Batista na glória, ladeados por músicos angélicos e grandes figuras de Adão e Eva; e no nível inferior domina uma única cena, dividida em cinco painéis: o Cordeiro do livro do Apocalipse (cf. Ap 4–7), colocado sobre um altar para o qual convergem santos e santas de todos os tempos (fig. 15).

Sendo todo o políptico um retábulo de altar, a imagem central, o Cordeiro imolado, situa-se diretamente acima do ponto onde, no altar real, o sacerdote consagra o pão e o vinho. Assim, o programa revela-se globalmente eucarístico: no exterior do retábulo, o corpo concebido (a *Anunciação*); dentro, o corpo oferecido (o *Cordeiro místico*). Mas a eucaristia é visualizada em chave escatológica, como a "comunhão de todos os santos" com aquele que, morto, agora vive eternamente; acima da cena do Cordeiro místico, a figura dominante é de fato um *Cristo* hierático, mas pulsante de vida, coroado com o *triregnum* e vestido com vestes régias com orlas de gemas preciosas; ele segura o cetro com a mão esquerda e abençoa com a direita.

Na *Anunciação* (fora do políptico) ainda encontramos "símbolos ocultos" – a luz que entra no quarto, o livro aberto diante de Maria –, mas menos invasivos que em Campin e, em todo caso, subordinados ao drama interior da jovem que, com as mãos no peito e o olhar erguido, vê o Espírito descer sobre ela em forma de pomba. Os van Eycks administram a perspectiva melhor do que Robert Campin, mesmo que o ambiente, apesar de todo o realismo dos detalhes, permaneça "irreal", muito baixo para permitir que Maria ou o anjo fiquem de pé. Mas a vista da cidade fora da janela, como aquela ao fundo do *Cordeiro místico*, é maravilhosamente verossímil; daí também a descrição detalhada das plantas e flores na cena da adoração do Cordeiro, e das vestes esvoaçantes dos personagens, agora quase livres de complicações góticas. Os brocados, as coroas cravejadas de joias, os móveis e o órgão de tubos tocado por um anjo e, acima, o Cordeiro e a eucaristia: a reprodução cuidadosa desses objetos sugere o valor espiritual de cada coisa material, e a dimensão contemplativa do próprio ato de olhar.

Outras notas rápidas: as figuras de Adão e Eva, visíveis com o políptico aberto, são de um domínio anatômico e psicológico que as torna comparáveis, apesar de suas diferenças, ao Adão e Eva de Masaccio discutidos acima (*Expulsão do Paraíso*). As figuras do mestre italiano têm proporções, poses e gestos provenientes da arte antiga, enquanto as de van Eyck são inspiradas unicamente na natureza: a observação direta dos corpos e das emoções. Depois, no *Cordeiro Místico* a paisagem desenvolve-se em profundidade, numa progressão quase ininterrupta, como nenhum italiano da época conseguiu fazer; inovação essa que Jan van Eyck desenvolverá, alguns anos depois, na famosa pintura (agora no Louvre) representando o chanceler de Flandres, Nicolas Rolin, ajoelhado diante de Nossa Senhora com o Menino. O observador encontra-se perante uma paisagem fluvial que se estende até o horizonte, com montanhas ao longe envoltas em uma atmosfera. No universo natural, que era um dos seus temas, Jan van Eyck sabia localizar homens, edifícios e objetos com uma precisão espacial nunca antes vista; demonstra-o também no desenho do painel preservado em Antuérpia, no qual uma figura em primeiro plano – Santa Bárbara – apresenta uma paisagem panorâmica: um vale ondulado com uma cidade sobre uma colina e, a meia distância, o canteiro de obras da torre que abrigará a santa, em torno da qual circulam trabalhadores com suas ferramentas. A torre em construção é uma obra-prima da arquitetura gótica tardia, semelhante às estruturas visíveis ao fundo do *Cordeiro Místico*.

Elaborações no Norte, trocas transalpinas

Tanto na Itália como em Flandres, as décadas entre 1430-1440 e 1470-1490 assistiram a importantes elaborações das linguagens forjadas no primeiro quartel do século, com acentuações e inovações também devidas a intercâmbios frutíferos entre uma e outra cultura artística; de fato, os Alpes não constituíam uma barreira intransponível. Assim, para certas categorias de artesanato especializado, era comum, na segunda metade do século XV, chamar "especialistas" do norte para criarem desenhos fornecidos por mestres italianos; foi o caso da suntuosa tapeçaria para o Batistério de São João em Florença, encomendada ao florentino Antonio del Pollaiolo, mas criada fisicamente por bordadeiras flamengas e francesas[2].

---

2. Restam vinte e sete painéis bordados da tapeçaria de parede de São João, com seda policromada e fio de ouro, preservados no Museu da Ópera de Santa Maria del Fiore, Florença.

Independentemente dessas presenças "encomendadas", foi sobretudo a novidade da arte italiana desse período que gerou, já no século XV, dois fenômenos de particular interesse: a chegada na Itália de grandes mestres nórdicos, atraídos pelas conquistas científicas da anatomia e da perspectiva, e a difusão, entre mecenas e colecionadores italianos, do gosto meticulosamente realista da pintura flamenga contemporânea. Típico do primeiro caso foi o do flamengo Rogier van der Weyden, presente na Itália durante o Ano Santo de 1450, que – em obras autógrafas e de oficina criadas após o seu regresso à sua terra natal – mostrou claramente a sua admiração pela perspectiva italiana. O encanto que o estilo nórdico teve para os italianos, porém, está bem documentado nos inventários dos "guarda-roupas" de príncipes e senhores, no norte e no sul da península; o próprio Rogier, durante sua estadia na Itália, criou obras para a família Este e para Cosimo de' Médici, conhecido como "o Velho". Famosas são a *Comunhão dos Apóstolos* de outro flamengo, Justo de Ghent (Joos van Ghent), ativo na década de 1470 na corte de Federico da Montefeltro em Urbino, e o tríptico da *Adoração dos pastores* de Hugo van der Goes, encomendado em Bruges (1476-1478) pelo banqueiro florentino Tommaso Portinari para a igreja de Santo Egídio em Florença, já com afrescos de Domenico Veneziano e Piero della Francesca; uma obra que influenciará Domenico Ghirlandaio e Sandro Botticelli (ver mais abaixo).

No final do século, o processo de intercâmbios culturais envolverá dois dos futuros protagonistas da arte do século XVI: o italiano Michelangelo Buonarroti e o alemão Albrecht Dürer. Muito jovem, Michelangelo estudou e copiou as gravuras de um certo "Martin Tedesco", como Vasari chamava esse artista (provavelmente Martin Schongauer), enquanto Dürer, aos vinte anos, fez uma viagem a Veneza que influenciaria profundamente o seu estilo. Ao mesmo tempo, iniciou-se o êxodo dos artistas italianos para a França, onde a paixão do rei Carlos VIII pela arte renascentista anunciou a paixão ainda mais intensa dos seus sucessores Luís XII e, sobretudo, Francisco I, o último mecenas de Leonardo da Vinci.

Nesse contexto, vale a pena considerar primeiro a evolução da pintura flamenga, uma precondição de alguns desenvolvimentos na arte italiana na segunda metade do século.

Por volta de 1435, Rogier van der Weyden, aluno de Robert Campin e concorrente de Jan van Eyck, definiu um estilo autônomo de grande força. Na sua *Deposição de Cristo*, agora no Museu do Prado (fig. 16), por exemplo, ele preserva a atenção aos detalhes caros aos flamengos – nos tecidos, nos toucados, nas fisionomias –, mas elimina a infinidade de elementos simbólicos, referências típicas dos mestres nórdicos, focando a atenção nos dez personagens, cujos grandes corpos se entrelaçam numa espécie de dança macabra. Em vez do escrituralismo erudito do *Cordeiro Místico* dos van Eyck, aí no centro da imagem há apenas o impacto emocional de Cristo descido da cruz, como se o artista quisesse reavaliar a dimensão comovente da última escultura gótica. A imponência de cada figura no espaço pouco profundo do nicho imaginário tem, em vez disso, uma monumentalidade "donatelliana", como se van der Weyden tivesse intuído a direção da nova arte italiana (que ele provavelmente ainda não conhecia em primeira mão).

Mesmo depois da peregrinação jubilar de 1450 na Itália, van der Weyden manteve a ênfase emocional e dramática da sua obra-prima juvenil e, de fato, no famoso *Tríptico dos Sete Sacramentos* (Antuérpia, cerca de 1450-1455), ele colocou uma *Crucificação* monumental no meio do painel central, com as figuras de Maria, do discípulo amado João e das piedosas mulheres ao pé da cruz. No entanto, graças aos novos conhecimentos italianos, o artista constrói um espaço perspectivo perfeito em torno deste grupo: uma grande catedral gótica em cujas capelas são celebrados os sacramentos; a *Crucificação*, em primeiro plano e no centro, está de fato alinhada com o altar-mor no final da nave central, onde um sacerdote está representado enquanto eleva a hóstia consagrada.

Como sugere esse trabalho, a religiosidade nórdica do século XV era ao mesmo tempo introspectiva e eclesiástica: sedenta de fortes experiências emocionais (a crucificação dramática), mas também de confirmações institucionais (a listagem metódica dos sacramentos). Uma obra típica dessa dupla orientação é o tríptico encomendado em 1464 ao pintor holandês Dieric Bouts para o altar da Confraria do Santíssimo Sacramento da igreja de São Pedro em Lovaina, no centro do qual encontramos uma *Última Ceia*. Com a ajuda de dois teólogos nomeados pelos membros da confraria, o artista repensou a refeição descrita nos Evangelhos em termos claramente rituais, com um Cristo hierático que, no centro da mesa e como um sacerdote, não abençoa nenhum dos pães comuns que vemos sobre a mesa, mas a hóstia eucarística sustentada sobre um cálice. Ele então "abençoa" com a mão direita na posição adotada no rito para fazer o sinal da cruz, sugerindo assim o resultado final da oferta do corpo e do sangue do Salvador nos sinais do pão e do vinho e na crucificação. Para sublinhar essa ligação entre a Última Ceia e o Calvário, Bouts repete a forma da cruz em todo o mobiliário da sala: no painel de madeira atrás de Cristo, nas duas grandes janelas à esquerda, no belo piso em perspectiva "à italiana". Quatro pequenas cenas laterais relembram acontecimentos do Antigo Testamento alusivos à eucaristia, de modo que a Última Ceia se torna o momento esclarecedor de todas as Escrituras e, sendo um retábulo de altar, é legível em relação à missa. Apesar dessa alusão litúrgica, a imagem tem, no entanto, algo de dramático, porque o realismo do estilo de Bouts, bem como o uso magistral da perspectiva, faz desse painel uma "janela" albertiana, diante da qual o padre que celebrava a missa via o próprio Cristo realizar as mesmas ações.

Dois mestres emergentes na década de 1470, Hugo van der Goes e Hans Memling, sugerem as diferentes direções do estilo único flamengo.

Van der Goes, que passaria os últimos anos de sua vida como irmão leigo em um mosteiro, cria, como já mencionado, um tríptico para o florentino Tommaso Portinari de dimensões absolutamente inusitadas para a arte nórdica – quando aberto, mede aproximadamente 3 por 6 metros –, com figuras monumentais dos padroeiros da família do cliente (cujos cinco membros também estão representados, em menor escala), e ao centro uma *Adoração dos pastores* com figuras hiper-realistas de pastores. Os tecidos e edifícios são igualmente reais e detalhados, mas van der Goes retorna ao repertório de símbolos ocultos de Robert Campin. A obra, destinada a uma igreja florentina, combina a monumentalidade italiana (talvez incompreendida) com o amor ao detalhe e ao símbolo mais tipicamente flamengo, numa mistura que revela certa crise de identidade dos artistas nórdicos nas décadas crepusculares do século.

O outro grande artista desse período é Hans Memling, que coleciona e repropõe elementos da arte tanto de Jan van Eyck quanto de Rogier van der Weyden, aproveitando os já universais conhecimentos de perspectiva, conseguindo – mesmo em obras de pequenas dimensões – sugerir certa monumentalidade. Ao contrário de van der Goes, Memling confina o potencial expressivo do realismo nórdico dentro dos parâmetros de uma poética religiosa suave, mas convencional.

Flandres faz fronteira com o rico ducado da Borgonha, cuja arte por sua vez influenciou outros centros franceses, como as cortes dos duques de Berry, de Bourbon e de Nemours, bem como a corte real, de modo que a escola francesa absorveu de forma completamente natural as lições estilísticas ministradas pelos mestres flamengos. Em meados do século XV, um pintor a serviço da corte real, Jean Fouquet, passaria dois anos na Itália, criando no seu regresso a mais perfeita fusão até então vista das duas linguagens: um díptico, agora desmembrado (Berlim, Antuérpia), representando o cliente, Etienne Chevalier, com seu padroeiro celestial Santo Estêvão, diante de Nossa Senhora com o Menino. A configuração anatômica das figuras do painel representando Chevalier e Santo Estêvão, além da arquitetura do fundo, são interpretações magistrais da nova arte italiana, enquanto a fisionomia dos personagens e o tratamento dos tecidos e objetos resumem o estilo flamengo.

A arte nórdica das últimas décadas do século, ao mesmo tempo que assimila as inovações italianas, também valoriza componentes típicos do gótico tardio e do gótico internacional, o que por vezes parece ser uma nostalgia do próprio passado: um estilo flamengo ainda livre de contaminações itálicas. A chamada *Pietà de Avignon* (Louvre, cerca de 1470), por exemplo – obra de um mestre anônimo do sul da França que talvez conhecesse a pintura espanhola daquele mesmo período –, centra a atenção num corpo de Cristo que é praticamente neomedieval. Da mesma forma, o pintor-escultor tirolês Michael Pacher, especialista em técnicas italianas, define tanto os elementos arquitetônicos de suas obras quanto o planejamento das figuras em termos extravagantemente góticos (cf. o retábulo do altar da igreja de St. Wolfgang em Schneeberg, 1471-1481). Da mesma forma os escultores e entalhadores alemães Bernt Notke, Veit Stoss e Tilman Riemenschneider, que entre 1480 e 1500 desenvolveram diferentes linguagens entre si, mas partilhavam de uma nostalgia lírica pelo gótico; Notke e Stoss espalharam este último estilo medieval pelo Norte e Leste: o primeiro em Estocolmo (*São Jorge e o dragão*, igreja de São Nicolau, 1489) e o segundo em Cracóvia (retábulo da *Dormição e Assunção de Maria*, catedral, 1477-1489).

A tradição nórdica de esculpir em madeira favoreceu, já nas primeiras décadas do século XV, o desenvolvimento da xilogravura: a imagem impressa a partir de um bloco de madeira na qual o artista a entalhou. Na Alemanha e especialmente nos Países Baixos, a partir de 1430-1440 e especialmente a partir de 1460, foram produzidos tanto estampas avulsas como livros com estampas múltiplas, muitas vezes coloridas, representando cenas bíblicas e moralizantes, com o objetivo de catequizar um público analfabeto ou quase analfabeto. Na

Alemanha, foi desenvolvida uma variante da impressão em madeira: gravação em uma placa de cobre ou de outro metal; o aperfeiçoador dessa técnica é o pintor Martin Schongauer de Colmar, Alsácia, filho de um ourives, que parecia conhecer bem a pintura flamenga em geral e sobretudo as obras de Rogier van der Weyden, cujo estilo reproduz nas suas gravuras. Destas, entre as mais famosas, está a *Tentação de Santo Antônio Abade*, datada após 1475, em que triunfa o neomedievalismo da época: o tormento psicoespiritual do eremita ocorre em um universo totalmente estranho, sem qualquer indicação espacial ou ambiental, no qual, em uma maravilhosa paródia das representações românicas e góticas do inferno, o santo é atacado por demônios ao mesmo tempo horripilantes e engraçados. Um interesse semelhante pela demonologia medieval pode ser encontrado nas visões oníricas do holandês Hieronymus Bosch, membro ativo de uma irmandade mariana e autor de imagens moralizantes como a *Mesa dos Sete Pecados Capitais* (Museu do Prado, Madri, cerca de 1480-1485) e *A morte do avarento* (National Gallery, Washington/DC, 1500, aprox.).

Esta última obra sugere como Bosch fora capaz de adaptar o gosto flamengo pelo detalhe e a tradição do simbolismo aos seus propósitos didáticos. Inspirando-se também nos tratados desse mesmo período sobre a *ars moriendi* – a "arte" do bem morrer, isto é, como um cristão –, o artista apresenta-nos o elegante quarto de um idoso proprietário de muitos bens, que é representado duas vezes: ainda saudável, enquanto deposita uma moeda de ouro em seu cofre; e depois na cama, onde uma criatura satânica, surgindo por detrás das cortinas, lhe oferece um saco de dinheiro. Atrás das cortinas da cama, à esquerda do observador, a Morte espreita com o seu dardo; é, portanto, o momento, ilustrado no Evangelho (cf. Lc 12,16-21), em que a vida é inesperadamente pedida a quem acreditava ainda ter bastante tempo para desfrutar das riquezas acumuladas.

Elaborações na Itália

Um processo semelhante de elaboração também ocorre ao sul dos Alpes, primeiro na própria Florença, que inventou a nova arte, e depois em outros centros italianos. Alguns dos primeiros mestres permanecem na ribalta: em 1425, por exemplo, Lorenzo Ghiberti recebeu a encomenda de outra porta do batistério – aquela conhecida como "Porta do Paraíso" –, que o manteria ocupado até sua morte, em 1452; e na década de 1430 Donatello criou uma série de relevos para os Médici na sacristia velha de São Lourenço. Mas também surgiram novos nomes, especialmente na pintura, campo em que, com a morte de Masaccio em 1428, se abriu a mestres mais jovens como Paolo Uccello, Andrea del Castagno, Domenico Veneziano, Filippo Lippi e Beato Angélico.

Os fios condutores desse processo de elaboração são a perspectiva linear, o interesse narrativo e dramático e o encanto pela cultura greco-romana. Para a Porta do Paraíso do batistério florentino, por exemplo, Ghiberti altera o formato utilizado nas portas anteriores, abandonando os pequenos relevos rodeados por quadrifólios góticos (a perspectiva teria sido limitada pelo pequeno campo de visão dos quadrifólios), enquanto os grandes painéis que agora utiliza lembram tábuas pintadas. Significativamente, duas das três cenas em que Ghiberti mostra o seu conhecimento de perspectiva – as *Histórias de Isaac* e as *Histórias de José* – são colocadas a meia altura da porta, onde atraem irresistivelmente o olhar dos transeuntes. Em ambos os relevos, os episódios da história são encenados dentro e fora de edifícios nobres clássicos, cuja arquitetura lembra fortemente a de Brunelleschi para São Lourenço, então ainda em construção. A articulação racional do espaço e a dignidade antiga dos edifícios conferem às histórias bíblicas uma ordem visual e um decoro cultural cheio de significado: na perspectiva cristã os confusos acontecimentos de Isaac e Rebeca, Jacó e Esaú, José e seus irmãos fazem parte do único plano de salvação destinado a ser cumprido em Cristo.

Alguns aspectos do "novo idioma" foram enfatizados no segundo quartel do século XV, a ponto de se tornarem praticamente emblemáticos – especialmente a perspectiva, que se tornou um campo de experimentação para os artistas florentinos. Por exemplo, num dos seus relevos para a sacristia velha de São Lourenço – a *Apoteose de São João Evangelista* –, Donatello explora as possibilidades expressivas de construções que, como coxias cênicas em um drama do início do século XX, aguçam a dimensão psicológica através do uso de perspectivas exageradamente anguladas. O pintor Paolo Uccello também utilizou a perspectiva para fins "expressionistas" no famoso afresco que representa o *Dilúvio Universal* no claustro do convento de Santa Maria Novella (cerca de 1445-1447).

O mestre que nos últimos anos reconecta a perspectiva ao sujeito é Andrea del Castagno, autor, por volta de 1445, de uma *Última Ceia* no refeitório das monjas beneditinas de Santa Apolônia, em Florença. Situada na parte inferior da parede, logo acima do nível da mesa das monjas, a imagem torna-se uma extensão da realidade, ou seja, a definição da perspectiva do espaço no afresco une a refeição dos apóstolos no cenáculo com a das monjas no refeitório. Não por acaso, a mesa representada no afresco tem o mesmo formato que devemos imaginar que tivessem as mesas reais do refeitório: no degrau em volta da sala ainda há sinais das fixações das pernas das mesas, exatamente como vemos no afresco. Assim, as freiras, enquanto comiam, deviam perceber-se como participantes, de um ponto de vista ideal, da vida comunitária estabelecida por Jesus na Ceia.

Outro mestre que surgiu em Florença em meados da década de 1440 foi Domenico Veneziano, cuja obra-prima, a *Virgem com o Menino e os santos* para o altar de uma igreja florentina, Santa Lúcia dei Magnoli (hoje na Galeria degli Uffizi), talvez seja a síntese mais perfeita dos conhecimentos perspectivos, pictóricos, escultóricos e arquitetônicos da época. O piso de mármore embutido, visto em um escorço com ângulo fortemente acentuado, e a exedra poligonal atrás da arcada em primeiro plano são ensaios magistrais de perspectiva linear. A doce luminosidade que permeia até as sombras, modelando os corpos e fazendo brilhar as gemas preciosas e os bordados do santo bispo à direita, demonstra um controle quase único da gama cromática. A figura de São João Batista, à esquerda, alude – na musculatura enérgica dos braços e das pernas – às estátuas de Donatello da década de 1420, enquanto no gesto da mão direita, com que indica Maria e o Menino, recorda Masaccio, que, na *Trindade*, fez um gesto indicativo semelhante ao de Maria. Além disso, a arquitetura ilustrada por Domenico Veneziano, que apresenta as cores branca, verde e rosa da catedral florentina, também reproduz os esplêndidos nichos em forma de concha de Brunelleschi na base externa da cúpula.

Em Domenico Veneziano e outros artistas da década de 1440 testemunhamos uma codificação sistemática das realizações do início da Renascença. O pequeno livro de Leon Battista Alberti, já mencionado em referência a Brunelleschi (a quem está dedicado), esteve entre os instrumentos desse processo: escrito em 1434, o tratado articula de forma teórica os objetivos que vimos na evolução real das artes ao longo das décadas anteriores, concedendo "normatividade" às descobertas e intuições de Ghiberti, Donatello, Masaccio. Ele explica como desenhar em perspectiva, insiste em cuidadosos conhecimentos anatômicos, sugere a inclusão em cada composição de uma figura que atraia o olhar do espectador e, com um gesto, oriente-o para o assunto principal, incentivando assim o envolvimento intelectual e emocional do espectador na "história" narrada pelo artista.

O início da Renascença florentina também produziu um dos maiores intérpretes da arte cristã de todos os tempos: Fra Giovanni da Fiesole, conhecido como Beato Angélico. Frade dominicano e diácono, o Beato Angélico conhecia por dentro os mistérios da fé que era chamado a pintar. É famosa a sua *Anunciação* no alto da escadaria do convento dominicano de São Marcos, em Florença, onde Maria se torna a figura ideal do religioso: sua veste se parece com a dos frades, e ela se senta sob arcos semelhantes aos do claustro de São Marcos, então em construção segundo o projeto do arquiteto Michelozzo. Por fim, o claustro do afresco está situado em um "jardim fechado" (separado do bosque por uma paliçada de madeira): uma imagem do coração de Maria, segundo a leitura tradicional do Cântico dos Cânticos, na passagem em que o esposo diz à esposa: "Tu és um jardim fechado, minha irmã, minha esposa, uma nascente fechada, uma fonte selada" (4,12). Com a intensidade da escuta que dá ao anjo, essa *Anunciação* ensinava então aos frades (que viam o afresco quando subiam do claustro para se retirarem para as celas) qual atitude manter durante as horas de descanso, estudo e oração. Como diz a esposa no Cântico: "Adormeci, mas o meu coração vigia. Um barulho! É meu amado que bate: 'Abre-me, minha irmã, minha amiga, minha pomba, meu tudo...'" (5,2).

No final da década de 1440 surgiu também um novo talento na arquitetura: o humanista e escritor Leon Battista Alberti – de família florentina, mas nascido e criado no exílio –, que foi encarregado de desenhar a parte superior da fachada de Santa Maria Novella. Essa igreja da ordem dominicana, iniciada no século XIII, tinha uma fachada revestida com mármores já no início do século XIV, mas apenas na parte inferior; então, no clima particular de meados do século XV, o comerciante e banqueiro Giovanni di Paolo Rucellai ofereceu-se como mecenas para a conclusão da fachada, chamando como arquiteto Leon Battista Alberti, escritor e teórico da arte, bem como arqueólogo, que havia estudado os monumentos da antiga Urbe.

Sobre a parte inferior do século XIV, Alberti ergue uma espécie de templo antigo: quatro pilares que sustentam a arquitrave, com uma inscrição em letras romanas, sob um frontão clássico. Ele eleva seu templo sobre um ático que o separa da parte medieval da fachada e cria elementos de conexão visual entre uma e outra: formas curvas que conectam a larga base à fachada superior, mais estreita, destinada a se tornar um componente-padrão de arquitetura renascentista tardia e barroca. A rosácea preexistente da fachada sugere os grandes círculos inscritos nessas "volutas" e no frontão, e a decoração preexistente impõe a utilização dos tradicionais revestimentos de mármore branco e verde também na parte nova. Entretanto, Alberti também interveio na parte inferior da fachada, com quatro colunas coríntias revestidas de mármore verde e uma porta central imitando a do Panteão. A mensagem transmitida pela nova fachada – e pela inscrição em letras maiúsculas que, à maneira dos edifícios antigos, identifica o cliente pelo nome – é a de que Roma havia renascido em Florença, que nunca perdeu nem a memória nem a linguagem arquitetônica de suas origens clássicas.

Difusão do estilo renascentista em outras partes da Itália

A partir de meados do século XV, o léxico introduzido em Florença espalhou-se por outras partes da península. O primeiro passo consiste na exportação dos modelos desenvolvidos em Florença nas primeiras décadas do século XV e na sua mutação em diferentes contextos de comissionamento. Um excelente exemplo desse processo é o chamado "Templo Malatestiano" em Rimini, construído a partir de 1450 por Leon Battista Alberti para Sigismondo Pandolfo Malatesta, líder e senhor de Rimini. Não se trata de um verdadeiro edifício, mas sim de uma estrutura-invólucro que encerra uma igreja franciscana preexistente, com um revestimento de mármore em forma de um arco triunfal de Rimini da época augusta, inserindo ainda fragmentos de pedra de outras estruturas da época imperial. Ou seja, ao contrário de Brunelleschi, que apenas evocou o antigo, Alberti o recria fisicamente como decoração celebrativa!

O idioma "imperial" adequava-se às ambições dos príncipes da Renascença, incluindo os príncipes eclesiásticos. Um colaborador de Alberti, Bernardo Rossellino, criou para o Papa Pio II um pequeno núcleo urbano na cidade natal do pontífice – Corsignano, na zona de Siena –, rebatizado à maneira dos antigos com o nome do seu renovador: "Pienza". Ao construir *ex novo* a imponente catedral desse núcleo próximo ao campo e elevado à sede episcopal, Rossellino remodela estruturas preexistentes à volta da catedral para criar uma pequena praça perfeita, o coração de uma cidade ideal, uma Roma em miniatura. Na mesma linha, no início da década de 1470, Leon Battista Alberti apresentou ao marquês Gonzaga de Mântua um projeto de reconstrução da basílica cívica de Santo André, em que a fachada passou a ser um arco triunfal, com a abóbada de berço intersectada em ângulos retos por uma abóbada mais baixa no pórtico. O mesmo sistema seria então ampliado no interior da igreja, que recria assim a antiga basílica romana de Maxêncio. O cliente, Marquês Ludovico Gonzaga, desejava um espaço imenso de dignidade insuperável para exposição ao povo da relíquia do Preciosíssimo Sangue de Cristo, conservada em Santo André, e o humanista Alberti o satisfez com essa não apenas evocação, mas *recriação* da grandiosidade das basílicas cívicas da época imperial.

O artista que mais do que qualquer outro desenvolve a poética clássica a serviço do cristianismo é Piero della Francesca, originário de Borgo Sansepolcro (na fronteira entre a Toscana e a Úmbria), mas formado em Florença, na oficina de Domenico Veneziano, de quem foi assistente em 1439. Jovem artista durante o Concílio de Florença inaugurado naquele ano, Piero deve ter visto os ícones apresentados aos prelados gregos e russos durante as cerimônias, e sua arte parece querer restaurar algo da hieraticidade bizantina ao naturalismo renascentista. Nele, como em Beato Angélico, as novas conquistas na representação do homem, do espaço e do cosmos serviram de fato para sugerir uma "interioridade encarnada" de particular sugestão religiosa, mas a pintura de Pierfrascesco, estruturada por princípios matemáticos, comunica um misticismo racional fora do tempo. A extraordinária tranquilidade que esse artista infunde em suas personagens – aquela calma interior que parece estender-se ao mundo exterior, envolvendo de luz e silêncio o universo da natureza – impõe uma leitura religiosa (*Ressurreição de Cristo*, Borgo Sansepolcro; *Batismo de Cristo*, National Gallery, Londres).

O interesse pela arte antiga transparece em outro "exportador" de arte florentina: Donatello. Este, em 1446, foi encarregado pelas autoridades do santuário franciscano de Santo Antônio, em Pádua, de criar um novo altar-mor com crucifixo, estátuas e relevos em bronze. Os fundos em perspectiva dos relevos reproduzem edifícios romanos reais e imaginários (incluindo, novamente, a basílica de Maxêncio), e as poses, gestos e tipologias dos personagens lembram de forma semelhante o antigo. Nas obras de Donatello para o santo, porém, desenvolve-se um elemento antigo ausente em Piero della Francesca: a ênfase expressiva comunicada através da excitação de múltiplos personagens. Essa coralidade emocional é o tema único do extraordinário relevo em pórfiro com incrustações de mármore policromado esculpido pelo mestre para o fundo do altar, um *Sepultamento de Cristo* em que as reações violentas são mais adequadas ao funeral de um herói homérico do que ao pranto pelo Salvador do Novo Testamento.

Ambos os aspectos da arte de Donatello – classicismo e expressividade – despertam imitadores. Um pintor de vinte anos, Andrea Mantegna, converte-se à nova linguagem e produz em Pádua um ciclo de afrescos inspirados nos relevos do altar e repletos de referências antigas (capela Ovetari, igreja dos Eremitanos, 1455/1456). De alguns anos mais tarde, também de Mantegna, encontra-se uma extraordinária gravura representando a *Deposição*, na qual, tal como no relevo de Donatello, é explícita a interpretação "antiquária", tanto na figura da Madalena, que, com as mãos levantadas e os cabelos soltos, desabafa sua dor, quanto no sarcófago romano, com a inscrição feita com caracteres clássicos: "*Humani Generis Redemptori*", "Ao Redentor do gênero humano". Além do caráter heroico das figuras – o Cristo musculoso morto, a mãe desmaiada no chão, o discípulo amado sozinho, de pé –, são os estados de ânimo extremos, ao mesmo tempo corteses e íntimos, que nos impressionam: Mantegna imagina a deposição de Cristo como uma cena de Ésquilo ou Eurípides interpretada por atores trágicos. Menos teatral, mas igualmente dramático, é o seu *Cristo morto*, pranteado apenas por Maria e João (final da década de 1460), agora guardado na Pinacoteca di Brera, no qual o cadáver – visto em escorço como se o espectador estivesse a um metro dos pés do Salvador morto – também é um *tour de force* técnico.

Ligados a essas obras estão os "*mortori*" de Guido Mazzoni: grupos de figuras em tamanho natural em terracota policromada, representando o luto por Cristo descido da cruz (Modena, Ferrara, Pádua, Nápoles). Outro artista do período, Niccolò dell'Arca, modelou de forma semelhante um grupo de *Marias que choravam interminavelmente* – como as chamaria um escritor do século XVII, Carlo Cesare Malvasia – para uma confraria bolonhesa: figuras únicas em toda a história da arte cristã, em virtude da desesperada força emocional que as anima. Tal como Mantegna, Mazzoni e dell'Arca, parecem inspirar-se na cultura contemporânea do espetáculo: não no teatro clássico, mas nas representações sagradas populares.

Roma, Florença e Milão nos anos 1480-1490

O estilo renascentista assume o próprio "classicismo" – uma maturidade que parece expressar perfeitamente os seus objetivos – nas últimas décadas do século. A tarefa mais importante é a reconstrução e o embelezamento de uma grande capela dentro do conjunto de palácios do Vaticano, conhecida desde então pelo nome do cliente, o Papa Sisto IV: a Capela Sistina. Estruturalmente concluída no final de 1480, o imponente espaço foi decorado em apenas dois anos por uma equipe de pintores florentinos e da Úmbria, cujos nomes anunciam as intervenções na mesma capela e nos palácios do Vaticano no século seguinte: Domenico Ghirlandaio, o primeiro mestre de Michelangelo, e Pietro Perugino, mestre de Raffaello Sanzio; Sandro Botticelli, Pinturicchio, Cosimo Rosselli e Luca Signorelli também colaboraram. Essa primeira campanha de decoração da Capela Sistina, de fato, celebra as conquistas da arte do início da Renascença – a perspectiva, a história, a redescoberta do mundo antigo – e de longe anuncia o seu desenvolvimento.

O programa afetou apenas as paredes da capela, afrescadas com cenas justapostas das vidas de Moisés (parede sul) e de Cristo (parede norte). Os afrescos mais famosos são a *Entrega das Chaves a São Pedro*, de Perugino, e, em frente, o *Castigo dos rebeldes Coré, Datan e Abiram*, de Botticelli. Os autores das cenas distinguem cuidadosamente as condições materiais dos dois momentos históricos: na cena do Antigo Testamento, uma estrutura antiga, o Arco de Constantino, é uma ruína com a cornija superior dilapidada, enquanto na cena evangélica uma grande igreja moderna – cuja cúpula octogonal alude à da catedral florentina – surge em uma praça vista em perspectiva, o que dá a impressão de uma ordem racional absoluta. A mensagem eclesial é clara: o que estava em ruínas no Antigo Testamento renova-se no Novo – até mesmo o coração humano rebelde, graças à transmissão a Pedro e aos seus sucessores da autoridade de perdoar os pecados simbolizada pelas chaves. Eram temas muito atuais no final do século XV; quarenta anos antes da Reforma luterana, o papado, que ainda trazia os sinais do exílio de Avignon e dos cismas subsequentes, sentia a necessidade de insistir na origem da autoridade divina confiada a Pedro e seus sucessores.

Entre os pintores empregados por Sisto IV na sua capela, quem melhor explorou a experiência romana foi Domenico Ghirlandaio, procurado desde o primeiro momento do seu regresso a Florença como criador e executor de ciclos de afrescos; ele adaptou o estilo desenvolvido na Capela Sistina para criar grandiosos palcos urbanos, nos quais conta com numerosos atores para contar histórias hagiográficas, mas também atuais (Capela Sassetti, Santa Trinità; Capela Tornabuoni, Santa Maria Novella). É marcante a densidade estilística e iconográfica dessas cenas, em que alusões arqueológicas se sobrepõem a citações da arte flamenga, com o seu simbolismo oculto. No retábulo da capela Sassetti, por exemplo, datado de 1485, um menino Jesus nascido entre as ruínas do mundo antigo torna-se uma metáfora do processo secular de transformação pelo qual, a partir da cultura pagã transitória, "nasceu" uma cultura verdadeiramente cristã; esse é um tema caro ao humanismo do século XV. A metáfora humanística transforma-se então em símbolo eucarístico, pois o corpinho do recém-nascido se encontra diante de um sarcófago que se transformou em *manjedoura*, convidando-nos a compreender que a vida nova que substitui a morte do mundo pagão *nutre* o ser humano. Caso houvesse alguma dúvida, sob a orla do manto sobre o qual jaz o Menino, Ghirlandaio mostra espigas de trigo, como referência inequívoca à eucaristia.

 Entre os mestres do final do século XV em Florença, um lugar especial vai para Andrea del Verrocchio, autor de um conjunto de estátuas de bronze representando a *Incredulidade de São Tomé*, concluído em 1480 para um nicho em Orsanmichele. Tendo duas figuras para colocar, e não apenas uma, Verrocchio coloca a segunda – São Tomé – fora do nicho, como se viesse da via pública, caminhando em direção a Cristo. Assim, Tomé, mais próximo do espectador, está à luz do dia, enquanto Cristo, no fundo do nicho, ocupa uma penumbra de onde emergem sua fronte alta e sua bela mão direita, levantada para abençoar. Ou seja, a incredulidade do apóstolo apresenta-se como um movimento da luz da experiência cotidiana em direção à escuridão de uma fé impossível, na qual, no entanto, Tomé encontra o Ressuscitado que vem ao seu encontro, que compreende as suas dúvidas e nele abençoa todos quantos crerão no futuro, mesmo sem ter colocado o dedo em suas feridas e a mão no seu lado.

 Leonardo da Vinci recebeu sua formação artística de Andrea Verrocchio. Um grande retábulo de altar iniciado enquanto Verrocchio estava terminando a *Incredulidade de São Tomé* pode sugerir a relação entre discípulo e mestre, bem como a peculiaridade da arte de Leonardo, já legível nesta sua primeira obra importante: uma *Adoração dos Magos* encomendada para um convento nos arredores de Florença, São Donato a Scopeto (atualmente preservada na Galeria degli Uffizi). Deixado inacabado quando Leonardo se mudou para Milão em 1482, o retábulo – ainda não colorido, mas apenas desenhado e dividido em grandes áreas de luz e sombra – oferece um drama de claro-escuro semelhante ao que acabamos de notar no grupo estatuário de Verrocchio, bem como detalhes individuais que quase parecem inspirados na escultura do mestre.

Em 1482, Leonardo mudou-se para Milão como artista da corte do duque Ludovico Sforza. A sua obra-prima milanesa é a *Última Ceia*, pintada a mando desse príncipe entre 1495 e 1497 como parte integrante do plano de modernização desenvolvido por Donato Bramante para o conjunto conventual dominicano de Santa Maria delle Grazie. No quadro geral do projeto, o *Cenáculo* de Leonardo tinha duas funções: por um lado, devia ser uma imagem sacra – a representação da *coena Domini* na sala onde os frades faziam as refeições; por outro, devia satisfazer a ambição do duque de prestigiar a sua capital com obras de arte no estilo daquele período. Além dos elementos de conteúdo religioso presentes na pintura, Leonardo aí cria o mais perfeito exemplo de perspectiva arquitetônica já visto no norte da Itália, abrindo visualmente a parede do fundo do refeitório com a ilusão de uma sala espaçosa, com teto em caixotões, que – num nível superior – parece dar continuidade ao espaço real do refeitório dos frades.

Na prática, as duas vertentes da encomenda – a religiosa e a técnica – sobrepõem-se, pois, através da admirável construção de perspectiva, Leonardo concentra a atenção na figura central de Cristo, tornando-a ponto de cruzamento de todo o cosmos pictórico definido pela sala: as linhas diagonais que conduzem o olhar à profundidade levam inevitavelmente a Cristo; tudo está conectado a ele, e ele se torna o pivô da lógica visual do todo. Contudo, não é o ponto último, o ponto de fuga, porque as linhas diagonais convergem para *trás* do Cristo, no doce ar vespertino fora da janela; porém esse último ponto permanece oculto, e – procurando a infinitude – o nosso olhar para em Cristo, como se ele ainda dissesse: "Quem me viu, viu o Pai" (Jo 14,9).

No refeitório de Santa Maria delle Grazie existem na verdade *duas* imagens, porque, nos mesmos anos em que Leonardo pintou a *Última Ceia*, um artista milanês, Donato Montorfano, pintou na parede à frente um afresco com uma *Crucificação* monumental, ainda visível hoje, do outro lado da sala. Os frades que entravam no refeitório viam-se abraçados pela *passio Christi*: em uma das duas paredes traseiras avistavam (na *Última Ceia*) o compromisso de

Jesus de oferecer o seu corpo e o seu sangue, e na outra parede, o cumprimento desse compromisso, quando Cristo dá a vida fisicamente na cruz. Os frades iam para a mesa entre a ceia e a cruz.

Final do século XV em Veneza

No quadro altamente tradicionalista da cultura veneziana, em que todas as influências externas são assimiladas ao gosto local moldado pela ligação milenar com a arte bizantina, o novo estilo renascentista desenvolveu-se mais tarde. Novas direções surgiram a partir de meados do século XV, graças à influência da arte de Pádua e em particular de Andrea Mantegna, mas amadureceram lentamente devido à estruturação particular do mundo da arte veneziana em oficinas de caráter familiar, das quais a mais importante nas últimas décadas do século foi a dos Bellini; numerosos outros artistas são associados a ela: por volta de 1454, o próprio Mantegna casou-se com uma filha de Jacopo Bellini, pai dos pintores Gentile e Giovanni, e ele próprio pintor.

O mais conhecido dos Bellini é Giovanni, que, após uma fase inicial imitativa da arte de Mantegna, utilizou com liberdade cada vez maior os estímulos que lhe chegavam do mestre de Pádua, definindo um estilo pessoal destinado a influenciar profundamente o século XVI. De particular interesse é o grande retábulo executado por Giovanni por volta de 1480 para a igreja veneziana de São Jó (hoje nas Gallerie dell'Accademia, em Veneza), no qual pela primeira vez na arte veneziana as figuras são organizadas num espaço unitário definido pela arquitetura monumental na perspectiva correta: "inovação" devedora de exemplos florentinos desenvolvidos na década de 1470 por Piero della Francesca. Há também uma ligação *direta* com a arte florentina, pois o altar de São Jó para o qual Giovanni pinta esse retábulo está localizado em frente à capela de uma família toscana residente em Veneza, os Martini de Lucca, que convocaram mestres florentinos para criar uma capela moderna encimada por uma cúpula de Della Robbia. Essa Capela Martini é uma das três no lado norte da igreja, enquanto no lado sul não existem capelas, mas apenas a parede onde estão colocados os altares laterais, incluindo aquele para o qual Bellini pintou o retábulo.

Isso significa que essa primeira experiência veneziana, com um espaço pictórico unitário concebido em termos de arquitetura moderna, é uma resposta ao contexto real em que Bellini sabia que deveria colocar o seu retábulo! Ou, dito de outra forma: em frente à profundidade espacial real da Capela Martini, Bellini quis criar a ilusão de uma profundidade correspondente, como se, em vez de apenas a parede, houvesse também uma capela no lado sul da igreja. Não é, no entanto, uma imagem perfeitamente espelhada, porque – diante da arquitetura toscana da Capela Martini – a arquitetura imaginada por Bellini é primorosamente veneziana: a abside é coberta por mármores que apresentam veios, como as paredes inferiores de São Marcos, e os mosaicos da concavidade da abside evocam de forma semelhante o interior da Basílica de São Marcos. Por sua vez, aos pés do alto trono, três jovens tocam instrumentos musicais, e a sua presença no centro, diretamente sob Maria e Cristo, cria um clima de interioridade sonhadora que permeia a imagem, na qual a música se torna a chave de uma harmonia que, no lugar eucarístico, emana do corpo de Cristo (sacramentado e representado), tocando de diversas maneiras a vida das pessoas ligadas entre si na comunhão dos santos.

Juntamente com a música evocada, Bellini tem à sua disposição outra ferramenta unificadora: a luz, que aí cria uma harmonia visual perceptível. Ao contrário dos pintores toscanos e de Piero della Francesca, que colocam as suas personagens em plena luz do meio-dia, Giovanni Bellini prefere a luminosidade difusa do final da tarde, que penetra suavemente, acariciando figuras e objetos, animando cada superfície com o seu calor. Aprendeu com o mestre siciliano Antonello da Messina, ativo em Veneza em 1475/1476, ao recriar o efeito natural de uma luz indireta que permeia e envolve volumes e massas, e – novamente com Antonello – aprendeu a gerir melhor a técnica do óleo desenvolvida pelos flamengos e já conhecida na Itália de forma preliminar. O óleo permite-lhe abandonar os tons de pedras preciosas, mas opacos, da pintura a têmpera, procurando efeitos de transparência cromática e de animação da superfície através da velatura e de misturas: os tons quentes da pele, a ressonância dos tecidos claros, os "pontos de luz" nos brocados e nas peças dos mosaicos da concavidade da abside. Bellini também desenvolve os pressupostos do retábulo de São Jó em pequenas obras de caráter privado, especialmente madonas, nas quais consegue fundir o novo naturalismo com a hieraticidade da tradição bizantina. A requintada *Madonna das árvores*, assinada e datada de 1487, por exemplo, propõe a tipologia mariana do retábulo de São Jó, mas o faz com nova suavidade e uma técnica pictórica rica em matéria. Com o uso tipicamente veneziano de um pano de honra atrás de Maria, Giovanni consegue dar presença e monumentalidade à figura principal, quase como se fosse um ícone, enquanto a paisagem com "árvores" simétricas à direita e à esquerda abre a composição e a faz respirar, sugerindo também a relação entre o universo da natureza e aquela em quem nasceu o Criador e Salvador da natureza como parte da natureza, verdadeiro Deus, mas também verdadeiro homem.

A poética naturalista do retábulo de São Jó conduzirá Bellini a novas categorias de imagens, nas quais a poesia e a natureza se tornam as chaves essenciais de leitura. O cosmo como expressão de realidades espirituais invisíveis e a comoção do ser humano diante deste são os temas de uma das obras mais inovadoras de Giovanni Bellini, o painel que representa *São Francisco em êxtase*, sempre executado como uma imagem a serviço da meditação pessoal (por volta de 1480-1490; agora na Coleção Frick, Nova York) (fig. 17). A pintura mostra Francisco, que, no monte Alverne, abre os braços para receber os estigmas; porém não vemos nem o serafim nem os raios, e, no final, a imagem fala "apenas" de um homem configurado à imagem de Cristo, em meio àquela criação que espera ardentemente "a revelação dos filhos de Deus", porque nutre "a esperança de ser também libertada da escravidão da corrupção para entrar na liberdade da glória dos filhos de Deus" (Rm 8,19.21).

A importância dada à natureza – com cada detalhe amorosamente descrito, desde as pedrinhas às plantas nas fendas, até a formação rochosa ao sol do fim da tarde que aquece as muralhas da cidade – é absolutamente nova. Não se pode dizer que Bellini quisesse simplesmente fazer uma paisagem: aí percebemos a natureza através dos olhos de um santo, Francisco, que encontrou e louvou o Senhor na natureza. Giovanni Bellini, porém, não mostra apenas o Pobrezinho; antes atribui o papel protagonista à criação, cuja beleza pungente nos penetra como penetra o próprio Francisco. Juntamente com o homem e a natureza, Giovanni Bellini também destaca a Sagrada Escritura, mostrando o livro da Bíblia num púlpito rústico à direita; esse é um dos vários detalhes "flamengos" (incluindo uma caveira acima do púlpito e sandálias do Pobrezinho abaixo dele) que, com o seu simbolismo, nos convidam a imaginar os sentimentos de Francisco enquanto examina as Escrituras – a meditação sobre a própria mortalidade, a consciência de estar na "terra santa", onde o homem deve caminhar na humildade e na pobreza de espírito.

Final do século: de Florença a Roma

Os últimos anos do século XV foram difíceis para o pequeno mundo do início da Renascença. A invasão da Itália, organizada por Carlos VIII da França, levou à abolição do ducado de Lodovico Sforza em Milão e do reino de Afonso II em Nápoles, abalando todo o delicado equilíbrio geopolítico da península, e também as ambições do filho do papa espanhol Alexandre VI, Cesare Borgia, perturbaram a ordem estabelecida. Em Florença, a morte de Lorenzo de Médici, conhecido como o Magnífico, em 1492, e a emergência do frade dominicano Girolamo Savonarola à frente de um movimento de reforma espiritual, social e política marcaram um momento de crise para a cultura e para os artistas; no auge dessa crise, Michelangelo, um jovem de dezenove anos, ligado à família Médici, trocará Florença por Veneza, Bolonha e finalmente Roma.

O próprio Sandro Botticelli, o mais requisitado dos pintores da elite a serviço dos Médici, abriu-se às ideias de Savonarola, queimando algumas das próprias obras de estilo pagão e produzindo novas pinturas num estilo febrilmente interior. A exasperada expressividade do *"piagnone"*[3] de Botticelli fica clara se compararmos a sua *Lamentação sobre o Cristo Morto*, de cerca de 1495 (hoje na Alte Pinakothek de Munique), com uma versão do mesmo tema de Pietro Perugino, um pintor que não foi apenas um não seguidor de Savonarola, mas também até considerado ateu (por volta de 1490, Galeria Uffizi). Enquanto Perugino ainda situa o acontecimento no mundo ideal do humanismo, estendendo o equilíbrio da arquitetura airosa e aberta aos próprios protagonistas, Botticelli imagina uma caverna rochosa escura, cuja entrada baixa sufoca as figuras convulsivas em torno de Cristo. O esgotamento da Virgem, a identificação emocional das mulheres piedosas e a intensa participação dos personagens masculinos estão no polo oposto do comportamento filosófico dos mesmos personagens da pintura de Perugino.

A procura por novas possibilidades estilísticas, comuns a muitos artistas do final do século, fica evidente na primeira obra religiosa de dimensões

---

3. *"Piagnone"*, literalmente "chorão". Essa característica serviu como denominação dada aos partidários de Savonarola, ao passo que a corrente contrária se designou como *"gli arrabiati"* ("os raivosos"). (N. do T.)

monumentais do jovem Michelangelo, a *Pietà* em São Pedro. Ali Michelangelo tenta fundir o drama do último Botticelli com o classicismo de Perugino, delineando as formas do corpo torturado de Jesus com uma delicadeza que sublinha o seu sofrimento, enquanto o rosto triste, mas sereno, de Maria e o gesto da sua mão esquerda sugerem profunda reflexão interna.

Apesar de todo o seu encanto, a bela *Pietà* de São Pedro é uma obra imatura. O artista de vinte e quatro anos estava tão preocupado em fazer carreira que voltou para gravar seu nome na faixa do peito da Virgem por medo de que a estátua fosse atribuída a terceiros, além de não ter obtido tanto sucesso na tentativa de amalgamar elementos estilísticos díspares em uma imagem coerente e correspondente ao sentido espiritual do tema. Mais convincente e comovente é a *Pietà* pintada alguns anos depois por Giovanni Bellini, agora um idoso de setenta anos (Gallerie dell'Accademia, Veneza), na qual Maria, já idosa, lamenta o seu filho morto no meio de um mundo trazido de volta à vida: ela inclina a cabeça em obediência silenciosa, enquanto ao seu redor a natureza canta e, perto da cabeça de Cristo, ramos vivos emergem de um tronco cortado.

O intimismo espiritual dessas obras não é, porém, a última palavra do século XV. Em Orvieto, em 1499, Luca Signorelli foi contratado para concluir uma capela na catedral, iniciada cinquenta anos antes pelo Beato Angélico, mas ainda quase totalmente inacabada. A temática apocalíptica, que se desenvolve em cenas que retratam a *Pregação do Anticristo*, a *Ressurreição dos mortos*, o *Juízo Final* e os *Condenados entregues ao inferno*, permite ao pintor evocar a situação dramática daquele período na Itália, em que invasões, guerras internas e abusos na Igreja parecem anunciar o fim do mundo. Encomendada apenas um ano após a sentença de morte de Savonarola (queimado na fogueira em Florença em maio de 1498), a *Pregação do Anticristo* poderia aludir à acusação de heresia levantada contra o famoso pregador dominicano, mas também é possível que faça alusão aos excessos e aos escândalos da Roma papal. As figuras excitadas à direita e à esquerda do Anticristo e o grande templo ao fundo parecem derivar do afresco de Perugino para a Capela Sistina, dezessete anos antes: a *Entrega das Chaves a São Pedro* (que Signorelli conhecia bem, tendo também sido membro do grupo chamado para decorar a capela). Mas em vez da ordem serena da época de Sisto IV, ali, no auge do papado bórgia, vemos um mundo à beira do abismo e uma Igreja fascinada pelo delegado de Satanás. Era o fim de uma era.

5
O SÉCULO XVI

Detalhe da obra
Pietà (c. 1499)
Michelangelo (1475-1564)
Basílica de São Pedro (Vaticano)
© Wikimedia Commons

Tanto ao norte como ao sul dos Alpes, o século XVI desenvolve os rumos definidos nas últimas décadas do século anterior, delimitando um novo "cânone" em ambas as culturas visuais. Especialmente na Itália – em Florença, Roma e Veneza –, o novo tempo conduzirá a uma síntese abrangente destinada a durar até ao século XIX. Talvez nenhum outro momento na história cultural europeia tenha influenciado tão profundamente – não apenas na arte cristã, mas no conceito ocidental da relação entre homem e Deus – como a primeira metade do século XVI italiano, muitas vezes chamado de "alta Renascença".

O novo estilo é deliberadamente monumental, com uma grandeza material e uma amplitude de concepção que sugerem o absoluto. Tem também um quadro de referência radicalmente clássico, porque parte de Roma e em Roma respira o próprio ar da Antiguidade; a experiência direta com a arquitetura e a estatuária romanas condicionará então todas as inovações. Ademais, em Roma, no âmbito da Igreja e especificamente do papado, a visão humanista do homem e da história já enunciada no início da Renascença será reformulada em termos tão universais que desbloqueará o *impasse* pietista do final do século XV. "Catolicidade" de fato volta a significar "universalidade", e o fato *religioso* é agora articulado numa chave *antropológica*. Há também a consciência de se viver um novo tempo e, na geração seguinte, o historiador Giorgio Vasari falará da "era perfeita" das artes, vendo nos mestres do início do século – e sobretudo em Michelangelo – o amadurecimento definitivo daquilo que toda a cultura visual do mundo mediterrâneo se propôs desde a Antiguidade, isto é: uma arte capaz de comunicar a beleza e a força vital da própria natureza, mãe de todas as coisas.

Os inícios entre Roma e Florença

No esquema de Vasari, o verdadeiro inventor da alta Renascença é Michelangelo Buonarroti, profundo conhecedor da arte clássica desde a adolescência. Já havíamos falado, no capítulo 4, da sua *Pietà* esculpida em Roma em 1497/1498; agora deve ser também lembrada a primeira obra romana do artista, um *Baco* (hoje no Museu Nacional Bargello, Florença) encomendado em 1496 pelo conhecedor e colecionador de estátuas antigas Jacopo Galli. Essa figura em tamanho maior que o natural, representando um jovem deus nu, prepara a colossal estátua na qual Michelangelo aperfeiçoará uma linguagem pessoal: o *Davi*, esculpido entre 1501 e 1504 em Florença para a catedral, mas depois utilizado pela República, que naqueles anos se preparava para defender a própria vida política de inimigos mais poderosos. O paralelismo entre a situação de Florença e a de Israel no tempo de Davi era evidente, e, depois dos anos de Savonarola, parecia natural a todos expressar o conceito político por meio de uma personagem bíblica; quanto a Michelangelo, depois de quatro anos em Roma, era natural que ele revestisse o pastor bíblico com a beleza de um herói antigo. É esse conjunto de circunstâncias, de fato, que leva o artista a articular uma nova síntese de forma e conteúdo: um estilo que é ao mesmo tempo "moderno" e "antigo", "natural" e "clássico", no qual a força e a graça convergem e se completam – um estilo adequado para expressar o máximo potencial do ser humano: sua coragem, sua honra, seu desejo de liberdade.

Leonardo da Vinci também regressou a Florença em 1501, já com cinquenta anos e famoso, com um novo estilo que o público florentino viu pela primeira vez em um cartão exibido naquele ano, representando a *Virgem e o Menino com Santa Ana*. A obra, agora perdida, é conhecida através de uma carta daquele período que a descreve em termos que sugerem a sua proximidade com outras versões leonardianas do mesmo tema: um grande desenho agora em Londres e uma pintura preservada em Paris. Nessas obras voltadas para a interação psicológica e física da Mãe de Cristo com a própria mãe, as figuras apresentam tamanho corporal ainda maior que o dos personagens da *Última Ceia*; e não é de surpreender que alguns anos depois o mais jovem Michelangelo tenha seguido o exemplo, ampliando as figuras em relação ao campo de visão de uma de suas pinturas, a famosa *Sagrada Família* em formato redondo, encomendada por Agnolo Doni e sua esposa Maddalena Strozzi (agora na Galeria Uffizi).

Executado após a conclusão do *Davi* em 1504 e pouco antes do regresso do artista a Roma em 1506, o *Tondo Doni* – com figuras de "*ignudi*" e uma *Madonna* musculosa – anuncia claramente a linguagem pictórica da Capela Sistina.

Enquanto Michelangelo cria o *Tondo Doni*, chega a Florença um artista da Úmbria de vinte e dois anos, Raffaello Sanzio de Urbino, filho do pintor Giovanni Santi e aluno de Pietro Perugino. Rafael assimilou imediatamente alguns elementos do estilo de Leonardo, criando uma série de madonas com a largura corporal das figuras leonardianas e tamanho semelhante em relação ao campo visual. A novidade dessa expressão "florentina" de Sanzio, de vinte e dois anos, fica clara se olharmos para uma pintura assinada e datada por ele pouco antes de deixar a Úmbria, *As Bodas da Virgem* (Pinacoteca di Brera, Milão). Datada de 1504, a obra ainda preserva as delicadas proporções figurativas apreciadas pelos artistas do século XV e mostra uma estreita dependência de Perugino, ainda que o aluno supere o mestre na capacidade de unificar e animar a composição. É claramente devida a Perugino a solução composicional de um templo clássico ao fundo como centro do sistema de perspectiva; uma alusão iconográfica ao templo de Jerusalém e à igreja *sponsa Christi* figurada em Maria.

Bramante, Michelangelo e Rafael em Roma

O templo nas *Bodas* de Rafael deriva de um edifício então em construção em Roma, o chamado "templete" encomendado dois anos antes ao concidadão de Sanzio, Donato Bramante de Urbino, para o claustro de São Pedro em Montorio. Nessa estrutura, Bramante faz a transição, já ilustrada em Leonardo, Michelangelo e Rafael, para uma linguagem mais monumental, libertando-se completamente dos resíduos do século XV. A obra, de pequenas dimensões, tem enorme importância porque, enquanto a construía, o arquiteto recebeu a tarefa de projetar o edifício de culto mais colossal que já existira até então: a nova Basílica de São Pedro no Vaticano. O cliente da basílica era um sobrinho de Sisto IV, o Papa Júlio II, que pretendia substituir a já imensa estrutura erguida por Constantino no século IV por uma vasta igreja – "universal" tanto na escala como na linguagem arquitetônica –, capaz de comunicar a visão eclesial particular e o pluralismo cultural que transparece em outras obras do seu pontificado. Bramante irá satisfazê-lo ao desenvolver um projeto de cruz grega encimado por uma cúpula que evoca a do antigo Panteão: uma estrutura cristã com o peso concreto e a espessura tridimensional da Antiguidade pagã, que reconecta, portanto, a Roma dos papas à dos césares.

A basílica por construir foi o elemento dominante em um plano ainda maior, iniciado por Bramante dois anos antes, que incluía a ampliação e modernização do palácio papal adjacente. As duas estruturas – a imensa basílica e o palácio ampliado – sugerem então a imagem do poder papal que Júlio II pretendia projetar para pôr fim aos séculos de exílio e cisma. Esses monumentos também dariam forma concreta ao sonho de restaurar a glória de Roma, criando uma "cidade dentro da cidade", cujas características arquitetônicas só eram comparáveis às da antiga capital imperial. Não é por acaso que as soberbas obras de escultura greco-romana encontradas na Urbe naqueles anos foram colocadas no nível mais alto do complexo palatino de Bramante, quase como para simbolizar a ligação cultural entre a Igreja e o antigo império do qual esta se considerava herdeira.

A nova basílica deveria conter um monumento escultórico, o túmulo do próprio Júlio II, que o papa confiou a Michelangelo. Este o concebeu como uma imponente estrutura arquitetônica com mais de dez metros de comprimento e sete metros de largura, com quarenta estátuas, quase o dobro do tamanho natural. As obras criadas ou iniciadas para o túmulo são os *Prisioneiros* (agora em Paris e Florença) e o *Moisés* em São Pedro em Vincoli, em Roma, onde – com modificações profundas e reduções drásticas – o monumento foi realizado após a morte do pontífice, que ocorreu em 1513.

Antes de iniciar os trabalhos no túmulo, porém, Michelangelo foi forçado a realizar outro projeto de Júlio II: a conclusão da decoração com afrescos da capela construída pelo tio do pontífice, o Papa Sisto IV. Os componentes arquitetônicos e escultóricos que Buonarroti acabara de imaginar para o túmulo foram então traduzidos na ilusão pictórica da abóbada, na qual, em vez das estátuas desenhadas para os cantos do primeiro plano do túmulo (das quais apenas o *Moisés* teria sido feito), Michelangelo pintou *Profetas* e *Sibilas* em afrescos e, em vez dos *Prisioneiros* de mármore, colocou os *Ignudi* pintados.

Essa origem conceitual explica o impacto da abóbada, a força avassaladora do todo e das figuras individuais. Michelangelo, embora pintasse, pensava em arquitetura e sobretudo em escultura. Consequentemente, apesar dos tons ensolarados e das nuances cromáticas reveladas pela recente restauração, os valores dominantes da abóbada permanecem *plásticos*: tridimensionais e escultóricos. O drama humano que em Rafael será expresso pela coralidade do movimento, e em Bramante pela progressão de espaços e volumes, em Michelangelo concentra-se nos corpos sublimes e heroicos "esculpidos" na abóbada da capela papal. A lição das grandes esculturas antigas então trazidas à luz – o *Laocoonte* e o chamado *Torso Belvedere* – é transposta do uso literal (nas esculturas imaginadas para o túmulo) para a evocação poética (dos afrescos realizados para a abóbada). E, relutantemente forçado a pintar as histórias bíblicas decididas por Júlio II, Michelangelo aperfeiçoou um estilo em que o próprio corpo humano se torna *história*, um "relato" tridimensional que envolve (até corporalmente) aqueles que o olham.

Nessa capela do sucessor de Pedro – do papa, isto é, detentor do poder do perdão confiado por Cristo no sinal das chaves –, o programa diz respeito ao pecado humano, ofensivo porque desleal para com um Deus bom que perdoa. Quem entra na Capela Sistina pela porta principal (leste), olhando para o alto nas cenas pintadas na zona central da abóbada, vê que, apesar de ter conhecido a salvação, um filho de Deus volta a cair no pecado (*A embriaguez de Noé*). Vê que a ira de Deus atinge os pecadores, ainda que a sua misericórdia salve uma parte deles (*Dilúvio universal*), e que, salva, a raça humana oferece sacrifícios a Deus (*Sacrifício de Noé*). Porém a revolta contra Deus faz parte da natureza humana desde os primeiros pais (*Pecado Original* e *Expulsão do Paraíso*), ainda que Deus tivesse se preocupado com que o ser humano fosse feliz, dando a Adão, sua criatura, uma companheira (*Criação de Eva*); Deus já havia revelado o seu amor, fazendo o homem à sua própria imagem, belo no desejo de tocar o Criador (*Criação de Adão*: fig. 18). Antes mesmo de criar o homem, ele embelezou o mundo, abrindo as mãos para fazer chover sobre a terra as sementes de sua bondade (*Criação das plantas*), e com uma força tremenda, ainda antes disso, colocara os grandes luminares acima da terra (*Criação do sol e da lua*). No último painel – aquele que está acima do altar, que constitui o início do percurso narrativo –, o visitante contempla o primeiro e inconcebível ato do poder divino em favor do homem, quando "a terra era informe e deserta e as trevas cobriam o abismo e o Espírito de Deus pairava sobre as águas", e "Deus disse: 'Haja luz!' E houve luz. Deus viu que a luz era boa e Deus separou a luz das trevas" (*Separação da luz das trevas*; cf. Gn 1,2-4). Finalmente, acima do altar papal está o profeta Jonas, a quem o Altíssimo ensina que, Criador de todos, Deus tem misericórdia para com todos, até pelos pecadores (Gn 4,11).

O apurado horizonte teológico de Júlio II e dos humanistas de sua corte também transparece no programa executado pelo jovem Rafael enquanto Michelangelo trabalhava na Capela Sistina: um ciclo de afrescos eclesiológicos no apartamento de Júlio II (as chamadas *"stanze* de Rafael"). A mais famosa dessas salas é a biblioteca do pontífice, posteriormente denominada "Stanza della Segnatura" ["Sala da Assinatura"], na qual aparecem nas duas paredes principais duas assembleias de personagens, cujas poses e proporções derivam do repertório da escultura clássica. Uma das assembleias é cristã, formada por teólogos agrupados em torno de um altar onde está exposta a eucaristia (a *Disputa do Sacramento*); a outra é pagã, com Platão, Aristóteles e outros filósofos gregos e romanos num salão titânico que antecipa as formas da nova basílica do Vaticano, então recém-iniciada (a *Escola de Atenas*). Permanecendo entre os dois afrescos, o visitante renascentista deve ter-se percebido no "transepto", por assim dizer, da basílica em construção, ao longo de cuja nave avançam grandes pensadores do mundo antigo em direção ao altar localizado no afresco oposto. Um humanista poderia sentir-se participante do "progresso" milenar do espírito humano: do paganismo greco-romano, passando pelo presente, até à eternidade de Cristo já vislumbrada, através da fé, no sinal apresentado diante da humanidade na Igreja, a eucaristia.

Nesses extraordinários afrescos, Rafael revela-se um narrador brilhante, capaz de traduzir as indicações programáticas dos teólogos e humanistas da corte em cenas pulsantes da vida. A evolução do seu estilo, desde as *Bodas da Virgem*, em 1504, até esses grandiosos dramas pintados apenas cinco ou seis anos depois, é surpreendente: na sua capacidade de organizar um grande número de pessoas em nobres ambientes arquitetônicos, ele evidentemente dominou a tradição florentina da primeira metade do século XV; na inspiração com que ele anima intencionalmente seus personagens, orquestrando seus gestos e olhares, parece ter compreendido perfeitamente a lição da *Última Ceia* de Leonardo; e, na monumentalidade das figuras individuais, especialmente na *Escola de Atenas*, ele viu claramente os trabalhos então em curso na adjacente Capela Sistina. Por exemplo, o filósofo da *Escola* sentado em primeiro plano – aquele ligeiramente à esquerda do centro do observador, com a pose contorcida, apoiado num bloco de mármore enquanto escreve – evoca intencionalmente o estilo usado por Michelangelo para os profetas da abóbada.

Com efeito, esse mesmo filósofo – Heráclito –, além de "evocar" Michelangelo, *é* Michelangelo! Ou seja, Rafael deu os traços do pintor da Capela Sistina ao pensador atormentado pela instabilidade das coisas. Da mesma forma deu o rosto de Leonardo da Vinci a Platão, reconhecendo no velho mestre florentino um papel semelhante ao do fundador do pensamento ideal, e ao matemático Euclides, que se abaixa para fazer um desenho geométrico no grupo do primeiro plano à direita, deu a aparência de Bramante! Essa inclusão de artistas vivos nos papéis de grandes pensadores do passado proclama que a grandeza intelectual da Grécia antiga ainda está viva na arte da Roma moderna! Colocados no interior do salão que evoca a basílica em construção do Vaticano e em frente ao altar com o ostensório da *Disputa*, esses modernos filósofos da arte tornam-se sinais de uma "presença real", na Igreja da primeira parte do século XVI, daquela mesma genialidade que moldou os primórdios da cultura antiga.

O início do século XVI no Norte

O novo século também viu o surgimento de grandes artistas no norte da Europa, especialmente na Alemanha. Esses, no entanto, trabalhavam em um contexto cultural ainda gótico: o capítulo 3 mencionou, no final, a longevidade da arquitetura gótica tardia, que se estende em grande parte para além do século XVI, e o capítulo 4 mencionou pintores e escultores nórdicos da segunda metade do século XV que, embora acolhessem algumas das inovações italianas, preservaram, no entanto, mais ou menos integralmente a linguagem figurativa e decorativa do final da Idade Média. Roma estava longe, o humanismo ao norte dos Alpes tinha tomado outros caminhos e as mensagens emanadas pelo Vaticano tornaram-se cada vez menos compreensíveis com o passar dos anos.

No entanto, mesmo na Alemanha nasce uma arte monumental capaz de narrar a experiência humana em termos universais. Entre as obras mais impressionantes está um políptico pintado por Matthias Grünewald para a igreja do mosteiro de Santo Antônio Abade em Issenheim, Alsácia, iniciado em 1510, enquanto Michelangelo ainda pintava os afrescos na abóbada da Sistina em Roma. É um retábulo de algumas camadas que pode ser aberto, como o feito oitenta anos antes pelos irmãos van Eyck para a Catedral de Gante, mas ainda maior, com mais de 3 metros de altura e 5 metros de largura, quando aberto. Ao contrário do retábulo de Gante, as figuras ocupam toda a altura das portas, e não dois níveis sobrepostos, e assim – como já no retábulo de Hugo van der Goes para Tommaso Portinari, que foi tratado no capítulo 4 – possuem uma verdadeira monumentalidade, com algumas figuras maiores do que o tamanho natural. Há também alusões "antigas", como a figura musculosa e seminua de São Sebastião na porta lateral externa à esquerda, que evoca de longe a escultura clássica.

O interesse do políptico, porém, não depende de quaisquer referências à arte italiana, mas sim da exaltação da veia comovedora nórdica, já mencionada nas páginas do capítulo 3, relativas ao crepúsculo da Idade Média. A imagem principal do políptico fechado é na verdade uma *Crucificação* em que o corpo torturado de Cristo, muito maior do que as outras figuras presentes, retoma intencionalmente a comovente tradição da *Pietà* e do *Homem das Dores*, mas com uma violência nunca antes vista (fig. 19). A pele com as mil feridas da flagelação, a cabeça coroada de espinhos que penetram sob a pele, os dedos das mãos pregadas que se abrem em súplica angustiada: com a atenção nórdica aos detalhes, Grünewald ilustra a descrição de Isaías do Servo de Yhwh, que a Igreja aplica a Cristo na Sexta-Feira Santa: "O seu aspecto estava tão desfigurado que não tinha mais aparência humana, e a sua forma era diferente da dos filhos de homem..." (Is 52,14b).

Estamos no lado oposto do Adão daquele mesmo período da Capela Sistina, belo e poderoso como o Deus à cuja imagem foi criado. Mas o retábulo de Issenheim não se destinava a servir humanistas e visitantes ilustres da corte pontifícia, mas sim aos pacientes do hospital gerido pelo mosteiro, com doenças de pele incuráveis. É nesse sentido que devemos ler tanto a exacerbação dos aspectos comoventes, na *Crucificação* externa, como a idealização extrema da figura maior visível com as portas abertas, um *Cristo ressuscitado* com uma pele muito branca, intacta, perfeita, que explode a partir do túmulo em um brilho de luz. Esse *Ressuscitado* está pintado, de fato, justamente atrás da porta onde, com o retábulo fechado, se vê o corpo torturado do *Crucifixo*.

O outro grande mestre alemão da primeira parte do século XVI foi Albrecht Dürer, nove ou dez anos mais velho que Grünewald. Enquanto Grünewald exaltava a tradição nórdica, Dürer, embora lhe permanecesse fiel, esteve aberto à arte renascentista italiana desde a juventude, fazendo duas viagens à Península: em 1495, aos vinte e quatro anos, e novamente em 1505/1506. Um de seus desenhos a caneta de 1494 (Albertina, Viena), que reproduz com exatidão uma cena mitológica gravada por Andrea Mantegna um ano antes – a *Briga entre divindades marinhas* –, sugere o fascínio que a erudita arqueologia renascentista exerceu sobre o jovem, que então compreendeu também o interesse e a utilidade das artes gráficas; nesse campo, Dürer se tornará de fato um dos maiores mestres de todos os tempos, produzindo gravuras únicas e séries de gravuras que o tornarão famoso internacionalmente.

Duas de suas gravuras, *Adão e Eva* de 1504 e *O Cavaleiro, a Morte e o Diabo* de 1513, sugerem como Dürer foi capaz de "germanizar" as formas e ideias italianas. Na primeira obra, realizada no mesmo ano em que Michelangelo concluía o *Davi* em Florença, a figura do primeiro homem é inspirada na escultura antiga, assim como a de Eva. Mas os dois nus são desenhados com uma energia linear nervosa, inteiramente nórdica, e a árvore da qual extraem o fruto proibido revela um gosto igualmente nórdico por detalhes microscopicamente realistas; vários animais (um rato, um gato, um coelho, um boi, um carneiro, um papagaio) recordam a tradição flamenga do simbolismo oculto, mesmo que aí o significado da sua inclusão seja moralizante, e não teológico. Da mesma forma, no *Cavaleiro, a Morte e o Diabo*, a nobre figura central, que alude ao *miles christianus* descrito pelo humanista Erasmo de Roterdã, é italiana: deriva do monumento equestre a Bartolomeo Colleoni, criado por Andrea Verrocchio em Veneza entre 1470 e 1480. As figuras caricaturadas da Morte e um monstro representando Satanás fazem parte do repertório fantástico amado por outros mestres nórdicos como Schongauer e Bosch.

Dürer conhecia bem Veneza, para onde regressou durante a sua segunda viagem à Itália, no outono de 1505. No ano seguinte pintou um retábulo para a comunidade alemã residente na cidade em que é clara a influência da arte veneziana: é uma *Madonna do Rosário*, hoje na Galeria Nacional de Praga, com um anjo tocando alaúde aos pés de Maria, como nos retábulos de Giovanni Bellini, artista que Dürer admirava. A obra contém retratos realistas do imperador Maximiliano e do Papa Júlio II ajoelhados diante de Maria e do Menino, que os coroam com guirlandas de rosas. Mais tarde, o mestre alemão afastou-se de fórmulas devocionais semelhantes, procurando uma arte adequada às novas ideias religiosas da época, como sugerem as figuras estatuárias dos *Quatro*

Apóstolos apresentadas por Dürer à sua cidade natal, Nuremberg, em 1526; não é por acaso que um dos apóstolos em primeiro plano é São Paulo, em cujos escritos Martinho Lutero baseou a doutrina da *sola fides*, e abaixo das quatro figuras heroicas (João, Paulo, Pedro e Marcos) estão citações de seus escritos na tradução alemã do ex-frade agostiniano. No ano anterior (1525), Nuremberg havia de fato abraçado o credo luterano.

Outro dos pintores desse período, Lucas Cranach, o Velho, é amigo pessoal do reformador, de quem pintou vários retratos. De todo modo, várias tentativas de inventar uma "iconografia luterana" foram inconclusivas, e Cranach é mais lembrado por pinturas da primeira e segunda décadas do século XVI, como as que colocam temas católicos tradicionais no meio das florestas alemãs (*São Jerônimo Penitente no Deserto*, 1502, Viena; *Crucificação*, 1503, Munique), as alegorias moralizantes (*A morte e a donzela*, 1517, Basileia) e os seus esplêndidos retratos (*Johannes Cuspinian*, 1502, Winterthur). Outros mestres que são analogamente "católicos" em sua estrutura iconográfica são Albrecht Altdorfer (*Natividade da Virgem*, 1521, Munique) e Hans Baldung Grien (*Descanso na Fuga para o Egito*, 1512-1215, Nuremberg, em que o cenário encantador de lagos e montanhas trai a predileção de quase todos os pintores alemães pela paisagem). A temática paisagística fascinou também o mestre flamengo Joachim Patenir, que a tornou protagonista em obras cujo tema bíblico ou hagiográfico se reduzia a pouco mais que uma vinheta (*São Jerônimo no deserto*, 1520, Louvre).

Numa era de tensão crescente e de conflito doutrinário aberto, há de fato, especialmente na Alemanha, uma tendência para "secularizar" os assuntos religiosos: um excelente exemplo é *Cristo no túmulo*, de Hans Holbein (1521, Basileia), no qual o corpo de Salvatore deitado parece um cadáver qualquer. Mesmo a bela *Virgem do Burgomestre Meyer*, obra desse artista (1525-1528, Darmstadt), é mais um retrato de grupo da família do cliente, Jacob Meyer, do que uma verdadeira imagem sagrada; a obra tem então um valor mais confessional do que devocional, já que Meyer era de Basileia, onde a Reforma estava em alta na época, e a escolha do tema mariano foi para proclamar a lealdade dos Meyers à fé antiga. Da mesma forma, os artistas católicos de Flandres, ao mesmo tempo que reproduzem as fórmulas de Rogier van der Weyden (Quentin Metsys, Joos van Cleve), muitas vezes enquadradas em suntuosas arquiteturas clássicas (Jan Gossaert, Bernard van Orley), não são capazes de devolver aos temas sagrados a interioridade mística do século anterior, e neles se percebe que se aproxima um mundo secularizado e "moderno".

A Itália da "maneira" e da arte veneziana

Na própria Itália, a influência do novo estilo romano gerou respostas diferentes, resumidas no conceito contemporâneo de "maneira" e no conjunto de tendências que a crítica moderna chama de "maneirismo". Em Florença, a emulação imediata dos modelos romanos produziu primeiro um classicismo com fortes ecos rafaelescos (Andrea del Sarto, *Natividade da Virgem*, 1514, e Jacopo da Pontormo, *Visitação*, 1516, ambas na basílica da Santíssima Annunziata), e depois uma reação "anticlássica", que parece querer negar os princípios da alta Renascença de equilíbrio formal e distanciamento emocional. O artista que primeiro se libertou do encanto romano foi Rosso Fiorentino, numa *Deposição* de 1521 (Volterra), em que o único elemento estruturante – a cruz dramática que persiste quase em primeiro plano – não suporta as figuras: o centro da composição está de fato vazio, e o corpo de Cristo cai para a direita, ao passo que quatro homens em posições precárias na escada discutem sobre como suportar o seu peso. As figuras da parte inferior estão igualmente "desequilibradas", física e sobretudo psicologicamente, com João, o discípulo amado, à direita, cobrindo o rosto devido à dor intolerável. As cores, derivadas de Michelangelo, destacam-se como que sob a luz branca de holofotes, mudando de tom e de valor ("cores iridescentes"), enquanto a superfície pictórica se dissolve em passagens de pura mistura de materiais. Até mesmo o "classicista" Pontormo também se converteu e, entre 1523 e 1524, pintou um ciclo de afrescos em um mosteiro nos arredores de Florença, a Certosa di Galluzzo, na qual emergem as qualidades que Giorgio Vasari chamaria de "estranheza" e "extravagância". Em vez da espacialidade racional e quase mensurável da tradição da perspectiva florentina, Pontormo explora o potencial *emotivo* da densa sobreposição de figuras em primeiro plano, inspirando-se nas gravuras de Albrecht Dürer que então circulavam na Itália. Sufoca o espaço, obrigando o espectador a suportar a intimidade caótica dos acontecimentos.

Nos mesmos anos, teve início em Florença um projeto muito mais importante: a Sacristia Nova de Michelangelo em São Lourenço, uma obra grandiosa destinada a marcar toda a arte europeia dos séculos XVI e XVII. O sucessor de

Júlio II, o florentino Leão X da família Médici, pediu a Michelangelo a construção e o embelezamento de uma magnífica capela fúnebre para alguns membros da sua família na igreja de São Lourenço realizada pelos Médici no século XV. Os dois túmulos concluídos, nas paredes leste e oeste da sala, invadem o espaço com a força plástica dos corpos monumentais que – nos nichos acima dos sarcófagos e nos frontões – descem em cascata. Ou seja, Michelangelo transformou o plano das paredes em escultura, como havia feito com a falsa arquitetura da Capela Sistina, desenvolvendo ao máximo a tendência de engrandecer os músculos e de complicar as poses dos personagens, que agora pertencem a um mundo inatingível. Toda essa força, no entanto, não tem um propósito narrativo nem um sentido dramático preciso, mas conota uma condição ideal de existência: ao contrário dos profetas e sibilas da Capela Sistina, as figuras musculosas masculinas e femininas dos sarcófagos dos Médici não fazem parte de uma história, mas permanecem fechados em si mesmas. São na verdade figurações de conceitos: "Noite" e "Dia", "Aurora" e "Crepúsculo". O significado da alegoria é que a sucessão implacável de dias e noites, de auroras e crepúsculos, consumiu a vida dos dois falecidos, condenando-os à morte.

Uma pintura da mesma época aplica essas inovações de Michelangelo a um tema sagrado tradicional: o *Transporte de Cristo ao sepulcro* [conhecida erroneamente como "deposição"] na igreja florentina de Santa Felicidade (1525-1528). O autor, Pontormo, explicita o traço trágico das figuras da Sacristia Nova: o desnorteamento das suas personagens – os rostos angustiados, os olhos esvaziados de toda esperança –, a sua instabilidade física e psicológica e a paradoxal alegria das cores sugerem o clima desses anos, que testemunharam a invasão brutal da Itália por exércitos estrangeiros e o trauma da Reforma luterana. Com essa obra, concluída enquanto as tropas de Carlos V saqueavam Roma, terminou a alta Renascença como a vimos na Capela Sistina e nas *Stanze* de Rafael; findam-se o otimismo e o sentido da capacidade humana de conferir ordem ao mundo. Aí, em vez da inteligência, da liberdade e da dignidade da pessoa humana celebradas entre o século XV e o início do século XVI, encontramos uma terrível desorientação intelectual e moral; em vez do cenário arquitetônico apreciado pelos pintores da época, aí nada estrutura o espaço: tudo oscila, tudo gira em torno de um centro vazio.

Veneza e o norte da Itália

A arte veneziana contemporânea, porém, permanece ancorada na experiência natural, longe da angústia e da excentricidade maneirista. Uma pintura concluída nos mesmos anos do *Transporte de Cristo* de Pontormo, o *Sepultamento de Cristo* de Ticiano Vecellio (1516-1526, Louvre: fig. 20), sugere a distância entre a arte da Sereníssima e a da escola florentina. Embora as personagens tenham a amplitude corporal do século XVI, tão diferente do cânone veneziano do século XV, e embora o Cristo poderoso revele até mesmo os conhecimentos atualizados de Michelangelo, o *Sepultamento* é livre de complexidades formais ou emocionais, uma narrativa do evento histórico imperturbável feita pelo psicologismo de Rosso Fiorentino e Jacopo da Pontormo. As figuras, com proporções e emoções "normais", expressam sentimentos compreensíveis: dor, raiva, compaixão. Como verdadeiro veneziano, Ticiano explora também o potencial emocional da natureza, situando o acontecimento em um jardim, como nos diz o Evangelho (cf. Jo 19,41). A noite iminente e os ramos finos recortados contra o céu realçam a solidão do pequeno grupo, do qual Ticiano exclui o espectador, deixando os ombros e o rosto de Jesus na sombra, para que sintamos a comoção de quem por acaso testemunha a dor privada dos outros. A sombra sobre o rosto de Cristo, que vem do homem da direita, José de Arimateia, "protege-o" de qualquer curiosidade indiscreta; o brilho prateado da veste vermelha de José de Arimateia, assim como a tez cálida de Nicodemos aos pés de Cristo, contrasta deliberadamente com a lividez do corpo de Jesus, ainda mais dramatizado pelo branco fulgurante do lençol.

As capacidades interpretativas e pictóricas que Ticiano demonstradas nessa obra são o fruto de vinte anos de evolução da arte veneziana, a partir do mestre de quem Ticiano havia sido colaborador durante algum tempo, Giorgione da Castelfranco. É famosa a única obra monumental de Giorgione, um retábulo para a catedral de sua cidade natal (1504), em que é evidente a busca pela harmonia espiritual e formal. O curioso posicionamento de Maria, no alto de um trono sobre um pedestal que repousa sobre o altar, é uma tentativa de dar sentido pleno à parte superior da composição. Onde, nos retábulos de altar de formato vertical, o espaço acima das personagens era normalmente vazio, articulado apenas pela arquitetura do ambiente imaginário e, portanto, separado do sentido narrativo, Giorgione quer reconectar o "alto" com o "baixo", animando a cena em cada área. Combina perfeitamente a ordem hierárquica arcaica deduzida da arte bizantina, que coloca a personagem mais importante em uma posição elevada, com a intimidade de obras modernas como a *Nossa Senhora das pequenas árvores* de Bellini, para criar uma imagem que é pública e privada, monumental e íntima, em que o significado teológico e o significado humano se sobrepõem. Maria e seu Filho são figuras "celestiais" e "terrestres", inatingíveis – não se sabe como chegaram ao alto pedestal –, mas imersas na natureza, acariciadas pelo mundo que as envolve.

As inovações do retábulo de Castelfranco Veneto constituem o ponto de partida para um retábulo executado por Ticiano em 1511-1512: *São Marcos entronizado com santos* (Santa Maria della Salute, Veneza). A composição piramidal, com os santos na base e o evangelista sobre um pedestal, deriva obviamente de Giorgione, assim como a abertura para o mundo na parte superior da imagem: não é uma paisagem, mas o céu veneziano como é visto a partir das ilhas da laguna, abrangente em sua extensão, inebriante em sua intensidade. Na concepção das figuras, porém, percebemos uma qualidade completamente ausente na arte de Giorgione: uma monumentalidade comparável ao que, nos mesmos anos, os artistas a serviço de Júlio II articulavam em Roma; São Sebastião em primeiro plano à direita, por exemplo, reinventa a figura semelhante no retábulo de São Jó, de Bellini, por meio da experiência da arte antiga e de Michelangelo. Mas Ticiano introduz também uma série de elementos completamente originais: a gama cromática sinfônica, que se torna uma componente estrutural da imagem, definindo o seu percurso visual através de grandes áreas de cor intensa; a assimetria das colunas da direita que, ao mesmo tempo que satisfaz a necessidade de enquadramento arquitetônico, anima e abre a composição; e a sombra luminosa no rosto da personagem principal, São Marcos, como se estivesse sentado ao sol, mas sob uma tenda. A sombra que vela o padroeiro de Veneza talvez tenha a função de focar a atenção do espectador nos santos que circundam o pedestal: os santos médicos Cosme e Damião, São Roque mostrando o ferimento na perna direita e São Sebastião com duas flechas. São santos invocados em tempos de peste, e a encomenda do retábulo parece coincidir com o fim da peste que assolou a cidade lagunar em 1510.

Ticiano desenvolveria ao máximo as ideias do *São Marcos no trono* na grande pintura que se iniciaria sete anos depois, a *Madonna de Ca' Pesaro*, em que a assimetria composicional e a iluminação em movimento tornam-se princípios absolutos, antecipando o barroco. Nesse retábulo, criado entre 1519 e 1526 para o altar da nobre família Pesaro na basílica dos franciscanos em Veneza, a arquitetura não é mais apresentada frontalmente, mas na diagonal; o alto pedestal de Maria é deslocado do centro para a direita, e o formato tradicional da conversa sagrada é animado através de olhares e gestos que animam tanto a composição material das figuras como as relações psicológicas entre elas. As grandes áreas de cor, que no *São Marcos entronizado* estruturaram um percurso visual simples, são agora multiplicadas e refinadas para oferecer variações tonais sofisticadas, enquanto um controle magistral da sua paleta permite a Ticiano realçar – através de finas veladuras e impastos quase esculturais – a materialidade diferente do cetim e do brocado, do linho muito alvo e da seda brilhante.

Ligado à *Madonna de Ca' Pesaro* está o colossal retábulo executado alguns anos antes para o altar-mor da mesma igreja, a *Assunção*, obra em que Ticiano inaugura o seu estilo maduro. A basílica veneziana dos franciscanos é dedicada a Santa Maria gloriosa dei Frari, e essa pintura, encomendada pelo prior da comunidade em 1516, quis expressar essa "glória": a explosão de luz na parte superior do retábulo comunica a sua incandescência e, dada a localização do altar-mor em frente às janelas da abside, tem também a função de contrastar o deslumbrante brilho natural com uma luz sobrenatural ainda mais intensa. Essa solução pictórica, semelhante às soluções que encontramos nas *Stanze* de Rafael no Vaticano, é um dos vários pontos de convergência entre a arte de Ticiano e o estilo aperfeiçoado em Roma nos cinco anos anteriores.

A extraordinária capacidade pictórica e composicional de Ticiano não tem paralelo nos anos 1520-1530, nem em Veneza nem em qualquer outro lugar do norte da Itália. O mestre do Vale do Pó Antonio Allegri, conhecido como Correggio, talvez seja a única exceção. Tendo se formado inicialmente nos modelos lombardos e leonardianos, ele instalou-se depois em Parma, onde ficou fascinado pelo estilo de Rafael e talvez também pela arte veneziana. Uma *Conversa sagrada* que remonta a cerca de 1523 (Parma) sugere a capacidade de Correggio de combinar estas diferentes influências: uma doçura que nos remete ao momento leonardiano do próprio Rafael é traduzida em formas monumentais que lembram os afrescos das *Stanze*, ao passo que a composição organizada por diagonais faz com que pensemos na contemporânea *Madonna de Ca' Pesaro* de Ticiano; até mesmo a perna esquerda da criança, projetada em um forte escorço, parece desenvolver um motivo semelhante da obra de Ticiano.

Correggio é conhecido sobretudo como o inventor do "céu" ilusionista, isto é, o artista aperfeiçoou as experiências de Andrea Mantegna e de outros mestres do século XV na representação de escorço dos corpos e objetos, de modo a transformar o dorso interno de uma cúpula em um populoso céu aberto. Essa técnica, que os franceses chamam de *trompe-l'oeil* (literalmente, "engana os olhos"), foi aplicada por Correggio à cúpula da igreja beneditina de São João Evangelista em Parma, entre 1520 e 1523, em que a esplêndida figura de Cristo ascendendo em uma explosão de luz lembra simultaneamente Rafael e Ticiano, ao passo que os musculosos apóstolos fazem lembrar as figuras dos *ignudi* da abóbada da Capela Sistina. Essa obra, juntamente com a contemporânea *Assunção da Virgem* na cúpula da catedral de Parma, marca a maturidade de uma tradição ilusionista que desenvolve a interatividade já mencionada para a *Última Ceia* de Leonardo e a *Disputa* e *Escola de Atenas* de Rafael: sob as cúpulas de Correggio, assim como no refeitório milanês e na *Stanza* da Assinatura, o fiel é envolvido pelo mundo ideal em que acredita, tornando-se participante direto do drama sagrado da *historia salutis*.

Os mesmos termos – ilusionismo, participação, drama – caracterizam a experimentação lombarda e piemontesa daquele mesmo período, com verdadeiros e próprios "teatros" de devoção: capelas nas quais o fiel se encontra frente a frente com acontecimentos bíblicos interpretados por figuras policromadas de terracota, de tamanho natural, com perucas e barbas postiças, movendo-se em frente ao palco; organizadas em série nas encostas de um monte, diversas capelas constituem um "monte sacro". O primeiro sítio assim configurado está em Varallo, na Valsesia; fundado no final do século XV por um franciscano observante, Frei Bernardino Caimi, para recriar a emoção da peregrinação à Terra Santa, agora impossível devido à deterioração das relações entre a Europa cristã e o Império Otomano, foi desenvolvido nas primeiras décadas do século XVI, e um guia impresso de 1514 lista vinte e oito capelas, algumas das quais, naquela época, estavam ainda em fase de conclusão. O artista responsável por essa primeira fase de expansão do Sacro Monte di Varallo é o lombardo Gaudenzio Ferrari.

As cenas das capelas do sacro monte – construções "multimídia" com escultura, pintura, arquitetura cenográfica, móveis e objetos de uso diário, cortinas e até figurinos feitos de tecidos reais e perucas – são de particular interesse para a história da arte, pois elas sugerem a sobrevivência, ao lado do estilo clássico da alta Renascença romana, de uma forte veia de realismo do século XV. Sugerem, portanto, também o pano de fundo do realismo que, desde a segunda metade do século XVI até todo o século XVII, dará um novo impulso à arte religiosa.

Não muito longe do espírito de Varallo está a arte de Lorenzo Lotto: a sua *Despedida de Cristo à sua Mãe, com Elisabeth Rota* (cerca de 1521, Berlim), por exemplo, retrata a cliente enquanto, lendo, ela imagina a comovente cena de despedida em que Jesus, na casa dos trinta anos, se despede de sua mãe para iniciar sua vida pública. O acontecimento apócrifo está descrito em um livro publicado por volta de 1493, *Devotas meditações sobre a paixão de Nosso Senhor originalmente desenhadas e fundamentadas em São Boaventura, cardeal da ordem menor*, e pode ser que fosse esse volume que Elisabeth Rota tivesse em mãos. Lotto, um homem sinceramente religioso que terminaria sua vida como oblato residente da Santa Casa de Loreto, está entre os mais originais intérpretes dos temas sagrados do Renascimento. A sua *Trindade* para o oratório de uma irmandade de Bérgamo, por exemplo (1523-1524), propõe um esquema completamente novo e cheio de encanto místico: um Cristo ressuscitado sob o Espírito em forma de pomba e diante do Pai disfarçado de ectoplasma! "Ninguém jamais viu a Deus", afirma o prólogo do quarto Evangelho, e Lotto parece interpretar literalmente essa afirmação e a seguinte: "O Filho unigênito, que é Deus e está no seio do Pai, é ele quem o revelou" (Jo 1,18).

A arte da Contrarreforma

A arte religiosa dos últimos dois terços do século XVI foi moldada pelas energias do movimento reformista que, a partir da Igreja Católica, começou a formular respostas às acusações protestantes já na década de 1530. A autoridade pontifícia, contestada por Lutero e pelos outros reformadores de além-Alpes, respondeu com produções arquitetônicas, plásticas e pictóricas de grande escala, cuja forma parece agora calculada em função do "ataque inimigo".

Uma figura emblemática, mesmo em sua ambivalência, da reforma católica e da arte que dela decorre é o romano Alessandro Farnese, eleito papa com o nome de Paulo III em 1534. Após várias tentativas de convocação de um concílio para resolver os problemas da Igreja, finalmente, em 13 de dezembro de 1545, foram abertos em Trento os trabalhos destinados a durar dezoito anos, durante os quais um total de 270 padres conciliares (dos quais 187 eram italianos) produziram uma massa de decretos maior do que todos os documentos produzidos por todos os concílios anteriores na história da Igreja. O clima do mundo católico da época é ilustrado por dois acontecimentos ocorridos nos anos imediatamente anteriores à abertura do concílio: a aprovação dada por Paulo III, em 1540, à ordem religiosa fundada pelo ex-soldado Inácio de Loyola, a Companhia de Jesus, e o estabelecimento em 1542 de uma Inquisição romana com poderes de censura criminal sob a autoridade do Santo Ofício pontifício.

O espírito daquela época pode ser lido na primeira importante encomenda feita por Paulo III após a sua eleição ao trono papal em 1534: o *Juízo Final* na parede atrás do altar da Capela Sistina, para cuja execução Michelangelo foi chamado de volta a Roma. O *Juízo* ocupa toda a parede posterior da capela e, para criá-lo, Michelangelo foi forçado a sacrificar três afrescos preexistentes de Perugino e dois de sua autoria – as lunetas à direita e à esquerda do profeta Jonas – e a proceder ao fechamento das grandes janelas acima do altar. Junto à parede assim tapada, o artista mandou construir outro muro: uma segunda parede tão alta e larga como a original, mas inclinada, com a parte superior ligeiramente saliente. Essa inclinação, que tinha a função prática de evitar a acumulação de pó, aumenta o impacto da imagem, que se impõe com enorme força sobre quem se aproxima do altar; essa imponência é intensificada pelo fato de, nessa capela, onde toda a decoração anterior se encontra cercada por elementos de arquitetura falsa, o *Juízo* não ter moldura, nem falsa nem real. Temos a impressão de que toda a superfície da parede além do altar se dissolveu diante do avanço do Juiz, do qual ninguém poderá se esconder, e perguntamos com as palavras da Escritura: "Quem suportará o dia da sua vinda? Quem resistirá quando ele aparecer?" (Ml 3,2).

Uma restauração do *Juízo Final* concluída em 1994, restaurando o frescor das cores e sobretudo do fundo azul brilhante, confirmou a intenção de Michelangelo de descrever um "dia" cujo céu claro agora não conhece o ocaso, e o irresistível "aparecer" do Senhor morto pelos pecados do mundo. "Eis o Cristo", dirá Vasari nas suas *Vidas* de 1550, "o qual, sentado, com rosto horrível e intrépido, aos danados se dirige, amaldiçoando-os, não sem grande temor de Nossa Senhora, que, envolvendo-se em seu manto, ouve e vê tanta ruína". As proporções do Cristo do *Juízo*, assim como as de todas as outras figuras masculinas e femininas, são titânicas, longe do cânone clássico de Davi, e mais enfáticas do que as do Moisés: não são "bonitas", apenas poderosas. Os corpos são colunas de puro músculo e energia, os olhares são de uma intensidade chocante, e a impressão dos contemporâneos que falaram da "terribilidade" de Michelangelo é também nossa: hoje, como ontem, ficamos espantados diante da grandeza trágica imaginada por Buonarroti para o ser humano, expressada em corpos de poder sobre-humano.

Duas obras daqueles anos sugerem a fé pessoal de Michelangelo. A primeira é um desenho feito para a nobre romana Vittoria Colonna: uma *Pietà* em que o estupendo Cristo morto parece nascer entre as pernas de sua mãe (cerca de 1545, Isabella Stewart Gardner Museum, Boston/MA). Maria, sentada debaixo da cruz da qual foi deposto o seu Filho, com as mãos levantadas no antigo gesto de oração, também parece estar crucificada: figura da Igreja, implora ao Pai que devolva a vida ao corpo do seu Filho, também este uma figura eclesial – praticamente é a Igreja pedindo a Deus pela ressurreição da Igreja. A outra obra pessoal é a monumental *Pietà* em mármore, iniciada por Michelangelo em 1547 e deixada inacabada em 1555, na qual, na figura do velho apoiando o corpo de Cristo, vemos o autorretrato do artista (Museu dell'Opera de Santa Maria del Fiore, Florença). Segundo os seus biógrafos contemporâneos Ascanio Condivi e Giorgio Vasari, Michelangelo pretendia colocar esse grupo escultórico no altar da capela onde pensava que seria sepultado (provavelmente na basílica romana de Santa Maria Maggiore), utilizando-o como monumento funerário. A obra, deixada inacabada em 1555, quando um defeito no bloco de mármore convenceu Michelangelo da impossibilidade de completá-la, reflete com precisão o estado de espírito descrito pelo artista num soneto enviado a Vasari no ano anterior, em que Michelangelo admite não ter mais paz no exercício das artes que haviam sido sua vida: "Nem o pintar nem o esculpir poderão consolar / a [minha] alma [já] dirigida àquele amor divino / que abriu os braços para nos levar na cruz"[1].

De fato, a partir de 1547, quando Paulo III lhe confiou a direção do canteiro de obras da basílica vaticana, a principal atividade de Buonarroti passou

---

1. "*Né pinger né scolpir fie più che quieti / l'anima, volta a quell'amor divino / ch'aperse, a prender noi, 'n croce le braccia*". BUONARROTI, M. *Rime e lettere*, a cura di P. Mastrocola, Torino, UTET, 2006, 285.

a ser a arquitetura. Além do redesenho da cúpula projetada por Bramante em 1506, Michelangelo modificou radicalmente o trabalho de Antonio da Sangallo, o Jovem, seu antecessor imediato no cargo, descartando tanto a planta complicada por ele proposta quanto o desenho do revestimento externo, chegando mesmo a demolir algumas paredes já parcialmente construídas. Numa evolução estilística comparável ao alargamento da figura humana no *Juízo Final*, ele fortalece dramaticamente as paredes estruturais da basílica, tornando-as "musculosas", ao mesmo tempo que, com igual dramaticidade, simplifica a planta, eliminando as colunas imaginadas por Bramante e os corredores em forma de anel de Sangallo. Mesmo que tenha sido outro arquiteto, Giacomo della Porta, a realizar a cúpula de Michelangelo (construída, não sem modificações, apenas nos anos 1588-1590), e ainda outro, Carlo Maderno, quem completará a Basílica de São Pedro, voltando à ideia de uma igreja longitudinal, antes de sua morte em 1564, Michelangelo dará, no entanto, à basílica em construção a "personalidade" unitária que ela ainda hoje comunica, bem como a impressão de uma força colossal.

A "terribilidade" das obras papais de Michelangelo, tal como o *pathos* das suas obras privadas, são, no entanto, exceções em uma época que continua a preferir a certeza estilística da maneira mais adequada aos fins puramente decorativos da maioria dos programas. Um exemplo é a pequena capela do antigo palácio municipal de Florença transformada em palácio pelos novos governantes, Cosimo I de' Médici e sua esposa Eleonora de Toledo, com afrescos de um aluno de Pontormo, Agnolo Bronzino. O estilo deriva de Michelangelo, mas predominam a beleza fascinante dos corpos e o brilho esmaltado das cores. Artista de corte, Bronzino usaria a mesma linguagem culta e elegante fora do palácio, em obras como a *Descida de Cristo à mansão dos mortos* (1552), um retábulo sobrecarregado de alusões de Michelangelo e Rafael, mais aberto à admiração de especialistas do que à devoção dos fiéis (Santa Cruz, Florença).

Entre os mestres do sagrado do período tridentino, talvez o maior seja Jacopo Robusti, conhecido como Tintoretto, veneziano, que entre 1564 e 1588 criou um ciclo de pinturas comparável em interesse iconográfico às grandes obras romanas do início do século XVI. Tintoretto havia começado sua atividade na década de 1560 na chamada Sala dell'Albergo, sede do grupo de gestão (*la zonta*, a "junta") da Scuola Grande de San Rocco. É muito famosa a *Crucificação*, com 12,24 metros de comprimento e 5,36 metros de altura; Peter Paul

Rubens a utilizará, retrabalhando o levantamento da cruz do bom ladrão para um dramático retábulo na catedral de Antuérpia, datado de 1610. Mas igualmente eficazes são as cenas da parede diante da *Crucificação*, onde transparece todo o talento dramático do artista: *Cristo diante de Pilatos*, o *Ecce homo* e a *Subida ao Calvário*. Na verdade, Tintoretto também trabalhou para o teatro, colaborando nas "representações das comédias que se apresentavam em Veneza, inventando para essas [...] muitas curiosidades", segundo o historiador de arte contemporânea Carlo Ridolfi, e nessas cenas ele se revelou como um magistral cenógrafo e diretor. Em *Cristo diante de Pilatos*, por exemplo, o grande pano de fundo arquitetônico da composição angular propõe a "cena trágica" do teatro renascentista, já codificada pelo teórico bolonhês Sebastiano Serlio.

Essa tela foi pintada para a posição em que ainda a vemos, junto a uma janela na parede lateral da sala, e Tintoretto usou a luz natural que entra pela direita como uma fonte luminosa. Assim, o feixe de luz que passa entre as duas primeiras colunas do palácio de Pôncio Pilatos parece "real", e a forte iluminação de Cristo é aceita como inevitável, ao passo que é "natural" que Pilatos permaneça nas sombras, com poucos reflexos de luz na testa (que, no entanto, não atingem os olhos). O Cristo esbelto e solitário, envolvido em um manto branco que se destaca na sombra da *loggia* (referência à túnica alva que Herodes o fez vestir antes de enviá-lo de volta a Pilatos: cf. Lucas 23,11 na versão da *Vulgata*), evoca o efeito dos holofotes do palco da época: a luz de múltiplas lanternas, filtrada através de prismas de vidro e espelhos e canalizada sobre uma figura vestida de branco.

Ao lado de análogas expressões de fé intensas e profundas, na década de 1570, em Veneza, também existia uma arte religiosa mais convencional, cujo principal expoente era o pintor Paolo Caliari, conhecido como Veronese, que, assim como Tintoretto, se inspirou no teatro, embora em Veronese este termo só tenha as conotações modernas de entretenimento e espetacularidade. Em uma pintura de 1573, por exemplo, o *Banquete de Cristo na casa de Levi* (Gallerie dell'Accademia, Veneza), Veronese situa o episódio evangélico numa magnífica arcada diante de uma vista urbana que evoca as cidades ideais da cenografia do século XVI, conferindo atitudes e gestos similarmente "teatrais" aos personagens. Essa pintura é famosa porque, apenas três meses após a sua conclusão, Veronese foi convocado pela Inquisição para explicar uma série de liberdades interpretativas com relação às quais – naqueles anos seguintes ao

Concílio de Trento e no contexto setentrional, exposto ao luteranismo – a Igreja se prevenia. A ata da audiência, fascinante em vários aspectos, é especialmente interessante pela conclusão. Veronese, "interrogado sobre se lhe parecia apropriado que na última ceia do Senhor se pintassem bufões, bêbados, alemães, anões e grosserias semelhantes, respondeu: Senhor, não". A questão é finalmente resolvida com a mudança do título da pintura: não mais a *Última Ceia*, mas o *Banquete na casa de Levi*. No entanto, foi um anúncio claro do processo de secularização que, nos três séculos seguintes, iria perturbar o equilíbrio cultural europeu, dando cada vez mais primazia ao universo laico.

Espanha, Flandres e Holanda

O herdeiro dos grandes mestres venezianos é o pintor cretense Domenico Theotokopoulos, que, após se mudar para a Espanha em 1576, foi chamado de "El Greco". A ilha de Creta – "Candia" – fazia então parte do império marítimo governado pela Sereníssima, e Domenico, nascido em 1541 e formado como pintor de ícones, já havia emigrado para Veneza em 1558, trabalhando também por um período em Roma; após chegar à Espanha, fixou residência em Toledo, cidade permeada pela intensa religiosidade dos santos daquele mesmo período, Inácio de Loyola e Teresa de Ávila. Em uma de suas primeiras obras espanholas, que retrata Cristo despojado de suas vestes antes de ser crucificado (*Expoliação de Cristo*, catedral de Toledo, 1577-1579), fica evidente a influência pictórica de Ticiano, considerado o mestre de Domenico, e sobretudo de Tintoretto, bem como a natureza teatral veneziana. Mas ao mesmo tempo há uma interioridade mística de origem bizantina, que combina bem com as figuras esguias e a composição povoada, emprestadas do maneirismo. Em outra pintura dos primeiros anos espanhóis, a *Trindade* (Prado), El Greco expõe ter conhecimento do estilo de Michelangelo, especialmente no grupo central que representa o Cristo morto nos braços do Pai, que retoma a composição da já citada *Pietà* de Michelangelo – a que foi deixada inacabada por Buonarroti em 1555 e na época ainda em Roma (onde Domenico deve tê-la visto).

A obra-prima de El Greco é *O Enterro do Conde Orgaz*, tela monumental criada para a igreja de São Tomé de Toledo em 1586. A obra encena, em trajes contemporâneos, um acontecimento que remonta a 1323, o sepultamento na igreja do nobre e pio benfeitor, transformando a memória histórica em uma visão interior, mas também espetacular. Na parte inferior da tela, o conde, em armadura cintilante de luz, é colocado no túmulo dos santos Estêvão e Agostinho, na presença de numerosos clérigos e leigos; os paramentos dos santos e do padre que oficia o rito fúnebre são extremamente suntuosos, conforme a tendência da Contrarreforma católica de enfatizar o esplendor contestado pelos protestantes. Na parte superior da pintura, o céu abre-se então para revelar, no centro de uma multidão de santos, Cristo ressuscitado, Maria e São João Batista, prontos para acolher a alma do defunto. É um manifesto programático da cultura católica da época, no qual se exalta o valor eterno das obras, o culto aos santos, a eficácia dos ritos da Igreja, a proximidade mística do céu com a terra. Por fim, a galeria de retratos do grupo de espectadores e a gama de reações espirituais intensas que El Greco registra são extraordinárias: verdadeiras "fotografias" de fervor visionário.

A síntese inovadora dos usos italianos que El Greco realiza na Espanha não tem paralelo no norte da Europa, onde a atração irresistível de Roma e da arte romana, tanto antiga como moderna, não se casa facilmente com as características típicas da arte flamenga, holandesa e alemã. Pieter Coecke van Aelst, um discípulo de Bernaert van Orley, é um exemplo disso: em uma *Última Ceia* de 1531 (Musées royaux des Beaux-Arts, Bruxelas), reelabora o cenáculo de Leonardo da Vinci em chave maneirista, dando à sala onde se realiza a refeição um classicismo acentuado, mas inclui também passagens de naturezas mortas que evocam o simbolismo oculto do século XV flamengo. Começa-se a perder o sentido do sujeito sagrado, que tende a se transformar em uma cena de gênero de cunho moralizante; o *Filho Pródigo* de Jan Sanders van Hemessen (1536, Musées royaux des Beaux-Arts, Bruxelas) e, do mesmo autor, o *Servo Impiedoso* (1550, Universidade de Michigan, Ann Arbor/MI) são exemplos disso. Artistas holandeses que haviam vivido na Itália, como Jan van Scorel e Maerten van Heemskerck, produziram obras religiosas de certo interesse, mas muito cuidadosas para na evocação de modelos itálicos bem conhecidos e demasiado abundantes em citações arqueológicas, dando a sensação de um academicismo mal digerido, de primeira geração. O melhor desses artistas, Pieter Bruegel, o Velho, manteve-se livre de tais afetações, preferindo trabalhar num estilo que os seus contemporâneos associavam ao de Bosch: são assim a sua *Queda dos anjos rebeldes* (Musées royaux des Beaux-Arts, Bruxelas) e o *Triunfo da morte* (Prado, Madri), ambos de 1562. É muito famosa *A Torre de Babel* de 1563

(Kunsthistorisches Museum, Viena), obra em que o artista combina a tradição paisagística flamenga – que remonta a Jan van Eyck – junto com uma "torre" em que o encanto da arquitetura monumental brilha claramente. As imagens mais espirituais de Bruegel, porém, não são seus temas bíblicos ou morais, mas sim paisagens locais com personagens típicos, mas anônimos, como *Os caçadores na neve* de 1565 (Kunsthistorisches Museum, Viena), em que o silêncio do rigoroso inverno nórdico assume um valor quase místico. No entanto, não se trata do mistério cristão, mas do Deus de que falava São Paulo, cujas "perfeições invisíveis [...] foram contempladas e compreendidas desde a criação do mundo através das obras que realizou" (Rm 1,20).

Itália: arquitetura, pintura e escultura do final do século

A quase obsessão pelo mundo clássico que encontramos nos mestres holandeses também foi difundida na Itália, especialmente na arquitetura de Andrea Palladio. Nascido em 1508 em uma família de pedreiros de Pádua, recebeu o nome de Andrea di Pietro, mas foi "rebatizado" com o apelido em alusão à antiga deusa da sabedoria pelo nobre de Vicenza Gian Giorgio Trissino, que se tornou o protetor e tutor de Palladio; com Trissino ele viajou pela Itália e pelo sul da França, estudando arquitetura antiga. A partir dessas experiências, Palladio chegou primeiro ao projeto de residências privadas nobres – palácios e vilas – e depois, na década de 1560, ao projeto de igrejas, que concebeu em termos humanísticos como "templos cívicos". Para dizer a verdade, essa laicidade não desagradou aos clientes eclesiásticos, atraídos pela espiritualidade das novas ordens religiosas como os teatinos e os jesuítas, comprometidos com o encontro com a cultura e dispostos a utilizar todos os meios para chegar aos homens do seu tempo, incluindo arte, música e teatro.

A obra-prima de Palladio nesse gênero é a Basílica do Redentor, na ilha de Giudecca, em Veneza (fig. 21): um verdadeiro e próprio templo cívico, encomendado pelo governo da Sereníssima em cumprimento do voto feito durante a peste de 1575-1576, com o compromisso solene do doge e dos senadores de ali irem em peregrinação todos os anos, no terceiro domingo de julho, atravessando o amplo canal de Giudecca sobre uma ponte de barcos. O modelo palladiano de "igreja-templo" será difundido por toda a Europa graças ao manual publicado pelo mestre com o título *Quattro libri d'architettura*

[*Os quatro livros de arquitetura*], imediatamente traduzido para todas as principais línguas europeias.

É apenas em Roma que encontramos uma elaboração da arquitetura religiosa comparável – não pelo estilo, mas pela originalidade e sobretudo pela influência – às inovações palladianas. Os canteiros de obras papais ainda abertos na Basílica de São Pedro e no Palácio do Vaticano, juntamente com os das casas generalícias e igrejas das novas ordens surgidas no âmbito da Contrarreforma, já na década de 1560 preanunciavam a explosão da atividade de construção eclesiástica de finais do século XVI e do século XVII. A adesão das ordens religiosas ao espírito das reformas tridentinas favoreceu então o desenvolvimento de modelos inovadores a serviço da sensibilidade particular promovida pelo Concílio de Trento, e a crescente centralização da vida institucional da Igreja garantiu a difusão de modelos romanos no mundo, graças à imitação em outras partes da Itália e da Europa daquilo que – especialmente nas ordens religiosas – era considerado um estilo oficial.

O primeiro exemplo desse processo é a igreja generalícia da Companhia de Jesus, cuja imponente fachada sintetiza os elementos característicos da época. Executada entre 1571 e 1584 por Giacomo della Porta, arquiteto a quem foi confiada a construção da cúpula de São Pedro após a morte de Michelangelo, a fachada *del "Gesù"* utiliza a linguagem desenvolvida por Buonarroti ao longo de quarenta anos – a partir das obras florentinas da década de 1520 para o tambor da cúpula e para o revestimento externo da basílica do Vaticano –, associando assim a dignidade do novo templo a Michelangelo e o prestígio da nova ordem religiosa à autoridade papal. Menos "clássica", mais "moderna" que a fachada do Redentor, a fachada da igreja *del Gesù* comunica uma mensagem de contemporaneidade longe das preocupações arqueológicas de Palladio; o rigor do desenho com duas grandes mísulas e a sobriedade do tratamento das superfícies sugerem também o clima vigoroso, mas austero, da igreja pós-conciliar e dos jesuítas em particular; as proporções colossais comunicam *poder*, e a concentração dos elementos plásticos – colunas e frontões salientes – no centro da fachada comunica a realidade de um forte poder *central*: uma fachada, em suma, da Contrarreforma romana.

Essa fachada completava a igreja *del Gesù*, iniciada em 1568 por Jacopo Barozzi, conhecido como Vignola, encomendada pelo Cardeal Alessandro Farnese, cujo tio, Paulo III, havia aprovado a regra preparada por Santo Inácio de Loyola em 1540. Na organização do interior da igreja, Vignola simplifica a experiência espacial, substituindo as tradicionais naves laterais por um conjunto de capelas criadas entre os maciços pilares que sustentam a abóbada de berço central, de modo que se tende a ler o espaço como um único grande salão; o cruzeiro está inserido na profundidade das capelas laterais; desaparece a distinção arquitetônica entre nave e presbitério, e o altar-mor torna-se perfeitamente visível de todos os cantos do corpo central da igreja, de acordo com as necessidades da reforma litúrgica tridentina.

A decoração do interior da igreja *del Gesù* foi concluída apenas no século XVII, mas as obras realizadas nos anos 1580-1590 já insinuam uma nova abordagem da iconografia religiosa. Embora durante o concílio, e imediatamente após, a ansiedade das autoridades eclesiásticas em proteger a ortodoxia corresse o risco de criar um clima cultural sufocante (como no caso de Veronese), de ser tendencialmente repressiva a Igreja voltou a ser propositiva com a publicação em 1582 de um documento de notável importância para a arte católica dos séculos seguintes: o *Discorso intorno alle immagini sacre e profane* [*Discurso sobre as imagens sagradas e profanas*], editado pelo Cardeal Gabriele Paleotti, bispo de Bolonha.

Mais do que um tratado de arte, o *Discurso* é uma obra de teologia pastoral, escrita por uma comissão eclesial preocupada em elaborar as implicações do decreto conciliar sobre a *Invocação e veneração das relíquias e imagens sagradas*, de 3 de dezembro de 1563. Além da necessidade de "educar e confirmar o povo nos artigos de fé, que este deve recordar e a propósito dos quais deve refletir assiduamente", o decreto tridentino havia definido a função das imagens sagradas como um entre outros estímulos "para adorar e amar a Deus, bem como cultivar a piedade". O *Discurso* de Paleotti não apenas reiterava essas ideias, como insistia no fato de que a imagem sagrada também deve *comover* o fiel: a frase exata é "compungir as entranhas".

Três obras podem sugerir a evolução da sensibilidade à qual o *Discurso* do Cardeal Paleotti dá expressão formal. A primeira, realizada enquanto o concílio ainda estava em andamento, antecipa o desejo do cardeal de ver claramente "as rodas, as navalhas e as catastas com grades de ferro" de que falam os martirólogos. É um retábulo de Lelio Orsi que representa o *Martírio de Santa Catarina de Alexandria* (cerca de 1560, Galleria Estense, Modena), no qual pouco é deixado à imaginação do espectador no que diz respeito às máquinas de tortura das quais Catarina foi milagrosamente salva. A segunda obra é um *Batismo de Cristo* pintado quinze anos depois do *Martírio de Santa Catarina* por um artista florentino, Santi di Tito, vinte e cinco anos mais jovem que Orsi (Galeria Corsini, Florença). Formado à maneira de Agnolo Bronzino, Santi di Tito trabalhou também em Roma, onde, no entanto, parece ter assimilado a simplicidade morfológica e a clareza composicional das primeiras obras romanas de Rafael, chegando a produzir – neste retábulo de 1574-1575 – uma imagem extraordinariamente *natural* no contexto do maneirismo tardio. As proporções críveis dos corpos, as reações compreensíveis das personagens e o enquadramento paisagístico remetem-nos mesmo para o estilo do início do século XVI, definindo uma "contramaneira" a serviço da Contrarreforma católica. A terceira obra sugestiva para o desenvolvimento de um estilo adequado à nova sensibilidade católica é a figura dramática esculpida pelo *ticinese* Stefano Maderno para um nicho sob o altar da basílica de Santa Cecília em Roma (1599-1600). Retrata com simplicidade desarmante o corpo sem vida da mártir, na posição em que foi encontrado incorrupto sob o altar em 20 de outubro de 1599; realismo este de tremendo impacto em uma época em que o culto católico aos santos e a própria existência histórica de personagens como a jovem patrícia Cecília, morta por sua fé no século III, foram questionados pelos protestantes.

Roma no final do século XVI

A historicidade da tradição, em parte rejeitada pelos protestantes, torna-se um dos grandes temas da Contrarreforma católica. E consequentemente Roma, cidade onde o católico podia constatar em primeira mão a veracidade daquilo que o magistério lhe transmitira, assume um novo papel, apresentando-se como lugar de manifestação irrefutável e de comovida participação, bem como sede do sucessor de Pedro e vigário de Cristo, o papa.

Esse processo será então dramaticamente fortalecido e acelerado pelo franciscano Felice Peretti, eleito papa em 1585 com o nome de Sisto V. Uma gravura de 1589 mostra-o entre os principais projetos arquitetônicos e urbanísticos de seu papado, incluindo o delineamento de novas e grandiosas estradas como forma de conectar as basílicas romanas; a movimentação de antigos obeliscos, agora destinados a marcar os pontos de chegada das procissões; a coroação das duas colunas triunfais da Roma imperial com as estátuas dos Santos Pedro e Paulo; a construção da nova ala da biblioteca do Vaticano, como fechamento do imenso pátio do Belvedere de Bramante; a construção de uma *loggia* de bênção ao lado da basílica de São João do Latrão; a reconstrução com formas modernas do palácio lateranense; e a desincorporação desse mesmo palácio do oratório de Nicolau III, conhecido como *Sancta Sanctorum*, em torno do qual será criada uma imponente estrutura com cinco lances de escada para facilitar o acesso dos peregrinos, sendo a rampa central constituída pelos degraus da assim chamada *Escada santa* – a escadaria da casa de Pôncio Pilatos sobre a qual Cristo subiu e desceu na noite anterior à sua morte, transferida de Jerusalém para Roma no século IV.

Esse surpreendente programa, não só iniciado, mas amplamente *realizado* em apenas cinco anos do papado de Sisto V, mudou para sempre a face de Roma, transformando-a de uma cidade medieval de dimensões modestas, entre as ruínas da cidade antiga, na primeira metrópole da Europa moderna.

6
O BARROCO

Detalhe da obra
Cristo diante do Sumo Sacerdote (c. 1617)
Gerard van Honthorst (1592-1656)
National Gallery (Londres, Inglaterra)
© Wikimedia Commons

A influência da arte da alta Renascença continuou tanto na Itália como em outros lugares nas primeiras décadas do século XVII, e o gosto pela elaboração formal típica do maneirismo também persistiu. Mas a preocupação da Igreja em encontrar meios expressivos próximos da experiência vivida favorece um novo naturalismo que, interpretado de várias maneiras, se torna o denominador estilístico comum. E os princípios enunciados no *Discurso* do Cardeal Paleotti assumem uma importância cada vez maior nesse tempo em que se pede à arte que comunique claramente a fé, estimulando fortes respostas emocionais nos fiéis. Em Roma, onde os papas e as ordens religiosas multiplicam as suas encomendas, o novo estilo cruza-se com a predileção por edifícios e alfaias colossais, moldando uma direção monumental que a partir da Cidade Eterna se espalhará por todo o universo católico, que então inclui, além das nações europeias que permaneceram fiéis à fé antiga, também as Américas, a Índia, o Japão e a China. Até a nascente cultura protestante do norte da Europa sente o impacto e reage contrastando o novo estilo católico ou adaptando-o às próprias mensagens.

O nome atribuído pelos contemporâneos a esse estilo, "barroco", é significativo: uma palavra emprestada da palavra portuguesa para "pérola de forma irregular" (barroco) e do termo usado na época pelos filósofos para descrever um silogismo bizarro ou mesmo grotesco (*baroco*). A denominação "barroco" é, portanto, utilizada na arquitetura e na arte com os sentidos genéricos de "irregular", "extravagante" e "surpreendente". Mais do que um estilo, o termo sugere, na verdade, uma *forma mentis*, uma mentalidade, um espírito que, à visão ideal canonizada pela cultura antiga e renascentista, prefere as surpresas e extravagâncias da natureza, ama a espontaneidade e valoriza os estados físicos e psicológicos dinâmicos. Destinado a durar até a segunda metade do século XVIII, o barroco será o último estilo cristão a moldar também a cultura não eclesiástica.

Roma e os primórdios da pintura barroca

O berço do barroco foi Roma, que, no final do século XVI e início do século XVII, estava lotada de artistas italianos e estrangeiros em busca de trabalho nas igrejas e palácios que surgiam por toda parte. Entre esses, dois em particular foram influentes: Annibale Carracci, da região italiana de Emília-Romagna, e Michelangelo Merisi da Caravaggio, da região da Lombardia. Annibale, treze anos mais velho, era primo do mestre que fora o primeiro a tentar uma simplificação da arte maneirista no espírito da Contrarreforma, Ludovico Carracci, e, junto com seu irmão mais velho, Agostinho, em 1582 fundou um grupo de artistas interessados em conduzir a pintura seguindo o exemplo dos grandes mestres da primeira parte do século XVI, libertando-a das angústias do maneirismo: a chamada Academia *dei Desiderosi* ["dos Desejosos"], mais tarde denominada "*degli Incamminati*" ["dos Encaminhados"]. Na virada dos séculos XVI e XVII, ele pintou afrescos em uma galeria do Palazzo Farnese com cenas mitológicas que, em composição e estilo, evocam a abóbada de Michelangelo da Capela Sistina. A idealidade e a ênfase retórica de Annibale Carracci, que a crítica daquele período considerou adequada sobretudo para a arte sacra, definem uma corrente "classicista" à qual se juntaram inicialmente artistas próximos dos Carracci (Guido Reni, Domenichino, Guercino, Pietro de Cortona), e depois artistas estrangeiros (Simon Vouet, Nicolas Poussin, Pieter Lastman).

O outro mestre surgido nessa época foi Caravaggio, formado em Milão na oficina de um pintor milanês aluno de Ticiano, Simone Peterzano, de origem bergamasca. A primeira importante encomenda eclesiástica confiada ao jovem foi a decoração de uma capela na igreja de São Luís dos Franceses, entre cujas telas está a famosa *Vocação de São Mateus*, obra de elevado efeito teatral, com ampla faixa de luz descendo da direita como de um holofote de palco (fig. 22). O decoro e o idealismo dos Carracci estão totalmente ausentes; na verdade, o cenário, que parece ser uma taberna romana, e os costumes contemporâneos foram, na época, considerados escandalosos: na prática, Caravaggio monta uma taberna na igreja, obrigando quem vai à missa a ficar lado a lado com um menino curvado sobre o dinheiro, parecendo bêbado ou drogado, à esquerda; com o amigo afeminado de Mateus, ao centro, apoiando-se familiarmente no futuro apóstolo; e com um jovem "mercenário" visto de trás, com a espada ao lado e o vestido vistoso, à direita.

E, no entanto, como imagem religiosa, a *Vocação de São Mateus* funciona. Em Roma, que então vivia o fermento da Contrarreforma – que via novas ordens religiosas envolvidas na recuperação de "casos desesperados", oferecendo alojamento e educação a crianças de rua, abrindo conventos às prostitutas para as resgatar –, a pintura falava com singular força do poder santificador de Cristo em todas as situações da vida, mesmo no pecado. Notamos então como Cristo e São Pedro, que entram pela direita (onde fica o altar da capela), usam roupas pertencentes ao mundo antigo, isto é, ao seu período histórico. O "decoro", tanto religioso quanto narrativo, é assim protegido, e o drama do momento é até mesmo intensificado, porque, mais do que um acontecimento do passado numa roupagem moderna, a imagem sugere como o *significado* de um acontecimento histórico pode irromper na vida atual, como se Caravaggio dissesse: "O mesmo Cristo que chamou Mateus há mil e seiscentos anos, hoje chama outros 'publicanos'. Ele, que não muda, chama os pecadores em todos os momentos para mudarem de vida".

A outra importante encomenda pública de Caravaggio nesse período foram duas telas nas paredes laterais da capela do Cardeal Tibério Cerasi, em Santa Maria del Popolo, sendo uma delas identificada no contrato de 1600 com "o mistério da conversão de São Paulo". E é assim que, de fato, Caravaggio o representa: um acontecimento interior e misterioso, envolto em luz e silêncio. Ao contrário de outros, que haviam representado o acontecimento com soldados e criados assustados, com cavalos fugitivos, com aparições divinas, Merisi reduz o acontecimento a dois homens – Paulo no chão com os braços levantados e, à direita, o escudeiro –, um cavalo e a luz, que atua como protagonista. Igualmente dramática e essencial é a outra tela de Caravaggio na capela, nomeadamente a *Crucificação de São Pedro* (na parede à direita de quem entra), em frente à *Conversão de São Paulo*. O príncipe dos apóstolos, um velho ainda robusto, levanta o tronco e vira a cabeça, enquanto três homens levantam a cruz invertida na qual está pregado; a atenção está voltada para o mártir, que olha diretamente nos olhos dos fiéis que entram na capela, enquanto as demais figuras são vistas por trás ou com o rosto na sombra.

Entre essas duas pinturas de impacto imediato, no altar da capela encontra-se uma terceira pintura, encomendada no âmbito do mesmo programa: uma *Assunção da Virgem* de Annibale Carracci. Com tons brilhantes, mas frios, com dezoito personagens entre querubins, apóstolos e a Virgem, não poderia estar mais longe do calor e da intimidade das cenas desenhadas por Caravaggio. Aníbal, com seu código fisionômico-gestual emprestado da arte antiga e de Rafael, esvazia as figuras de espontaneidade e naturalidade (mesmo que curiosamente os braços erguidos de sua Assunção sejam idênticos aos do São Paulo de Caravaggio).

A última obra pública dos "anos romanos" de Caravaggio, a *Morte da Virgem Maria*, de 1605-1606, sugere o desenvolvimento do artista: sua articulação de um idioma monumental e solene, ainda que na fidelidade ao real. Encomendada para a Santa Maria della Scala, em Trastevere, a pintura foi rejeitada pelos carmelitas descalços, que eram os responsáveis pela igreja, por ser considerada "indecorosa": de fato, falta a tradicional referência à assunção, e a Mãe de Deus é apresentada como uma defunta qualquer estendida sobre um leito, com as saias levantadas e os pés nus; ademais, circulavam vozes indicando que, para a figura de Maria, Caravaggio teria usado o cadáver de uma prostituta que havia se afogado no rio Tibre. E, não obstante, a humanidade da cena – o *páthos* da mulher morta, a dor silenciosa daqueles que a rodeiam – possui uma dignidade extraordinária, que Caravaggio torna ainda mais nobre por meio de um lençol pendurado acima do leito, que une a composição e serve como uma espécie de mortalha simbólica, focalizando a atenção sobre Maria. Além disso, como na *Crucificação de São Pedro*, o artista não mostra os rostos das figuras secundárias, que permanecem velados pela sombra ou inclinados sobre a defunta; em vez disso, a luz que desce do alto modela a testa de uma das figuras, a cabeça ou a mão de outras e as costas curvas da mulher que chora no primeiro plano, sublinhando o caráter privado do momento.

O impacto desse estilo realista, mas solene, dramático, íntimo, era grande, e muitos imitavam Caravaggio, mesmo entre os discípulos dos Carracci. Por exemplo, Guido Reni – que havia se formado em Bolonha e que, junto com Annibale, havia se transferido para Roma – em 1604-1605 pinta uma *Crucificação de São Pedro* (Pinacoteca Vaticana) que, embora se diferencie em sua composição, criada poucos anos antes da pintura homônima de Caravaggio e utilizando uma linguagem figurativa heroica, mira evidentemente à replicação dos efeitos dramáticos dos claros-escuros e o clima íntimo da versão de Caravaggio. Outro mestre de Bolonha que se transferiu para Roma com Annibale Carraci, Domenico Zampieri, conhecido como Domenichino, após uma fase "rafaelesca" (*Santa Cecília que distribui roupas aos pobres*, 1613-1614, São Luís dos Franceses, Roma), aproxima-se decididamente a Caravaggio (a *Última comunhão de São Jerônimo*, Pinacoteca Vaticana), mantendo, entretanto, seja a configuração, seja o decoro dos inícios do século XVI romano, ao passo que, no fundo, as paisagens permanecem ligadas a protótipos venezianos.

Flandres e Espanha

Enquanto Caravaggio pintava ainda nas igrejas romanas, chega à Itália um contemporâneo seu de origem flamenga e destinado a ter uma influência análoga no norte dos Alpes: Pedro Paulo Rubens. Nobre de nascimento, ele tinha estudado com um pintor amante do estilo italiano, Otto van Veen, pintor da corte dos regentes espanhóis em Flandres. Em 1600, com vinte e três anos, Rubens é recomendado pelo duque de Mântua, Vincenzo Gonzaga, e se transfere por oito anos para a península itálica, visitando, por motivo de estudos, Veneza e Roma. Em 1603 viaja pela primeira vez para a Espanha, onde, verossimilmente, vê muitas pinturas feitas por Ticiano para Carlos V e para seu filho, Felipe II. Ao voltar para a Itália, ele trabalha em Roma e em Gênova, produzindo obras monumentais nas igrejas das novas ordens religiosas. Seu estilo exuberante é associado ao dinamismo da reforma católica, e, mesmo após seu retorno para sua pátria, o artista será chamado para pintar para algumas igrejas de ordens religiosas.

O estilo de Rubens, uma mistura de inspiração pictórica veneziana e de heroicidade plástica romana, exprime perfeitamente o espírito do catolicismo do século XVII, não mais cauteloso e restritivo, como nos primeiros anos após o concílio de Trento, mas triunfal e propositivo, vibrante de energia diante dos grandes desafios missionários, pastorais e educativos daquele tempo. Nesse sentido, são quase emblemáticas duas grandes pinturas executadas após os anos italianos para algumas igrejas de Antuérpia: a *Elevação da cruz* (1610), para a catedral de Nossa Senhora, e o *Golpe da lança* (1620), para Minderbroederskerk (fig. 23). Em ambas, a musculatura hiperbólica dos corpos evoca Michelangelo, ao passo que a intensa paleta de cores e as misturas pictóricas fazem lembrar Ticiano, Tintoretto e Veronese. Rubens cita suas fontes italianas sem embaraço: de fato, toda a composição da *Elevação da cruz* é tomada de uma paisagem análoga na colossal *Crucificação* de Tintoretto, da *Scuola grande* de San Rocco, em Veneza.

Na outra obra mencionada, o *Golpe de lança*, emerge, por sua vez, claramente a atualidade da arte de Rubens, que ilustrava não só a dor de Maria e de João, embaixo à direita, mas também, e principalmente, a conversão interior do soldado romano que, conforme os Evangelhos, golpeou o lado de Cristo com a lança para ter certeza de que estaria morto. Não é apenas uma ilustração textual, mas uma verdadeira e própria exegese afetiva, que sobrepõe à informação oferecida pelo quarto Evangelho – ou seja, o golpe de lança (Jo 19,34) – outro fato, fornecido pelo evangelista Marcos: quando Jesus morreu, "o centurião, que se encontrava diante dele, ao vê-lo morrer daquele modo disse: 'Verdadeiramente, este homem era Filho de Deus!'" (Mc 15,39). No auge da Contrarreforma em Flandres, que mirava a reconversão daqueles que haviam se afastado da fé católica, essa imagem de compreensão comovida diante do *corpus Christi*, colocada sobre um altar em que se celebrava a missa, era de enorme impacto.

O barroco vive um período particularmente florescente na Espanha, que nos primeiros anos do século XVII é a maior potência católica, seja da Europa, seja das Américas. Permanece forte o atrativo pela Itália, e o maior pintor espanhol do início do século, José de Ribera (conhecido também pelo seu pseudônimo "espanholeto"), se transferirá, por volta do ano 1610, primeiro para a Lombardia e Parma, e, em seguida, para Roma e Nápoles. Especialmente em seu primeiro período, Ribera assume o estilo de Caravaggio, produzindo obras em que os dramáticos efeitos claros-escuros e um acentuado realismo conferem incisividade aos temas tratados da Contrarreforma (*Martírio de Santo André*, 1628, Szépmüvéreti Muzeum, Budapeste; *Santo André junto à cruz*, 1632-1635, Prado, Madri). Em seguida, tendo se libertado do estilo quase manualístico de Caravaggio, recupera elementos de monumentalidade e luminosidade que tiveram origem no século XVI (*Sonho de Jacó*, 1639, Prado, Madri).

Também Francisco de Zurbarán é um "caravagista", mas "por derivação", já que ele nunca viajou para a Itália, permanecendo em sua terra natal Llerena, na Extremadura, que foi um centro de espiritualidade quietista. Nas obras de perfil monumental, como *Os funerais de São Boaventura* (1629, Louvre) e *A visão de São Pedro Nolasco* (1629, Prado), ele faz emergir um drama interior dos sujeitos mediante figuras de grande plasticidade, modeladas em uma luz que parece a de holofotes usados nas cenas. Na bela pintura *Jesus adolescente com a Mãe* (1630, Museum of Art, Cleveland/OH), ele transforma uma cena de gênero em uma obra-prima sacra, fazendo ver, na casa de Nazaré, Maria, sentada à direita, que interrompe seu trabalho para olhar, com olhos inchados de lágrimas contidas, seu filho, à esquerda, que machucou a mão enquanto tecia uma coroa de espinhos. Não obstante a improbabilidade do passatempo de Cristo, a obra possui uma verdade extraordinária de um ponto de vista psicológico e até mesmo fisiológico: o jovem Salvador realmente cresceu em idade e graça (Lc 2,52), sendo um belo adolescente de dezessete anos inteligente e sério, e a figura de Maria mostra – não só no rosto, mas também na curva dos ombros e no ar de cansaço que a envolve – o peso da consciência que ela tem da paixão do filho.

O mais importante dos mestres espanhóis do início do século XVII, Diego Velázquez, é mais conhecido como autor de retratos e temas mitológicos a serviço da corte real. Contudo, ele também iniciou sua carreira com obras no estilo de Caravaggio: cenas de gênero marcadas pelo interesse pela realidade, dramatizadas por acentuados efeitos de luz. À maneira de Caravaggio, Velázquez concebe temas sagrados como cenas de gênero (*Cristo na Casa de Marta e Maria*, 1618, National Gallery, Londres), mas ao mesmo tempo desenvolve um "veio devoto" mais tradicional (*Imaculada Conceição* e *Visão do evangelista São João*, ambos na National Gallery, Londres). Na corte frequentou a extraordinária coleção de pinturas de Ticiano, e a sua arte foi cada vez mais orientada para efeitos de virtuosismo de natureza puramente pictórica. Partiu para uma primeira visita à Itália em 1629, talvez por sugestão de Rubens, que conheceu durante uma segunda viagem do mestre flamengo à Espanha; ficou em Gênova, Milão, Veneza, Roma e Nápoles, e ao voltar para sua pátria criou algumas obras religiosas nas quais se sente a memória do classicismo romano (*Coroação da Virgem Maria*, 1641-1643, Prado).

O último dos grandes espanhóis do período é Bartolomé Esteban Murillo, nascido em Sevilha em 1617. É mais conhecido pelas suas muitas versões da *Imaculada Conceição de Maria* (por exemplo as de 1665 e 1678, ambas no Prado), que conferem uma forma definitiva à iconografia do tema, representando Maria como a "mulher vestida de sol, com a lua debaixo dos pés e, na cabeça, uma coroa de doze estrelas" (Ap 12,1). Nessas e em outras obras de caráter sagrado,

Murillo humaniza o misticismo espanhol com uma ternura quase sentimental (*Sagrada Família com um passarinho*, 1650, Prado), definindo uma religiosidade "devocional" destinada a perdurar na arte católica até os nossos dias.

No grupo espanhol, pintores de temas não estritamente sagrados, mas moralizantes, também têm considerável interesse, como Juan de Valdés Leal (*Triunfo da Morte* e *Finis gloriae mundi*, 1670-1672, Hospital de la Caridad, Sevilha) e Antonio de Pereda (*Vanitas*, 1650, Kunsthistorisches Museum, Viena). Nessas imagens, o gosto pela realidade, que na época privilegiava a criação de cenas de gênero e de "naturezas mortas", passa a fazer parte de um aparato alegórico de tipo sapiencial-ascético.

O século XVII na França...

Outra escola pictórica nacional de particular interesse no século XVII é a escola francesa, que emerge do maneirismo residual do século XVI graças à influência direta e indireta das novas linguagens italianas. A contribuição de Simon Vouet foi fundamental, tendo regressado em 1627 após quase quinze anos de atividades em Roma, onde criou obras tanto no estilo de Caravaggio (*Nascimento da Virgem*, cerca de 1620, São Francisco a Ripa, Roma) quanto no estilo de Carracci (*A Virgem aparece a São Bruno*, cerca de 1626, São Martinho, Nápoles). Regressando a Paris, Vouet deu primazia à componente classicista do seu estilo, também devido ao conservadorismo do mecenato aristocrático contemporâneo àquele período. É famosa a sua *Apresentação de Jesus no Templo*, encomendada pelo cardeal Richelieu para o altar-mor do noviciado dos jesuítas, com personagens grandiloquentes de distante ascendência "rafaelesca" entre as colunas de um suntuoso edifício à moda antiga (1641, Louvre).

Da mesma geração de Vouet era Nicolas Poussin, que chegou a Roma, em 1624, já detendo conhecimento das gravuras e desenhos dos maneiristas italianos e, nos primeiros anos em Roma, brevemente foi colaborador de Domenichino. Em 1628 pintou um retábulo de altar para São Pedro, *O martírio de Santo Erasmo*, cheio de referências clássicas, mas também de entusiasmadas reminiscências do mancirismo, com um drama teatral que não agradou aos críticos. Abandonou então a arena competitiva das grandes encomendas eclesiásticas e, a partir de 1629, especializou-se em pequenas pinturas de temas mitológicos ou alegóricos para colecionadores, nas quais se destacava tanto a paixão pela arqueologia como a capacidade de repropor fórmulas derivadas de Rafael e de Ticiano; os raros temas bíblicos apresentam-se como evocações genéricas da Antiguidade (por exemplo: *Adoração do Bezerro de Ouro*, 1635-1637, National Gallery, Londres), e não como imagens sagradas.

Na década de 1640, porém, trabalhando em Roma para clientes franceses, Poussin produziu mais pinturas nas quais emergiu uma nova abordagem: telas retratando a instituição dos sete sacramentos e outros temas do Novo Testamento, em que os cenários romanos, as figuras, as atitudes e as roupas derivadas da escultura antiga e de Rafael sugerem a raiz clássica da práxis católica, desenvolvendo uma espécie de apologismo erudito da tradição religiosa (a *Eucaristia* e a *Ordenação*, ambas de 1647, National Gallery da Escócia, Edimburgo; a *Sagrada Família*, 1648, National Gallery of Art, Washington/DC). No estrito cumprimento das regras formais e iconográficas, essas obras aplicam ao tema cristão um "classicismo" semelhante ao que Pierre Corneille introduzia na dramaturgia contemporânea daquele período.

Houve outras correntes significativas na pintura francesa do século XVII, entre as quais a do flamengo Philippe de Champaigne, que se estabeleceu em Paris a partir de 1621 e foi chamado em 1635 para trabalhar para o cardeal Richelieu, de quem deixou um famoso retrato (1635-1640, National Gallery, Londres). Na década de 1640, Champaigne aproximou-se dos místicos da abadia de Port-Royal des Champs, tendo como guia espiritual um dos líderes da comunidade, o mestre de Sacy. De fato, no espírito jansenista de Port-Royal está o belo *São João Batista apontando para Cristo*, de 1645 (Musée des Beaux Arts, Grenoble), em que a sombra que envolve o antebraço direito e a mão do precursor alude à escuridão da fé, que, diferentemente da razão, procede através de uma espécie de *docta ignorantia*. Em seguida, comovente é o duplo retrato pintado pelo mestre com a imagem de sua filha, uma monja de Port-Royal, juntamente com a superiora do convento, madre Agnès Arnauld, ambas representadas em oração (1662, Louvre). A filha do pintor havia sido acometida por uma paralisia em 1660, que em 1661 era já quase total, de modo que a jovem não conseguia mais sair da cama. Madre Agnès, a prioresa do convento, fez então uma novena de orações pela cura de sua filha espiritual, e esta, por sua vez, acabou sendo curada. O pai da agraciada pelo milagre, Philippe de Champaigne, pintou então esse *ex-voto* em que as duas monjas vestidas de branco, uma ajoelhada em oração e a outra deitada na cama, possuem algo do absoluto. Na cela nua do convento, que lembra a simplicidade dos interiores de Caravaggio, o único mobiliário é uma cruz na parede atrás da doente, cuja forma é reproduzida no escapulário que cobre o peito da jovem religiosa.

Outro grande mestre francês do início do século XVII, francamente adepto do estilo de Caravaggio, é Georges de La Tour; o artista está interessado em composições de algumas grandes figuras representadas com notável realismo e dramatizadas por efeitos de claro-escuro, às quais confere um sentido místico. Não se sabe se viajou para Itália, mas pode ter aprendido o seu "caravagismo" também nos Países Baixos, onde, nos seus anos de formação, mestres como Hendrick Terbrugghen e Gerrit van Honthorst exploraram o interesse das cenas noturnas que Georges de La Tour iria mais tarde aperfeiçoar. Típico de seu estilo é o belo *São José com o menino Jesus* (1645, Louvre), em que o menino Salvador (à direita) segura a vela para José (à esquerda), enquanto ele trabalha à noite. Aparentemente a imagem descreve o processo pelo qual o filho de um artesão, ajudando o pai, começa a aprender o ofício; nesse caso, porém, o próprio "filho" é a Luz do mundo, a própria Sabedoria, e o "pai" – que, curvado sobre o seu trabalho, parece inclinar-se diante do menino – é por ele iluminado. Georges de La Tour consegue, de fato, fazer de Jesus a principal fonte de luz da imagem, colocando a vela segurada para José diante do rosto do menino; a vela está na mão direita de Jesus, enquanto a esquerda, levantada como que para proteger a chama do vento, é translúcida, e essa mão luminosa parece abençoar a grande trave em que José está trabalhando: uma alusão à futura "iluminação" que Cristo oferecerá na sua paixão.

... e nos Países Baixos

Mesmo nos Países Baixos a influência do naturalismo de Caravaggio foi decisiva. Um dos mestres destinados a ser particularmente reconhecido, Hendrick Terbrugghen, após um período inicial de estudos em Utrecht com o maneirista Abraham Bloemaert, chegou a Roma por volta de 1604, onde permaneceu durante uma década. Ao regressar à sua terra natal, criou obras nas quais as lições de Caravaggio são evidentes, tanto no estilo figurativo como nos efeitos de iluminação: uma *Vocação de São Mateus* (1621, Museu Central, Utrecht), que glosa a versão dada por Caravaggio desse tema em São Luís dos Franceses, e um monumental *São Sebastião martirizado, assistido por duas mulheres* (1625, Allen Memorial Museum, Oberlin/OH), no qual são retomadas diferentes experiências italianas.

O outro holandês italianizado da época, também aluno de Bloemaert e originário de Utrecht, foi Gerrit van Honthorst, especialista em cenas noturnas e famoso na Itália, onde era conhecido como "Gherardo das noites". É lindo seu *Cristo diante de Caifás* (cerca de 1617, National Gallery, Londres), em que uma única vela no centro da cena ilumina simultaneamente o rosto e a mão acusadora do sumo sacerdote, sentado à esquerda, e o rosto e as mãos amarradas do Cristo prisioneiro, em pé, à direita.

Significativa é a influência dos caravaggistas de Utrecht sobre o mais importante pintor holandês, Rembrandt van Rijn, aluno de outro artista que estudou em Roma, Pieter Lastman. Próxima ao italianismo áulico de Lastman, mas com efeitos de claro-escuro caravaggescos, está a primeira obra de Rembrandt que chegou até nós: uma confusa e lotada *Lapidação de Santo Estêvão*, de 1625 (Musée des Beaux-Arts, Lyon), enquanto o *Tobit e Anna*, do ano seguinte (Rijksmuseum, Amsterdã), já marca uma virada: primeiro na redução do número de personagens e depois na acurada investigação psicológica, que estará entre os méritos da arte de Rembrandt. Uma obra-prima desse primeiro período é a *Apresentação no Templo*, de 1631 (Mauritshuis, Haia), na qual, na imensidão escura do majestoso santuário de Jerusalém, algumas pequenas figuras no centro são tocadas por um raio que do alto ilumina o rosto extático de Simeão, que segura o menino Jesus nos braços, enquanto Maria, no epicentro da composição, se volta para o profeta ancião, visivelmente perturbada por suas palavras.

No final de 1631 ou talvez em 1632, Rembrandt mudou-se de Leiden, a cidade onde iniciara suas atividades, para Amsterdã, onde obteve imediatamente grande sucesso como retratista e pintor narrativo. Em Amsterdã teve contato com o estilo de Rubens, na época considerado o maior artista dos Países Baixos; a *Deposição*, realizada por Rembrandt para o Príncipe de Orange em 1633 (Alte Pinakothek, Munique), retrabalha a versão de Rubens feita em Antuérpia sobre o assunto, provavelmente conhecida através de uma estampa; Rembrandt, porém, transforma o heroico Cristo do mestre flamengo numa figura de infinito *pathos*, cujo corpo derrotado é baixado do patíbulo em uma luz impiedosa que rasga a noite circundante. O artista foi, no entanto, capaz de trabalhar também na "grande maneira" barroca, como sugere o espetacular *Sansão cego pelos filisteus*, de 1636 (Museu Städel, Frankfurt s. M.), com soldados filisteus segurando o gigante no chão, enquanto outro, visto contra a luz da esquerda, vibra a lança com a qual Sansão será cegado; atrás desse grupo está Dalila que, com a tesoura ainda na mão, foge da escuridão da tenda em direção à luz, virando-se quase surpresa com o desfecho de sua traição. Essa obra também é inspirada em uma versão do mesmo tema desenhada por Rubens e pintada por seu aluno Anthony van Dyck.

Na década de 1640, Rembrandt desenvolveu uma nova intimidade na maneira como interpretava os temas bíblicos, por vezes terna e intensa (*Visitação*, 1640, Institute of Arts, Detroit; *Sacrifício de Manoah*, 1641, Gemäldegalerie Alte Meister, Staatliche Kunstsammlungen, Dresden; *Davi perdoando o filho Absalão*, 1642, Hermitage, São Petersburgo; *Sagrada Família com anjos*, 1645, Hermitage, São Petersburgo). A atividade de Rembrandt como gravador assumiu grande importância nesses anos, como sugere a chamada "gravura dos cem florins", em que o artista traduziu em imagens a cultura bíblica dos seus compatriotas protestantes (fig. 24). De fato, a gravura mostra Jesus em pé, ensinando em meio ao povo ao seu redor. À sua frente, à esquerda do espectador, uma mulher com o filho nos braços recorda como, quando "lhe trouxeram crianças" e seus discípulos repreenderam as mães por perturbarem o Mestre, Jesus dissera: "Deixai-as em paz, não as impeçais de virem a mim, pois o reino dos céus é daqueles que lhe são semelhantes" (Mt 19,13 ss.). Sentado atrás da mulher com o menino está um belo jovem, suntuosamente vestido, que olha para Cristo com fascínio: é o jovem rico que, convidado a renunciar aos seus bens para seguir Jesus, "foi-se embora entristecido, pois possuía muitos bens" (cf. 19,16-22). E a figura à direita do Salvador (entre a mulher com a criança e o jovem rico), que o olha como se esperasse uma resposta, tem os traços que a tradição atribui a São Pedro, e provavelmente representa o apóstolo quando, falando também pelos demais, perguntou a Cristo: "Eis que deixamos tudo e te seguimos; qual será a nossa recompensa?" (19,27; cf. Mc 10,28-31; Lc 18,28-30). A resposta de Jesus, prometendo vida eterna e glória, termina com uma frase que de alguma forma resume toda a cena: "Muitos dos primeiros serão os últimos, e muitos dos últimos serão os primeiros" (Mt 19,30). Na verdade, o artista era versado nas Escrituras e amigo de um conhecido pregador menonita, Cornelis Anslo.

De 1639 a 1656, Rembrandt residiu no bairro judeu de Amsterdã: tinha amigos e clientes judeus. Isso ajuda a compreender a extraordinária sensibilidade humana com que, no seu último período, tratou os assuntos do Antigo Testamento (*Betsabeia*, 1650, Louvre, Paris; *Jacob abençoa os filhos de José*, 1656, Staatliche Kunstsammlungen, Kassel; *Saul e Davi*, 1658, Mauritshuis, Haia). Mas as obras-primas absolutas do artista idoso talvez sejam duas obras nas quais Rembrandt aplicou seu conhecimento da fisiologia e psicologia judaicas a temas cristãos: *A negação de Pedro* (1660, Rijksmuseum, Amsterdã) e o famoso *Retorno do filho pródigo* (1669, Ermida, São Petersburgo). Neste último, a ternura indescritível com que o pai coloca as mãos sobre os ombros do filho pródigo é inesquecível, visto apenas de costas; os dois são banhados pela luz que incide à esquerda, enquanto o outro filho permanece imerso nas sombras, à direita. Talvez em toda a história da arte cristã nenhuma obra seja tão fiel como essa ao significado de um tema bíblico.

O alto barroco romano: arquitetura e escultura

A pintura não é a única arte do período barroco: a arquitetura e a escultura também serão renovadas por grandes mestres. Roma é sempre o ponto de partida para novas linguagens estilísticas, e a obra mais importante do início do século XVII é a conclusão da basílica do Vaticano, decidida por Paulo V pouco depois da sua eleição e confiada a Carlo Maderno. Este, por sua vez, iniciou a fachada em 1607 e a ampliação da nave em 1609, completando ambos os projetos em 1612. A fachada de Maderno, concebida em termos de uma ordem colossal encimada por um ático, adapta a linguagem de Michelangelo das laterais da basílica às altas funções de representação exigidas pela fachada principal, combinando pilares e colunas segundo a "lógica hierárquica" inventada quarenta anos antes por Giacomo della Porta para a igreja *del Gesù*. A intervenção de limpeza e restauro por ocasião do jubileu de 2000 revelou a diferenciação tonal de cada uma das partes da fachada, bem como a presença de cor em torno do balcão dos papas, explicando a impressão de plasticidade dinâmica que a fachada transmite, bem como a concentração de interesse visual na área central onde – sob o frontão clássico e ladeado por colunas titânicas – o vigário de Cristo aparece em ocasiões solenes.

O maior escultor do século XVII surge no contexto da conclusão da Basílica de São Pedro: Gian Lorenzo Bernini, nascido em 1598, filho de pai florentino e mãe napolitana. Como Caravaggio na geração anterior, ele recebeu suas primeiras encomendas de conhecedores e colecionadores, mas a benevolência amigável do cardeal Maffeo Barberini, que foi eleito papa em 1623 com o nome de Urbano VIII, logo lhe abriu o caminho para grandes obras pontifícias. Na verdade, a mando de Urbano VIII e dos seus sucessores, o interior da imensa igreja iniciada por Bramante e coroada por Michelangelo – a Basílica de São Pedro, cuja cúpula ainda estava em construção quando da morte de Buonarroti em 1564 – teria sido "decorado" (definido, enriquecido, *orquestrado*) por Bernini.

A primeira decoração interior da basílica desenhada por Bernini é o "baldaquim", ou seja, o cibório que cobre o altar papal. Essa colossal construção destaca-se pela reutilização da forma retorcida das colunas, usadas no início da era cristã e já presentes na basílica, que piedosamente se acreditava serem provenientes do templo de Jerusalém. Bernini estende a sensação de movimento inerente às colunas à cobertura acima delas. A cobertura, de fato, não tem linhas retas – isto é, linhas propriamente arquitetônicas –, mas *curvas*, como barras flexíveis, e o coroamento do pavilhão é igualmente articulado em termos de linhas curvas; uma série de desenhos confirma a importância desse particular. Das barras horizontais curvas pendem, então, "tecidos bordados" com o emblema heráldico do Papa Barberini e decorados com grandes "borlas", tudo em "suave movimento". Assim, quem entra na basílica e olha ao longe o baldaquim, com quase 30 metros de altura, não vê uma "estrutura arquitetônica" (um cibório), mas sim uma colossal tenda em movimento que evoca uma procissão litúrgica!

Essa solução original e brilhante dá vida a um edifício em que o imenso espaço, as massas de alvenaria e os gigantescos pilares e arquitraves correm o risco de petrificar o sujeito humano. Sob a cúpula com mais de 100 metros de altura, vista da nave principal de 44 metros de altura, o baldaquim – com "apenas" 30 metros de altura – torna-se um necessário elemento de ligação entre o homem e a grandiosidade da igreja. Dá vida às superfícies opacas do mármore com o brilho dos seus douramentos sobre o bronze escuro, e quebra a rigidez retilínea dos pilares e cornijas com as suas colunas retorcidas, com a "barras" flexionadas, com a ondulação dos "tecidos". É uma presença viva, que respira e faz respirar toda a basílica: uma expressão do dinamismo da fé católica no momento triunfante da Contrarreforma.

O baldaquim é o elemento central de um programa mais complexo, composto de quatro estátuas para os nichos dos pilares titânicos de Bramante do cruzeiro, sob a cúpula de Michelangelo. A primeira dessas estátuas, e a única esculpida pessoalmente por Gianlorenzo, é o São Longuinho [*Longinus*] no nicho nordeste, em frente ao altar à direita de quem vem da nave. No espírito do tempo, essa obra-prima retrata uma "conversão" espetacular: a transformação de inimigo em discípulo e de perseguidor em promotor – temas de terrível relevância numa era de deserções e dúvidas, de guerras religiosas, de heroicos esforços apostólicos e missionários até o martírio (na Europa, nas Américas e no Extremo Oriente). Vimos que, alguns anos antes, Pedro Paulo Rubens também evocara a conversão de São Longuinho no seu *Golpe da Lança*. Bernini vai além de Rubens, não apenas evocando, mas colocando no centro do palco o drama explosivo do centurião romano; não causa surpresa que, onde – no primeiro momento propositivo da Contrarreforma – Caravaggio tinha capturado o silêncio interior e a desorientação do "convertido" Saulo, um quarto de século depois Bernini enfatize a explosividade de uma certeza totalizadora. Longuinho, depois de ter aberto o lado de Jesus com a lança, olha para aquele que traspassou e exclama com convicção espontânea: "Verdadeiramente este homem era Filho de Deus!". Com o seu São Longuinho, Bernini inventou o barroco "triunfante": não mais preocupado, num sentido negativo, em evitar erros e reiterar dogmas, mas sim afirmativo – uma linguagem com a qual é possível expressar o entusiasmo de ser católico.

    Bernini também trabalha para particulares. E, para a nobre família veneziana dos Cornaro, Gianlorenzo criou – a partir de 1647 – a obra mais representativa do barroco italiano: uma capela dedicada à mística espanhola Teresa de Ávila na igreja romana de Santa Maria della Vittoria. Acima do altar, numa espécie de "capela dentro de capela", vemos *Santa Teresa em êxtase*: um grupo escultórico formado por um jovem anjo carregando um dardo e a mulher ferida pelo amor divino. A violência da experiência é comunicada tanto pela arquitetura do tabernáculo que encerra as duas figuras – curvada para a frente como que pela força do vento, que enche e desfaz o pesado hábito da religiosa carmelita – como, sobretudo, pelo desmaio de Teresa, totalmente passiva diante da impetuosidade divina. A luz, filtrada por uma claraboia invisível, incide em raios de madeira dourada em direção ao corpo da santa, desfalecido e embalado sobre as nuvens, enquanto no teto da capela um afresco simula o céu aberto, e outras nuvens (de estuque pintado) sobrepõem-se à arquitetura, em um efeito semelhante ao que Bernini criou alguns anos depois na *Cathedra*

Petri (ver abaixo), ou seja, a ilusão integral do céu que invade o universo material. A impressão puramente cenográfica é então confirmada por dois balcões, à direita e à esquerda do altar, nos quais membros da família Cornaro aparecem como espectadores da íntima união de amor entre a alma da santa e Deus, transformando toda a capela em um "teatro espiritual"!

Contudo, o verdadeiro gênio de Bernini expressa-se não em obras de dimensões contidas, mas nos colossais projetos papais da última fase da sua vida. Alexandre VII, eleito em 1655, decidiu continuar o processo de conclusão da basílica inaugurada por Urbano VIII, e em 1656 pediu a Gianlorenzo que resolvesse finalmente o problema da praça frontal, que durante séculos permaneceu um vasto espaço indefinido; depois, em 1657, contratou o artista para criar o relicário titânico atrás do altar papal, a chamada *Cathedra Petri*.

E o que dizer da praça mais famosa do mundo (fig. 25)? No contexto da renovação renascentista de Roma, dramaticamente acelerada por Sisto V nos anos 1580-1590, a organização desse espaço foi um ponto de chegada histórico e ao mesmo tempo a entrada para a experiência culminante de toda visita à cidade eterna. Iniciada poucos anos depois do jubileu de 1650, a praça foi concebida – tanto no tamanho como na forma – em função do grande número de peregrinos que, seguindo a *via sacra* de São João do Latrão, encontravam novas basílicas e monumentos antigos restaurados como sinal do vigor do catolicismo. Aqui, na visão de Alexandre VII e Bernini, o sinal mais eloquente deveria ser uma nova Praça de São Pedro dominada pela fachada moderna da basílica, concluída por Maderno meio século antes. Ainda hoje, o peregrino que finalmente chega à Praça de São Pedro não pode deixar de ter esta sensação do triunfo definitivo daquele que prometeu: "Eis que faço novas todas as coisas". No local em que Calígula e Nero haviam mandado construir um circo – precisamente aquele em que a tradição situa o martírio do príncipe dos apóstolos, na década de 60 d.C. –, Gian Lorenzo Bernini redesenhou a praça em forma de anfiteatro, uma colunata oval em frente ao "palco imperial" onde – do frontão da basílica – o Cristo ressuscitado, vencedor do pecado e da morte, avança com a bandeira do seu triunfo, a cruz ignominiosa transformada em troféu.

A segunda obra de Alexandre VII é o relicário titânico que preenche a abside da basílica, atrás do altar papal. Chamado *Cathedra Petri*, esse enorme trono de bronze contém uma cadeira de madeira: diz a tradição que foi usada por São Pedro para ensinar a fé aos romanos do século I. Bernini desenha a cátedra simbólica como uma *sédia gestatória* ladeada por quatro doutores da Igreja, que se tornam assim os "portadores" de um magistério apoiado na antiga tradição da Igreja, em uma linha ininterrupta desde São Pedro até os dias de hoje. Mas, se olharmos de perto, vemos que os doutores não tocam na cadeira que, em vez disso, paira, apoiada apenas pela vontade divina. E acima da *Cathedra*, do meio de uma multidão angelical em estuque dourado, uma glória de luz irrompe na basílica, com raios de madeira sobrepostos à arquitetura da abside. Os anjos, os raios, a luz emanam de um centro incandescente: a janela oval na qual vemos o Espírito Santo em forma de pomba. O magistério dos papas é assim colocado sob a influência direta do Espírito, primeira expressão de uma força "pneumática" que invade e transforma o mundo.

Outros mestres da Roma barroca

Juntamente com Bernini, e talvez – pelo menos fora do Vaticano – mais do que ele, o arquiteto responsável pelo novo visual da cidade eterna é Francisco Borromini. Nascido em 1599 em Bissone, no Lago Lugano, estabeleceu-se muito lentamente, trabalhando como canteiro de pedras com Carlo Maderno e depois como assistente do próprio Bernini na realização do baldaquim de São Pedro e em outras obras. A sua primeira obra independente foi a igreja de São Carlos alle Quattro Fontane, em Roma, encomendada pela ordem dos trinitários em 1634, mas iniciada apenas em 1638. O interior, organizado a partir da extraordinária cúpula oval, renuncia às tradicionais formas arquitetônicas do léxico renascentista em favor de curvas que, cruzando-se e completando-se, fazem o espaço pulsar como um organismo vivo. Ao mesmo tempo, no terreno estreito e irregular, Borromini organiza as diferentes experiências espaciais da igreja e do convento com cuidado matemático, tornando-as perfeitamente complementares.

A novidade de São Carlos é imediatamente reconhecida. O então procurador-geral dos trinitários escreve que, na opinião de todos, nunca se viu nada semelhante em termos de mérito artístico e singularidade, e afirma que recebe continuamente pedidos de desenhos e de plantas de Borromini dos membros da ordem vindos da Alemanha, Flandres, França, Espanha e – naquela época de atividade missionária – até mesmo da Índia. Esse elogio, que entre outras coisas nos faz compreender como as ordens religiosas continuaram a ser um sistema capilar de difusão cultural, sugere também a inteligibilidade fundamental da arquitetura de Borromini, baseada não no princípio modular clássico, repetitivo e previsível, mas na interação fracionada de formas geométricas derivadas da estética medieval. A Europa para além dos Alpes ainda amava a beleza intrincada do último gótico, que permaneceu em voga até o século XVI, e na arquitetura de Francisco Borromini os alemães, flamengos e franceses encontraram uma linguagem que conciliava o idioma renascentista com o seu gosto tradicional.

De fato, as linhas onduladas e as formas geométricas que se cruzam, introduzidas por Borromini e desenvolvidas por outros arquitetos italianos, teriam um enorme sucesso na Alemanha e na Áustria no século XVIII.

O movimento dramático das massas arquitetônicas, assim como os efeitos cenográficos obtidos por Bernini através da mistura de elementos escultóricos e pictóricos, visava ao total envolvimento emocional dos fiéis, o que se tornou um objetivo explícito da arte católica do final do século XVII. Outro meio utilizado foi a "abertura para o céu" da cúpula (ou do teto abobadado) de uma igreja mediante a utilização de afrescos ilusionistas, na tradição desenvolvida por Correggio em Parma no início do século XVI. Já nos anos 1620-1630, em Roma e depois em Nápoles, Giovanni Lanfranco de Parma criou cúpulas visionárias com esse espírito, mas só no último terço do século é que "efeitos especiais" semelhantes foram estendidos a todos os espaços interiores das igrejas. Pode-se traçar uma evolução, desde o ilusionismo parcial do teto de Pietro de Cortona para a "igreja nova" dos oratorianos, Santa Maria em Vallicella, em Roma, de 1664-1665, até o ilusionismo integral do teto de Giovan Battista Gaulli, conhecido como Baciccia, para a igreja *del Gesù* dez anos depois. Onde Pietro de Cortona situa o acontecimento retratado – um milagre ocorrido enquanto São Filipe Néri aguardava a demolição da pequena igreja original – para *além* da arquitetura do teto, em um espaço superior imaginário separado do interior da igreja por uma pesada moldura, o céu de Baciccia não respeita a sua moldura, mas transborda e invade o espaço real da nave. Inspirando-se nas últimas obras de Bernini, esse artista sobrepôs grandes áreas de argamassa afrescada com anjos e demônios à decoração em estuque dourado do teto, criando a ilusão de um céu "interativo" acima dos fiéis, com figuras que vão e vêm.

A teatralidade aberta da prática religiosa do século XVII foi de fato acentuada pelos jesuítas, e não é por acaso que o maior dos mestres da ilusão, Andrea Pozzo, tenha sido também um membro religioso da Companhia de Jesus

– foi recebido como irmão leigo em 1665, em Milão. Em 1676-1677 trabalhou para a sua ordem religiosa na igreja de São Francisco Xavier, a chamada "igreja missionária", em Mondovì, combinando os escorços da tradição de Correggio com o ilusionismo perspectivo da falsa arquitetura ("quadratura"), transformando as abóbadas do templo numa série de vislumbres vertiginosos do céu[1].

Mas a obra-prima do "padre" ou "irmão" Pozzo encontra-se em Roma, na segunda das grandes igrejas da ordem, Santo Inácio, no Colégio Romano, onde toda a abóbada da nave é ilusionisticamente aberta para revelar a apoteose do fundador, Santo Inácio de Loyola. As figuras não transbordam para além da moldura, como na abóbada de Baciccia na igreja *del Gesù*, porque aí não há molduras: a arquitetura falsa continua o movimento da real, elevando acima da já vasta igreja uma estrutura imaginária igualmente majestosa, sem teto, que projeta o espectador para o céu onde Santo Inácio é recebido. Se combinarmos então esse teto de 1691-1694 com a obra culminante do Irmão Pozzo, o altar de Santo Inácio na igreja *del Gesù* – realizado entre 1695 e 1699 por mais de uma centena de artistas e artesãos – em bronze dourado, prata, lápis-lazúli e pedras semipreciosas, mármores brancos e coloridos, temos uma visão completa do estilo do barroco tardio em Roma. Os temas iconográficos dos dois programas, com os quatro continentes representados na abóbada de Santo Inácio e, nas laterais do altar do fundador da igreja *del Gesù*, estátuas representando *A religião que derruba a heresia* (Pierre Legros) e *A fé que se opõe à idolatria* (Jean-Baptiste Théodon) – alusões à atividade missionária e ao ensino doutrinário dos jesuítas –, temos uma expressão similarmente articulada do triunfalismo católico nas vésperas da Era Moderna.

O barroco tardio na Itália e na Europa

O barroco romano define, mas não esgota, as possibilidades desta linguagem estilística, que fora de Roma e da Itália encontra intérpretes cuja arte tem um interesse considerável e muitas vezes também uma influência que vai

---

1. No altar da igreja da missão ainda existe uma das poucas "máquinas" litúrgicas daquela época ainda em funcionamento: uma figura pintada e recortada de São Francisco Xavier que, operado por cordas, "sobe" da terra até o céu diante dos olhos dos fiéis.

além do contexto local. Em Florença, por exemplo, o escultor e arquiteto Giovan Battista Foggini, que havia estudado em Roma com o colaborador de Bernini, Ercole Ferrata, criou uma magnífica capela para os príncipes Corsini na igreja de Santa Maria del Carmine [Florença] entre 1677 e 1691; nela, a sobriedade da linguagem arquitetônica evoca em termos barrocos a sacristia nova de Michelangelo em São Lourenço, que, por sua vez, se referia à sacristia antiga de Brunelleschi da mesma igreja. A capela é dedicada a um santo da família cliente, o bispo Andrea Corsini, cujo túmulo está colocado acima do altar, com um esplêndido relevo de Foggini que retrata a sua ressurreição dos mortos para Deus Pai. Tanto no movimento como na emoção das figuras sentimos o legado de Bernini. A cúpula da Capela Corsini tem afrescos do napolitano Luca Giordano em um estilo que lembra Giovanni Lanfranco, em Roma e Nápoles, e Pietro de Cortona, em Roma.

Outro grande mestre do barroco tardio é Guarino Guarini, arquiteto da Emília que estudou em Roma nos anos do primeiro sucesso de Borromini. Guarini, religioso da ordem teatina, era sacerdote e professor de filosofia e matemática. Depois de estudar em Roma, trocou a sua cidade natal, Modena, por Messina, passando depois para Paris e provavelmente Lisboa, antes de aceitar o convite de Carlos Emanuel II de Saboia para se estabelecer em Turim, onde executou duas obras-primas arquitetônicas europeias absolutas: a capela do sudário, anexa à catedral de Turim do século XVI, e a igreja da corte, São Lourenço. Mas, como sugere imediatamente a sua criativa cúpula para a capela do sudário, em aberto contraste com as formas da catedral do século XVI, o estilo de Guarini, embora inspirado em algumas ideias borrominianas, liberta-se radicalmente de toda a tradição clássica da qual Borromini e Bernini ainda eram intérpretes. Para a capela do sudário, Guarino transforma um projeto anterior de cúpula tradicional com modificações excêntricas, mas brilhantes, reduzindo o quadrado da base, no interior, a um círculo, e os tímpanos (que em estruturas semelhantes são sempre quatro) a três, forçando assim o visitante a experimentar a planta como duas formas geométricas perfeitas, um círculo e um triângulo equilátero. Edículas convexas adentram no plano circular nos pontos de ingresso, e essa "invasão" se repete nos sete níveis internos da "cúpula" – na verdade uma torre transparente –, através de arcos que descrevem hexágonos sobrepostos, mas escalonados; esses arcos circunscrevem então janelas (invisíveis por baixo, mas que deixam passar luz por todos os lados), criando uma cavidade luminosa, baseada em conhecimentos matemáticos rigorosos, mas cheia de mistério.

Noutras partes da Europa, a arquitetura barroca explora vários aspectos das experiências italianas. O absolutismo de Luís XVI favorece uma linguagem clássica derivada de Giacomo della Porta e Maderno (Jules Hardouin-Mansart, igreja do Hospital dos Inválidos, Paris, 1680-1691), e a Inglaterra anglicana continua a desenvolver ideias baseadas em Palladio, com uma tímida noção de formas barrocas "modernas" (Christopher Wren, Catedral de São Paulo, Londres, 1675-1710). Na Áustria e na Baviera, no entanto, a orquestração imaginativa de massas e volumes típicas de Borromini e Guarini produz algumas das mais comoventes arquiteturas barrocas: São Carlos Borromeu em Viena (Johann Bernhard Fischer von Erlach, 1716-1737), a igreja da Abadia de Melk (Jakob Prandtauer e Joseph Munggenast, 1702-1738), a igreja beneditina de Zwiefalten (Johann Michael Fischer, 1738-1765), a igreja da Abadia de Ottobeuren (Simpert Kraemer, Joseph Effner, Johann Michael Fischer, 1737-1760), o santuário de Vierzehnheiligen (Bathasar Neumann, 1743-1772). Há também escultores-cenógrafos da tradição de Bernini e Pozzo, como Egid Quirin Asam (*Assunção da Virgem*, 1723, igreja dos cônegos agostinianos, Abadia de Rohr), Georg Raphael Donner (*Pietà*, 1740-1741, catedral de Gurk), Franz Ignaz Günther (*Pietà*, 1764, igreja do antigo convento dos cônegos agostinianos, Weyarn). Também na Espanha uma importante escola escultórica traduz o espírito da pintura barroca tardia em formas plásticas: entre os maiores mestres devem ser lembrados Gregorio Fernández (retábulo do altar-mor, 1632, nova catedral de Plasencia), Juan de Mesa (*Cristo do grande poder*, 1620, igreja de Jesus, Sevilha), Alonso Cano (*João Batista*, 1634, Museu Nacional, Valladolid), Pedro de Mena (*Madalena Penitente*, 1664, Museu Nacional, Valladolid) e Narciso Tomé, autor da obra de longe mais cenográfica da escultura barroca não italiana, o chamado "El Transparente" da catedral de Toledo, 1721-1732.

O grande pintor do último barroco é o veneziano Giambattista Tiepolo, chamado a pintar tanto na Áustria como na Espanha. Herdeiro da gloriosa tradição pictórica veneziana, na sua extraordinária *Comunhão de Santa Luzia*, pintada por volta de 1748 para a igreja dos Santos Apóstolos em Veneza, desdobra as sete figuras principais diante do imponente cenário arquitetônico, com a segurança de um diretor de teatro experiente: o ardor místico da mártir, a emoção dos espectadores e sua interação psicológica beiram o drama sagrado.

Na verdade, sentimos um tom excessivamente teatral, quase operístico, que condiciona a nossa recepção da pintura como imagem religiosa, mas a cor exuberante e os efeitos pictóricos extravagantes superam quaisquer dúvidas, e, no final, deixamo-nos envolver pela elegante pantomima.

Tiepolo também esteve entre os últimos verdadeiros mestres do teto ilusionista, capaz de estender a exuberante teatralidade da *Comunhão de Santa Luzia* a vastas composições de afrescos, como a abóbada pintada entre 1751 e 1753 com alegorias dos quatro continentes na "*residenza*" do príncipe-arcebispo de Würzburg, coroando a magnífica escadaria criada dezesseis anos antes por Balthasar Neumann.

Mas aqui está o problema do barroco tardio como linguagem sagrada: no final, o uso da mesma linguagem pictórica tanto em contextos eclesiais como profanos teve o efeito de privar a pintura ilusionista de qualquer sentido especificamente religioso, reduzindo temas bíblicos ou hagiográficos, juntamente com temas históricos, mitológicos ou alegóricos, à mera decoração. A pintura do barroco tardio produziu, de fato, imagens espetaculares, mas absolutamente previsíveis. E quem entrava em uma igreja ou em um palácio principesco esperava encontrar um glorioso céu pintado, de modo que, assim que notava as nuvens e a configuração geral, não olhava mais para ele. Poucos artistas tiveram a inspiração de Tiepolo; a maioria contentava-se com gestos hiperbólicos provenientes de um repertório comum, repetidos durante um século e meio em igrejas e salões de Palermo a Turim, de Madri a Londres, de Munique a Praga.

É na arquitetura que percebemos os primeiros indícios de uma mudança de gosto: a rejeição dos excessos e das excentricidades do barroco e a procura por uma linguagem menos individualista, mais "clássica". Em 1715, em Turim, o sucessor de Guarini, Filippo Juvarra, definiu a grande igreja barroca de Superga com um pórtico que evocava o do Panteão, em um estilo elegante e ao mesmo tempo sóbrio que já apontava para o estilo neoclássico. E, alguns anos depois, em Veneza, Giovanni Antonio Scalfarotto obteve resultado semelhante na igreja dos Santos Simão e Judas, conhecida como *San Simeon Piccolo* (1718-1738). O exemplo mais importante do novo classicismo, porém, tomaria forma não na Itália, mas na França, historicamente hostil à linguagem dinâmica do barroco romano: em Paris, onde a partir de 1755 Jacques-Germain Soufflot construiu uma grande igreja dedicada à padroeira cristã primitiva da cidade, a mártir Sainte Geneviève (Santa Genoveva) – a igreja que a Revolução transformou em monumento cívico para homenagear os grandes nomes da cultura francesa, mudando seu nome para *Pantheon*. Mas já as formas que o arquiteto havia dado à sua obra são as de um templo romano, não de uma igreja cristã (exceto a cúpula, que reproduz a do projeto de Bramante para São Pedro; uma solução que já havia sido utilizada do outro lado do Canal da Mancha por Christopher Wren para a Catedral de São Paulo em Londres). O *Pantheon* de Soufflot foi concluído em 1792, ano em que Luís XVI, Maria Antonieta e a sua família foram presos, e os padres "refratários", ou seja, aqueles que se recusaram a jurar fidelidade à Revolução, foram massacrados ou deportados.

7

O PERÍODO MODERNO E CONTEMPORÂNEO

Detalhe da obra
Visão após o Sermão (1888)
Paul Gauguin (1848-1903)
Scottish National Gallery (Edimburgo, Escócia)
© Wikimedia Commons

Uma primeira reação sistêmica aos excessos do barroco aparece nas *Atas* de um sínodo regional realizado em Pistoia em 1786, cujo artigo 37 afirma: "Seria desejável que os bispos se preocupassem com a decência das igrejas e das sagradas funções, retirando ao mesmo tempo destas toda aquela pompa supérflua, que não as torna nem mais respeitáveis nem mais devotas"[1]. Por trás dessa condenação estética havia uma realidade histórica: a igreja que os bispos toscanos queriam reformar – milenar, rica em tradições, cheia de privilégios – estava prestes a mudar. Já as expropriações levadas a cabo no século XVIII, e alguns anos mais tarde as expropriações mais drásticas de Napoleão, teriam mudado para sempre o peso econômico e político das instituições eclesiásticas, e a obrigação imposta às ordens contemplativas de transformar o sossego dos mosteiros em atividade educativa ou caritativa teria transformado o conceito cristão de gratuidade em algo mais "utilitário".

É nesse clima que nasceu a utilização do neoclassicismo como estilo eclesiástico em escala europeia: à frivolidade do século XVIII, ligada ao *ancien régime*, a Igreja passou a preferir o rigor da arquitetura grega e romana, revalorizada graças às emocionantes descobertas do final do século XVIII no Reino de Nápoles – *Paestum*, Pompeia, Herculano – e invocada como o estilo "oficial" da nova ordem resultante da Revolução Francesa. O exemplo mais famoso é a igreja parisiense da Madeleine, para a qual em 1806 Napoleão quis o projeto de

---

1. Ver *Atti e decreti del concilio diocesano di Pistoia dell'anno 1786* [Atas e decretos do concílio diocesano de Pistoia do ano de 1786], Pistoia, Bracali, 1786 (rist. con introduzione storica e documenti inediti di P. Stella: Firenze: Olschki, 1987, 2 voll.). Cf. também VERGA, M., Le riforme ecclesiastiche di Pietro Leopoldo, in: V. BALDACCI (ed.), *Le riforme di Pietro Leopoldo e la nascita della Toscana moderna*, Firenze, Regione Toscana, 2000, 61-70.

Pierre Vignon – um colossal templo coríntio sobre uma base alta –, mudando posteriormente a função do edifício para "Templo da glória" como celebração das próprias vitórias[2].

A tentativa de redefinir a arquitetura eclesiástica em termos neoclássicos é um fenômeno internacional e até intercontinental, tendo – entre as primeiras realizações – também um importante caso americano: a esplêndida catedral católica de Baltimore de 1805-1818, de Benjamin H. Latrobe, que repropõe as formas do Panteão romano. Nesse mesmo período se inspiram no Panteão a igreja de São Francisco de Paula, em Nápoles (1816-1824, desenhada por Pietro Bianchi), e a igreja da Gran Madre di Dio, em Turim (1818-1831, desenhada por Ferdinando Bonsignore), enquanto outros modelos greco-romanos ou renascentistas ditam as formas da catedral de Santo Isaac em São Petersburgo (1817-1857, projetada por Auguste de Montferrand) e da Caledonia Road Free Church em Glasgow (1856-1857, projetada por Alexander Thomson).

Tendo nascido em um contexto político e cultural distante – na verdade, hostil – da religião e da Igreja, a linguagem neoclássica é, no entanto, pouco adequada às afirmações da fé cristã: tanto na França revolucionária, com o seu culto à deusa Razão, como no império napoleônico. Ademais, ela baseia-se em fontes históricas nunca antes utilizadas pela Igreja: a Grécia arcaica e, graças às conquistas napoleônicas, o Egito dos faraós. Ao contrário do Renascimento, que traduziu o vocabulário adotado pelos antigos para uma linguagem viva, o neoclássico realça a sua beleza com um espírito acadêmico. Apesar da sua elegância inquestionável, é uma linguagem fria, desligada da experiência; ela fala com mais boa vontade sobre a morte do que sobre a vida.

Na verdade, terá um sucesso considerável como estilo funerário. Os claustros de inúmeros conventos suprimidos logo estarão repletos de túmulos elegantes com inscrições elegíacas celebrando a família e as virtudes cívicas dos falecidos, muitas vezes apenas com uma alusão à fé cristã na vida eterna. A atmosfera de tristeza, que também impregnará a poesia da época, possui algo de fatalismo, como se, tendo despertado do belo sonho do século XVIII, a Europa se encontrasse sem alegria, sem esperança. O certo é que a tempestade

---

2. A mudança de uso foi "corrigida" em 1813, quando o edifício foi restaurado como igreja.

napoleônica cobriu de nuvens os céus em tons pastéis do barroco tardio, como sugerem obras famosas de Francisco Goya e Ludwig van Beethoven.

Efetivamente, a arte cristã tradicional não oferece modelos estilísticos para a terrível finalidade das mudanças sociais e eclesiais da época, e o uso de outras linguagens culturais talvez seja inevitável. Assim, para um monumento a Ticiano, na basílica de Frari, em Veneza, o escultor neoclássico Antonio Canova desenhou uma pirâmide egípcia, em cuja entrada estão mulheres vestidas ao estilo grego, em poses de profunda dor, e um elegante adolescente alado que apaga a sua tocha, em sinal da extinção inapelável de uma vida humana. Quando o próprio Canova morreu em 1822, esse projeto foi usado como seu cenotáfio, e não como monumento ao pintor do século XVI.

Nostalgia da cultura cristã

A abdicação de Napoleão em 1814 permitiu um regresso temporário à normalidade: depois da deusa Razão e das expropriações, foram restabelecidas práticas de um passado distante, como que para insistir numa continuidade que antes havia sido interrompida. A nostalgia da religiosidade é de fato um fenômeno europeu a partir da década de 1820, e uma frase de Réné de Chateaubriand – no prefácio à edição de 1828 do seu *Gênio do Cristianismo* – sugere a motivação. Recordando a primeira restauração da liberdade religiosa, na época da concordata entre Napoleão e Pio VII em 1801, Chateaubriand afirma: "Tínhamos então necessidade de fé, uma avidez de consolações religiosas"; depois de anos de irreligião, "corremos para a Casa de Deus como quem entra na casa do médico na hora da doença".

Essa "avidez de consolações religiosas" levará à redescoberta da Idade Média, um período acima de qualquer suspeita do ponto de vista da sua fé cristã. Depois da elegância aristocrática do barroco e da severidade fúnebre do neoclássico, o *Gothic revival* nascido na Inglaterra e na França oferecer-se-á como a restauração de um equilíbrio antigo, um porto seguro e um projeto dinâmico de recuperação.

Tanto na arquitetura como na pintura, ainda é um estilo internacional. A partir da década de 1840, edifícios de culto dominados por campanários góticos surgiram por toda parte: em Nova York (Trinity Church, 1839-1846, projetada por Richard Upjohn; St. Patrick's Cathedral, 1853-1878, projetada por James Renwick), em Hamburgo (St. Petri Hauptkirche, 1843-1849, projetada por Alexis de Chateauneuf; St. Nikolai Hauptkirche, 1845-1863, projetada por Sir George Gilbert Scott), em Paris (basílica de Santa Clotilde, 1846-1857, projetada por Franz Christian Gau e Théodore Ballu), em Londres (All Saints', Margaret Street, 1849-1859, projetada por William Butterfield), em Viena (Votivkirche, 1856-1879, projetada por Heinrich von Ferstel).

A nostalgia da Idade Média é sintomática de uma busca de estabilidade numa época abalada por mudanças traumáticas. Isso é claramente perceptível em um dos primeiros de uma longa série de "movimentos" artísticos do século XIX, a "irmandade de São Lucas", um grupo de pintores de além-Alpes, mais tarde chamados "nazarenos", que desde 1810 vive em comunidade nos ambientes de um mosteiro romano (Santo Isidoro sul Pincio), em um diálogo idealizado com os mestres da arte cristã de outros tempos. Tendo crescido como protestantes entre a Revolução Francesa e as guerras napoleônicas, esses jovens – os mais famosos são Johann Friedrich Overbeck, Franz Pforr, Peter von Cornelius e Julius Schnorr von Carolsfeld – procuraram a serenidade na tradição católica e, na arte do início do Renascimento italiano (Beato Angélico, Perugino, o jovem Rafael), um frescor longínquo de sua época turbulenta e da formação rígida recebida nas academias da Alemanha e da Áustria. Suas obras, repletas do romantismo medievalizante de Johann Gottfried von Herder e do esteticismo religioso de Wilhelm Heinrich Wackenroder, autor das sentimentais *Efusões de um monge amante da arte*, suscitarão imitadores franceses (Lavergne, Orsel, Périn), italianos (Minardi, Mussini) e ingleses (a irmandade dos pré-rafaelitas). Emblemática é uma obra de Overbeck intitulada *Triunfo da religião nas artes* (fig. 26), encomendada pelo Instituto de Arte de Frankfurt e executada em Roma entre 1833 e 1840, na qual é possível ver pintores, escultores, arquitetos, poetas e músicos de diferentes épocas em conversa animada perto de uma fonte, sob Maria com o Menino e os santos no céu. Sentados nos degraus da fonte, dois religiosos consultam as Escrituras; pelos seus hábitos deduzimos que o da esquerda é um frade dominicano, e o da direita um monge camaldulense: só podem estar representando os célebres pintores das respectivas ordens, Beato Angélico e Lorenzo Monaco. Os dois estão posicionados sob São Lucas (na parte superior ou "celestial" da pintura), o evangelista que, segundo a tradição, é também pintor e que aí é representado com o pincel na mão, enquanto retrata a Virgem.

Do ponto de vista dos conteúdos sagrados, porém, permanece um problema, comum ao medievalismo romântico dos "nazarenos", bem como ao neoclassicismo: o uso indiscriminado desses estilos para fins não cristãos. Na verdade, nos mesmos anos da Madeleine, foi construída a Bolsa de Valores em Paris, igualmente concebida como um templo coríntio (1808-1815, Alexandre-Théodore Brongniart), a fachada sul jônica do Museu Britânico em Londres (1824-1847, Robert Smirke) e, nos Estados Unidos, o imponente pórtico dórico do manicômio de Utica/NY (1837-1843, William Clarke). Da mesma forma, o neogótico das décadas seguintes será também a linguagem dos cenotáfios honoríficos (monumento a Walter Scott, 1840-1846, Edimburgo, obra de George Meikle Kemp) e dos *campi* universitários (Trinity College, Harford/CT, 1873-1880, William Burges). De modo semelhante, a nostalgia do claustro e um neorrenascentismo inspirarão pintores não interessados em temas estritamente sagrados, como Philipp Otto Runge (*A Manhã*, 1808-1809, Kunsthalle, Hamburgo) e Caspar David Friedrich (*Cemitério coberto de neve em frente às ruínas de uma abadia*, 1818, Alte Nationalgalerie, Berlim), como mais tarde a irmandade inglesa "pré-rafaelita" fundada em 1848 por William Holman Hunt, John Everett Millais e Dante Gabriel Rossetti, cujas obras enfatizam mais os bons sentimentos que derivam da civilização cristã do que da fé em si mesma.

Perda de foco, esgotamento poético, fosso cultural

O resultado foi a perda de sentido religioso específico, sugerida em um texto italiano de 1884; falando da nova fachada neogótica do *duomo* de Florença, o autor anônimo afirma que

> [...] na Idade Média [...], quando tudo era símbolo e alegoria, queria-se retratada a história da cidade de Deus e dos homens em peregrinação, orantes e triunfantes nele, na sua glória [...]; não se amavam os símbolos obscuros e as alegorias abstratas, mas as verdades que estavam no topo de cada pensamento, gravadas em cada coração e consideradas por todos como fundamento do universo, do Município, da família; assim como nesta fachada, em que foram retirados os símbolos de tudo o que a religião tem de mais popularmente doce. Estes templos [...] foram aos

olhos dos nossos pais como uma síntese da sociedade cristã e da união da cidade dos homens com a cidade de Deus[3].

No final, portanto, a resposta à "avidez por consolações religiosas" de que falara Chateaubriand foi reduzida a uma confusão piedosa que evoca um passado romanceado.

Nas artes, a Igreja do século XIX sofria de um *esgotamento poético*, como se, depois dos choques da Revolução Francesa, da era napoleônica e das convulsões sociais de 1848, se tivesse refugiado na recitação mecânica e supersticiosa de um "rosário" das glórias de outros séculos. Isso é paradoxal, porque, no mesmo período, tanto o catolicismo como as igrejas reformadas mostram grande vigor espiritual em outras áreas da vida: na renovação do monaquismo, por exemplo, no extraordinário número de novas congregações religiosas e no comovente compromisso com o social – nas escolas e nos hospitais, no trabalho com os jovens (pense-se em Dom Bosco) e com outros grupos marginalizados pela revolução industrial –, sem falar no compromisso missionário na África, na Ásia e na América Latina. Na sua vida espiritual, a Igreja Católica experimentava então um florescimento espiritual comparável em seu conjunto ao da muito admirada Idade Média.

Mas, enquanto nos séculos XIII, XIV e XV, o vigor da instituição se exprimia em magníficas igrejas e afrescos vibrantes de vida, no século XIX a arte cristã já não vibra: as igrejas ou são frias ou sobrecarregadas de referências históricas, e as obras pintadas e esculpidas são convencionalmente áulicas ou gratuitamente excêntricas. O veio poético parece esgotado, reduzido à repetição cansada, como se o trauma do início do século XIX tivesse danificado irreparavelmente algumas funções vitais do sistema nervoso do Corpo Místico.

Essa situação iria se manter estável, infelizmente, até ao início do século XX, e o fosso entre o que a arte religiosa oferece e a cultura europeia, a partir da segunda metade do século XIX, é impressionante. Nos mesmos anos em que mestres como Cesare Maccari, Modesto Faustini e Ludwig Seitz decoram

---

3. G. R., *L'arte cristiana. Augusto Conti e la facciata del Duomo di Firenze*, R. Guasti, Prato, 1884, 3.

o santuário de Loreto e, acima de Lyon, se decorava com mosaicos a neobizantina Notre-Dame de Fourvières, Paul Gauguin partiu para o Taiti, Vincent van Gogh mutilou uma orelha, Toulouse Lautrec estava se tornando alcoólatra e Edvard Munch estava pintando O Grito! Não se trata, portanto, apenas ou principalmente de uma questão de diversidade de estilos pictóricos: mesmo fora do círculo da arte sacra, muitos artistas ainda estavam ligados à tradição, e a experimentação estilística não falta entre os mestres de Loreto. O verdadeiro fosso estava na *forma de conceber o ser humano*, a sua interioridade, a sua relação com o mundo, a função dos seus gestos criativos.

A crise da arte sacra no alvorecer da era contemporânea também surge da contemporânea demolição das "estruturas míticas" de base do Ocidente. A primazia da cultura greco-romana – que do século XVI ao início do século XIX deu à Europa o sentido das raízes históricas das suas instituições – é diminuída pela crescente familiaridade com outras culturas, especialmente orientais e primitivas, devido à exploração científica e ao colonialismo. Ao contrário do Renascimento, que graças a uma visão teológica inclusiva internalizou e reelaborou os dados disponibilizados pela arqueologia, a segunda metade do século XIX desenvolveu pressupostos acadêmicos que convidavam sobretudo a uma classificação taxonômica; a segunda parte do século assistiu, de fato, à proliferação de museus e departamentos de etnografia e antropologia nas capitais e universidades europeias. Assim, a importância do passado greco-romano para a construção do presente – indiscutível desde Dante a Diderot – foi relativizada, e os valores dos comportamentos individuais e coletivos, bem como os grandes ideais sociais herdados de Atenas e Roma, não já não tinham mais a autoridade que tiveram durante muito tempo.

As implicações desse colapso para *a outra* grande espinha dorsal da identidade europeia, o cristianismo, foram imensas. Por um lado, os sistemas "alternativos" de fé e de moral que iam sendo descobertos todos os dias, ao contrário da cultura greco-romana, não tinham ligações históricas com os primórdios da cultura cristã, que foi assim completamente relativizada: já não era a "síntese natural" das civilizações grega e judaica em uma nova realidade que compreende *todo* o passado, mas apenas *um* sistema entre muitos. Central nos estudos antropológicos e etnográficos do século XIX era a ideia de "progresso cultural", correspondendo ao darwinismo popular; essa ideia, iluminada pela nova disciplina desenvolvida por Herbert Spencer e Émile Durkheim, a sociologia, parecia dar uma base objetiva à hostilidade liberal para com todas as instituições do *ancién regime*, sobretudo a Igreja.

Isso já é perceptível na introdução de uma obra publicada em Paris em 1847, *Os Mistérios da Inquisição*, na qual o autor informa ao seu público que "durante vinte séculos a terra foi entregue a tiranos, isto é, a reis e padres", enquanto o frontispício da obra mostra cenas da Inquisição espanhola. Ludwig Feuerbach aplica essa lógica ao protestantismo, e Spencer, na Inglaterra, ao anglicanismo. Auguste Comte, discípulo do socialista Henri de Saint-Simon (fundador do chamado *nouveau christianisme* da década de 1820), publicou seu *Sistema de Filosofia Positiva* em 1854, prevendo uma nova religião feita de ciência, progresso e *humanité*, e dez anos depois Jules Michelet torna-se seu apóstolo. "Devemos voltar atrás", escreve Michelet na sua *Bíblia da Humanidade* (1864), "e virar as costas rápida e corajosamente à Idade Média; virar as costas a esse passado mórbido que nos contagia de morte. Não lutem contra isso, não o critiquem; é preferível esquecê-lo: vamos esquecê-lo e seguir em frente, rumo às ciências da vida, rumo aos museus, rumo às escolas, rumo ao *Collège de France*!".

Para aqueles que não queriam apagar o cristianismo, porém, surgiram outros tipos de problemas. Se a popular *Vida de Jesus*, publicada em 1835 pelo alemão David Friedrich Strauss, praticamente desconsiderou o Cristo histórico, transformando o Salvador em um puro conceito, um momento privilegiado em um esquema hegeliano de desenvolvimento da mente universal, a semelhante "biografia" publicada por Ernst Renan em 1863 aprisionou Jesus nas circunstâncias históricas de seu tempo, reduzindo-o a um mero homem: cativante, grande mestre da humanidade, mas só homem. Para Renan, Jesus permanece preeminente entre todos os grandes nomes da história espiritual, mas não o único: não é *a* presença definitiva de toda a história, capaz de iluminar todos os aspectos da vida do ser humano.

Tanto na arte como na literatura, o Novo Testamento, tal como o Antigo, é reduzido a um romance histórico. *Salomé com a cabeça de João Batista* de Gustave Moreau, de 1876 (que servirá de inspiração a Oscar Wilde para a sua tragédia sobre o mesmo tema, proibida pelas autoridades britânicas, mas apresentada em Paris em 1894 por Sarah Bernhardt), é um exemplo famoso. Sem contar que, tanto na pintura de Moreau como na peça teatral de Wilde, entre o orientalismo exuberante e a intriga erótica, o precursor do Evangelho acaba por ser irreconhecível.

Os estudos etnográficos do século XIX espalharam o conhecimento de sistemas mitológicos alternativos, incluindo as lendas germânicas e escandinavas nas quais Richard Wagner baseou sua tetralogia *O Anel do Nibelungo*, e o ciclo anglo-céltico relacionado ao Rei Arthur. Os irmãos Grimm, James Frazer e novamente Renan repovoaram o imaginário europeu com deuses, heróis e princesas misteriosas com poderes mágicos, vindos das brumas de florestas centenárias e lagos nórdicos. A redescoberta de mitos e lendas pré-cristãs e protomedievais fez parte do novo nacionalismo promovido a um nível quase religioso pelas duas principais potências, Inglaterra e Alemanha (especialmente após a unificação sob o Kaiser Guilherme I e Bismarck em 1870). Os mitos redescobertos serão apresentados como o pano de fundo "histórico-poético" das novas teorias raciais que, na Alemanha em particular, contribuirão para dar um sentido de vocação nacional messiânica.

Em tudo isso, o cristianismo torna-se um dos muitos "sistemas míticos" nos quais o homem se expressou numa fase elementar do seu desenvolvimento evolutivo. A *Visão após o sermão* de Paul Gauguin (1888, Galeria Nacional da Escócia, Edimburgo), que mostra como mulheres simples do interior da Bretanha "visualizam" a luta entre o anjo e Jacó descrita pelo padre, através do novo estilo "simbolista" sugere a moderna chave de leitura: o acontecimento bíblico não tem consistência em si – é reduzido a uma vinheta no canto superior direito. Vemos isso sobretudo na "perspectiva" ou "por meio" de mulheres ignorantes, figuras de folclore, cada uma com a cabeça enfaixada em um arcaico gorro engomado. Três anos depois, em 1891, Gaugin partiu para o Taiti em busca de novos mitos. Em algumas obras taitianas encontramos conselhos escritos para as mulheres: "*Soyez amoureuses, vous serez heureuses*", "Sejam amorosas e vocês serão felizes". São palavras que expressam o mito dominante dos séculos XIX e XX: a sexualidade primitiva, liberta da moral judaico-cristã, torna o ser humano feliz; aliás, torna-o mais humano, mais capaz de se relacionar consigo mesmo, com os outros, com a natureza. O sumo sacerdote dessa nova fé foi Friedrich Nietzsche, que já em 1872, em *O nascimento da tragédia*, tinha visto a fonte da arte no abandono do artista ao instinto "dionisíaco". E, diante do ainda vigoroso medievalismo do período, Nietzsche perguntava:

> Para o que aponta a enorme necessidade histórica da cultura moderna insatisfeita, o acumular-se de inúmeras outras culturas, o desejo

devorador de conhecer, senão para a perda do mito, para a perda da pátria mítica, do mítico seio materno?[4]

O início do século XX

Foi a Itália que respondeu a questões semelhantes quando, em 1909, os futuristas – Marinetti, Balla, Carrà, Boccioni – lançaram o seu incendiário *Manifesto Futurista* nas páginas do *Le Figaro* parisiense: "Queremos libertar este país da sua gangrena fétida de professores, de arqueólogos, cicerones e antiquários". Em vez de uma estética humanista ou religiosa, o *Manifesto Futurista* anuncia que

> [...] a magnificência do mundo foi enriquecida com uma nova beleza: a beleza da velocidade. Um carro de corrida com capô adornado com grandes tubos semelhantes a cobras de hálito explosivo [...], um carro que ruge, que parece correr sob metralha, é mais bonito que a *Vitória de Samotrácia*.

Ainda insistimos no surpreendente fosso entre essa Modernidade agressiva e o arqueologismo convicto da arte católica "oficial", que nos mesmos anos embelezou a cripta da igreja da abadia de Montecassino com relevos no classicismo maneirista da Escola Beuron (Desiderius Lenz e companheiros, 1899-1913) e em Loreto aperfeiçoou um purismo de origem nazarena distante (Biagio Biagetti: Capela Eslava, 1912-1913, e Capela do Crucifixo, 1928-1932). Haverá, é claro, tentativas dispersas de aplicação das novas linguagens a situações sagradas – já nas últimas décadas do século XIX, Gaetano Previati; depois, na década de 1920, Adolfo Wildt, e, na década seguinte, Arturo Martini –, e, em 1932, surge um segundo *Manifesto da arte sacra futurista*, dessa vez assinado por Marinetti e Fillia, no qual se afirma, entre outras coisas, que a luz elétrica, com o seu brilho puro e celestial branco azulado, deve ser preferida nas igrejas "ao luxuriante vermelho amarelado da luz de velas", e que só os aeropintores futuristas, habituados a pintar em voo desde o alto, conseguem expressar

---

4. Nietzsche, F., *La nascita della tragedia*, nota introduttiva di G. Colli, versione di S. Giametta, Milano, Adelphi, [11]1989.

plasticamente "o encanto abismal e as transparências bem-aventuradas do infinito", cantando na tela "a vida aérea multifacetada e veloz dos anjos e a aparição dos santos". Mas esses devaneios eram intraduzíveis em obras concretas, como sugere uma pintura de Fillia (pseudônimo de Luigi Colombo) de 1934, *A eternidade*, em que alguns símbolos tradicionais – a cidade santa, a cruz, a montanha – flanqueiam arbitrariamente o tema central, a Sagrada Família, tudo numa linguagem que lembra os metafísicos e com alguns elementos *Déco*. A disposição da imagem deve-se ao cubismo, e a representação pictórica, ao surrealismo, com a cidade santa envolta num tubo de metal: uma *Eternidade*, em suma, pertencente ao universo dos *pastiches*.

É só na arquitetura, de fato, que a arte sacra do início do século XX atinge uma originalidade poética digna da tradição milenar e, ao mesmo tempo, autenticamente inovadora. A primeira – e, em certo sentido, última – obra é a enorme basílica catalã da Sagrada Família, iniciada como igreja neogótica em 1882 por Francisco de Paula del Villar, mas passada no ano seguinte para as mãos do jovem de trinta e um anos Antoni Gaudí, que ali trabalhou até sua morte em 1926, quando a construção passou para outros, até a consagração do edifício pelo Papa Bento XVI em 2010 (fig. 27). A luz, a proporção e o simbolismo tornam-se novamente centrais no pensamento arquitetônico de Gaudí, como na primeira grande era do gótico: a sua obra não é uma imitação, mas uma reinvenção inspirada, uma redescoberta mística, uma contemplativa celebração da tradição medieval – uma extraordinária síntese estrutural e iconográfica do mistério cristão.

De distante inspiração gótica é também a primeira de uma série de experiências ousadas com materiais e formas contemporâneas, praticamente "industriais": a igreja de Notre-Dame du Raincy (nos arredores de Paris), de Auguste Perret, de 1922-1923, uma espécie de Sainte Chapelle em concreto armado na qual, em vez de paredes, há apenas vitrais, e o presbitério e a nave formam um espaço único. Do mesmo ano é o projeto ideal futurista com planta central do alemão Dominikus Böhm e, de 1930, o interior dramaticamente despojado de Rudolf Schwarz para a igreja do Santíssimo Sacramento em Aachen, sobre a qual o teólogo Romano Guardini, que naqueles anos animou o Movimento Litúrgico Europeu, disse: "Esta ausência de imagens no espaço sagrado é em si uma imagem... Aqui acontece o que acontece no silêncio em relação à palavra. Assim que o homem concorda em se abrir para isso, ele sente uma presença misteriosa".

Esforços semelhantes para adaptar a linguagem da arte cristã ao homem moderno, contudo, encontram a resistência de um conservadorismo culto que, das décadas de 1920 e 1930 às décadas de 1950 e 1960, gozou do apoio oficial da Igreja. Em 1925, o pintor Gino Severini, amigo do filósofo Jacques Maritain, foi criticado pelo Santo Ofício pela sua imagem da Trindade, salvando-se apenas graças à defesa do teólogo Charles Journet, futuro cardeal destinado a desempenhar um papel de liderança no Concílio Vaticano II. Seis anos depois, porém, em 1931, um padre de Brescia empregado no Vaticano – Giovanni Battista Montini, o futuro Paulo VI – insistiu, em um dos seus ensaios *Sobre a futura arte sacra*, no fato de as obras do passado não serem suficientes, e que cada época deve criar as próprias obras.

A escolha de Montini é precisa pela contemporaneidade partilhada pela vanguarda cultural católica também em outras partes da Europa, que encontrou a sua expressão mais típica na revista *L'art sacré*, fundada pelos dominicanos Pie Raymond Régamey e Marie-Alain Couturier. Depois da guerra, um novo movimento produziu algumas das primeiras obras-primas da arte sacra moderna na França: o mosaico de Fernand Léger para a fachada da igreja de Notre-Dame-de-Toute-Grâce em Assy (1946-1949), o interior da capela das religiosas trapistas de Vence (1947-1951) e o mosaico externo da igreja de Sagrado Coração em Audincourt, obra de Jean Bazaine, de 1951. No ano seguinte ocorreram três acontecimentos significativos para a arte sacra da segunda metade do século XX: a publicação na França do livro do Padre Régamey em defesa da pintura não figurativa no contexto litúrgico, *Arte Sacra no Século XX*; na Inglaterra, a encomenda a Graham Sutherland de uma colossal tapeçaria (24 x 11,70 metros) representando Cristo na glória, para a catedral anglicana de Coventry; e na Itália a conclusão da segunda fase do concurso para uma porta de bronze para a catedral de Milão, na qual se destaca a figura de Lucio Fontana. No seu conjunto, esses episódios sugerem um dos temas fundamentais da arte sacra contemporânea: *a procura pela monumentalidade em linguagens não tradicionais*, ou seja, a procura, após a Segunda Guerra Mundial, de imagens imponentes, capazes de comunicar as suas mensagens às massas de pessoas, mas livre do conservadorismo cultural dos regimes nacionalistas das duas décadas precedentes.

Os maiores sucessos se observam sempre na arquitetura: a escultórica capela de Ronchamp, de 1955 (fig. 28), e o rigor moderno do convento dominicano de La Tourette, concluído em 1960, ambos de Le Corbusier; a imensa basílica subterrânea do santuário de Lourdes, com suas robustas formas estruturais em concreto armado aparente, da autoria de Pierre Vago, André Le Donné e Pierre Pinsart, de 1958; a igreja da St. John's Abbey, Collegeville/MN, de Marcel Breuer, 1961; a chamada "igreja da autoestrada" de Giovanni Michelucci em Florença, iniciada em 1959 e concluída durante o Concílio Vaticano II.

Igualmente emblemático dessa procura pela monumentalidade é o número de portas de bronze encomendadas para igrejas a partir de meados do século XX, especialmente na Itália. Mencionamos o concurso plurianual para a quinta porta da catedral de Milão, finalmente vencido por Luciano Minguzzi; mas devemos também lembrar os concursos para as catedrais de Lecco, Siena, Orvieto e Cefalù, bem como as portas feitas para igrejas paroquiais antigas e modernas como São Fermo em Verona e a própria "igreja da autoestrada" em Florença (Pericle Fazzini, 1963). O promotor dos projetos mais importantes foi então a própria Santa Sé, que, depois da guerra, encomendou uma série de portas contemporâneas para a basílica do Vaticano. Elas, juntamente com as portas de Filarete do século XV, deviam comunicar a vitalidade da fé da qual a Igreja é mãe e mestra; Vico Consorti, Venanzio Crocetti, Luciano Minguzzi estão entre os que foram chamados para projetar essas obras.

Manzù e o concílio, Paulo VI e a arte

A mais famosa das portas modernas de São Pedro é a que foi criada por Giacomo Manzù entre 1961 e 1963, chamada "Porta da morte". Manzù, que havia vencido o concurso em 1952, deveria ter desenvolvido o tema do "Triunfo dos santos e mártires da Igreja", mas, quando Pio XII morreu, ele convenceu o novo pontífice, João XXIII, a aceitar outro tema: não o triunfo, mas a derrota – uma *contemplatio mortis* terrivelmente relevante no clima do pesadelo atômico.

A porta mostra, nas duas grandes cenas da parte superior, a deposição de Cristo e a morte de Maria. "Não a ascensão do Filho do Homem ao céu, nem a *Dormitio Virginis*", especifica o crítico Giovanni Bonanno; antes, "o realismo clássico do artista é estruturado pelo elemento trágico do cotidiano. Duas cenas que vibram com *pietas* e *pathos*. Não há desespero, mas silêncio de espera que invoca, apesar de tudo, o advento de Deus". É a arte sacra do anti-herói, e as oito cenas inferiores menores representam o assassinato de Abel, a morte de José, o enforcamento de um *partigiano*, a morte de João XXIII, o apedrejamento de Santo Estêvão, a morte de Gregório VII, a morte na terra, a morte no espaço. Cenas isoladas sem coordenadas históricas reconhecíveis prendem a mente com a verdade nua e crua, cada uma "movida pela tensão interna e esculpida por signos que geram ruído e silêncio" (Bonanno).

Essa porta, criada durante o Concílio Vaticano II (dezembro de 1961 a dezembro de 1965), visualiza – na dignidade profundamente humana dos personagens – a vocação de solidariedade universal que a Igreja estava redescobrindo. Antecipa o tom e o conteúdo do documento mais representativo do concílio, a Constituição Pastoral sobre a Igreja no mundo contemporâneo, *Gaudium et spes*, em que se afirma (no n. 1) que "as alegrias e as esperanças, as tristezas e as angústias dos homens de hoje, sobretudo dos pobres e de todos os que sofrem, são também as alegrias e as esperanças, as tristezas e as angústias dos discípulos de Cristo, e não há nada de genuinamente humano que não encontre eco nos seus corações".

Reconhecendo que "a humanidade vive hoje um novo período da sua história, caracterizado por mudanças profundas e rápidas" (n. 4), os padres conciliares prometem que, das respostas que pretendem dar, "resultará ainda mais claramente que o povo de Deus e a humanidade, dentro da qual esse está inserido, prestam-se um serviço mútuo, de modo que a missão da Igreja se mostra de natureza religiosa e, por isso mesmo, profundamente humana" (n. 11). Portanto, não mais uma Igreja triunfal, mas sim solidária; já não mais uma sacralidade fora da história, separada do mundo, mas uma *missão* "profundamente humana", porque foi confiada à Igreja por Deus que, em Jesus Cristo, se encarnou na história.

Foi talvez o *"aggiornamento"* mais total que o catolicismo alguma vez tentou, e exigia a ajuda de numerosas categorias de pessoas para a sua implementação. Assim, no discurso de encerramento do concílio, em 8 de dezembro de 1965, o padre que em 1931 havia escrito *Sobre a futura arte sacra*, dirigiu-se aos artistas para que recordassem o passado e vislumbrassem o futuro. Com palavras apaixonadas e tons comovidos, Paulo VI disse aos poetas e aos literatos, aos pintores, aos escultores, aos arquitetos, aos músicos, às pessoas do teatro e do cinema:

> A Igreja está há muito tempo aliada a vós. Vós edificastes e decorastes os seus templos, celebrastes seus dogmas, enriquecestes sua liturgia. Vós a

ajudastes a traduzir sua mensagem divina para a linguagem das formas e figuras, para tornar sensível o mundo invisível. Hoje, como ontem, a Igreja tem necessidade de vós e se dirige a vós. Ela vos diz com a nossa voz: não deixeis que se interrompa uma aliança entre todas fecunda! Não vos recuseis a colocar o vosso talento a serviço da verdade divina. Não fecheis o vosso espírito ao sopro do Espírito Santo. O mundo em que vivemos tem necessidade de beleza para não cair no desespero. A beleza, como a verdade, é a que traz alegria ao coração dos homens, é este fruto precioso que resiste ao passar do tempo, que une as gerações e as faz comungar na admiração [...][5].

Muitos artistas respondem, abrindo os seus corações e talentos ao Espírito que trabalha na Igreja. Fausto Pirandello, nas suas *Crucificações* da década de 1960, traça "com tintas de sangue o rosto e o corpo de Cristo", criando "ícones de dor consubstanciais ao homem", como escreve o estudioso de Palermo Giovanni Bonanno. Mas o mesmo acontece com muitos outros, católicos e não católicos, incluindo Trento Longaretti, Sante Monachesi, Carlo Levi, Renato Guttuso, Luigi Filocamo, Aligi Sassu, Emilio Greco, Lello Scorzelli, Floriano Bodini, Primo Conti, Enrico Manfrini, Mirko etc. Unidos na busca de um sagrado que se encarna no ser humano, têm direções estilísticas muito diferentes; dão fé às palavras do concílio, quando este declara: "A Igreja nunca teve um estilo artístico próprio, mas, segundo a índole e as condições dos povos e as necessidades dos vários ritos, admitiu as formas artísticas de cada época". Os padres conciliares desejavam, de fato, que "mesmo a arte do nosso tempo e de todos os povos tenha liberdade de expressão nas igrejas", pedindo apenas que "ela sirva com a devida reverência e a devida honra às necessidades dos edifícios sagrados e dos ritos sagrados" (Constituição sobre a liturgia, *Sacrosanctum concilium*, n. 123).

---

5. Paulo VI, *Mensagens do Concílio à humanidade*, 8 de dezembro de 1965. (Disponível em: <https://www.vatican.va/content/paul-vi/pt/speeches/1965/documents/hf_p-vi_spe_19651208_epilogo-concilio-artisti.html#:~:text=N%C3%A3o%20fecheis%20o%20vosso%20esp%C3%ADrito,as%20faz%20comungar%20na%20admira%C3%A7%C3%A3o>, acesso em: 03 out. 2024. [N. do T.])

Do concílio aos nossos dias

A liberdade desejada pelo concílio caracterizou de fato a arte das décadas entre a primeira resposta entusiástica a Paulo VI e hoje; nem sempre, porém, "com a devida reverência e a devida honra" à liturgia, solicitada pelos padres conciliares. Foram tantas as linhas e as linguagens, de fato, que – pelo menos nos limites deste volume – seria impossível resumi-las, até porque, ao contrário de outros períodos históricos, o atual não tem "escolas", "movimentos" ou "grupos" de artistas, mas favorece um individualismo estilístico que beira a anarquia: não é descabido lembrar que o encerramento do concílio em 1965 precede em muito pouco o ano da revolução cultural do século XX: 1968.

Contudo, mencionaremos algumas experiências interessantes. Entre estas, de particular fascínio é o trabalho do pintor figurativo francês Arcabas, que entre 1952 e 1982 criou mais de oitenta pinturas e obras de arte retratando temas bíblicos na igreja de St. Hughes de Chartreuse, numa zona montanhosa perto de Grenoble, criando uma espécie de santuário visitado por centenas de milhares de pessoas. Suas imagens – coloridas, com uso abundante de ouro – são influenciadas pelo cubismo e pelo estilo geométrico.

Também interessante e comovente é a pintura do americano William G. Congdon, um dos fundadores da *Action Painting* de Nova York na década de 1950, que, tendo emigrado para a Itália e se convertido ao catolicismo, propôs uma série de crucifixos místicos com denso cunho pós-expressionista, lembrando que

> [...] o encontro com Cristo, depois de 1959, fez-me descobrir que o seu drama da cruz é meu também. E isso me leva ao Crucifixo através de um regresso à figura, uma figura que não deveria ser vista nunca mais ou pintada separadamente da cruz. Eu não estava interessado na figura em si, mas na figura como cruz, no que a cruz faz ao corpo de Cristo.

Algo semelhante é a intuição do alemão Arnulf Rainer, que na década de 1980 criou cruzes vibrantes de cores aplicadas com ardor expressionista, mas também ícones evanescentes nos quais reaparece o rosto do Cristo de Andrej Rublëv.

Igualmente atento à tradição bizantina está o pintor jesuíta esloveno Marko Ivan Rupnik, um dos autores da Capela *Redemptoris Mater*, criada no

Palácio do Vaticano para o papa polaco João Paulo II. As quatro paredes de mosaico desenhadas por Rupnik e pelo russo Alexander Kornooukhov tratam da *Descida do Verbo*, da *Divinização do homem*, da *Parusia* e da *Jerusalém celeste*, e unem em nível conceitual "o que há de mais autêntico" nas duas tradições cristãs – os dois pulmões da Igreja – e que mantêm em comum: o talento inventivo e narrativo do Ocidente com o misticismo icônico do Oriente. Olivier Clément, ao escrever sobre essa "Capela Karolina" por ocasião da sua inauguração em 1999, fala justamente de

> [...] uma beleza que traz também os sinais de toda a tragédia do nosso século, o século de Auschwitz, de Kolyma, do Kosovo, um século em que o único Deus que ainda pode ser celebrado é o Deus crucificado; século em que o ouro da ressurreição é feito de gotas de sangue, assim como a noite, ao contrário, sob as pálpebras semicerradas, parece ser feita de grãos de ouro. A beleza aqui tem o perfume da colheita do século, desde a dança de Matisse até a crueldade de Soutine. Crueldade, a mesma palavra que nos remete ao sangue que caracteriza a pintura de Marko Ivan Rupnik e que indica em sua obra o sacrifício ilimitado da Paixão e do Martírio, beleza que no fundo do próprio inferno apresenta a Parusia. Uma beleza da inteligência que se torna celebração.

Igualmente mística, mas de ascendência puramente ocidental, é a escultura do italiano Giuliano Vangi, autor do extraordinário *Ressuscitado na Cruz* na Catedral de Pádua. Feito numa invulgar liga de prata e níquel, com algumas partes em ouro e bronze, esse crucifixo evoca a imagem com que o Salvador descreve o seu regresso no fim dos tempos: "Como um relâmpago, que brilha de uma ponta à outra do céu, assim se dará com o Filho do Homem no seu dia" (Lc 17,24). O Cristo futurista, quase *tecnológico*, de Vangi parece emanar luz da cruz de seis metros de altura e "desenhada como um cristal" – como diz o artista –, com uma gama cromática que vai do azul escuro da base (a noite em que o homem sofre e perde a esperança) à "doce cor da oriental safira" que animou Alighieri (cf. *Purgatório* I, 13) e, finalmente, ao branco límpido e incandescente da luz em que vive o Pai. Vangi diz:

> Procurei expressar com os olhos abertos a vida, a vitória de Cristo sobre a morte, a ressurreição e, portanto, a *parusia*, a glória final prometida a todos por Jesus na passagem de João: "Quando eu for elevado, atrairei

todos a mim" [...]. O Senhor aqui não está pregado, mas quase apoiado na cruz, com os braços abertos, não no suplício, mas em um abraço redentor para toda a humanidade.

Um dos mais importantes campos de investigação da arte sacra contemporânea é o vitral, já principal portador de significado na igreja de Notre-Dame du Raincy de Perret, de 1922. Célebres são também os projetos de Alfred Manessier para os vitrais de Santa Ágata em Les Bréseux (1948-1950) e de Fernand Léger para a igreja de Audincourt (1950-1951), e tanto Bracque como Matisse projetariam vitrais para a capela de Vence (1962). De grande impacto místico são os vitrais da Abadia de Conques, de Pierre Soulages (1987-1994), os de Michele Canzonieri para a catedral de Cefalù (1985-2001), enquanto os projetos de Mimmo Paladino para a capela do Oasis, no santuário de São Gabriel dell'Addolorata em Abruzzo (2002), exploram o poder dos símbolos com elegância caligráfica. Os desenhos de Costantino Ruggeri para vitrais e paramentos sagrados (1998-1999) têm elegância simbólica semelhante, concebidos em cores primárias e formas simplificadas.

Os vitrais que acabamos de mencionar não apresentam, em sua maioria, imagens figurativas. E assim surge uma questão muitas vezes considerada crucial: a figuração é obrigatória para a arte sacra autenticamente cristã? A resposta oficial da Igreja é não, e é Paulo VI quem reconhece o limite do conservadorismo dos seus antecessores quando, falando aos membros da União Nacional dos Artistas, convidados na Capela Sistina em 7 de maio de 1964, admite:

> Nós vos fizemos sofrer porque primeiro impusemos a imitação, como cânon primeiro, a vós, criadores, sempre vivazes, cheios de mil ideias e mil novidades. Nós – vos era dito – temos este estilo, devemos adaptar-nos a ele; temos esta tradição e devemos ser fiéis a ela; temos esses mestres e devemos segui-los; temos esses cânones e não há saída. Às vezes colocamos uma capa de chumbo sobre vós, podemos dizê-lo; perdoai-nos!

O limite do figurativismo é resumido pelo escritor siciliano Leonardo Sciascia em um texto de 1987 sobre o escultor de Palermo Mario Pecoraino, no qual o literato cita uma máxima de Emile-Auguste Chartier, o filósofo conhecido como "Alain": "Reconhecer não é conhecer". Sciascia comentava a fascinante obra retratística de Pecoraino, e a frase de Alain que ele citou é: "A obra do verdadeiro escultor, assim como a do verdadeiro pintor, deve ser regulada por esta observação, de que *reconhecer não é conhecer*". Extraída do seu *Système des beaux-arts* publicado em 1920[6], a afirmação de Alain nasceu no contexto de uma reavaliação da estética tradicional imposta pelas inovações no campo da arte nas primeiras décadas do século XX, cujo fio condutor tinha sido, precisamente, a rejeição da mimese naturalista. Nas imagens plásticas e pictóricas de jovens mestres da época como Braque, Picasso, Léger, Duchamp, Mondrian, Klee, Arp, Kandinsky e depois Mirò, o elemento comum era de fato a "não reconhecibilidade" do sujeito que, no entanto, prometia uma dimensão privilegiada do "conhecimento".

Com efeito, o não figurativo não deve assustar o cristão, se o próprio Cristo, Verbo feito homem, apesar da concretude do corpo assumido por Maria, não hesitou em apresentar-se em termos distantes de qualquer possibilidade de figuração, como "caminho", "verdade", "vida" e "luz" dos homens. Especialmente no contexto litúrgico, em que a arte acompanha ritos que vão além do aspecto externo das coisas, as linguagens contemporâneas, incluindo a abstração, são adequadas para o mistério vital celebrado. No entanto, erram aqueles que acreditam que as linguagens da arte contemporânea não são aplicáveis ao sagrado apenas porque no abstracionismo e no informalismo, como no atonalismo musical, "torna-se extrema a atitude que rejeita a salvação *sagrada* pela salvação *artística* – a *art pour l'art* como substituição da fé" (E. Severino). Erra porque o cristianismo não é maniqueísta: prefere *et-et* a *aut-aut* e, como disse Tertuliano, "a carne é o eixo da salvação". Isso significa que toda experiência estética autêntica pode participar no plano providencial de Deus. O grito de Cristo na cruz, certamente "atonal", não rejeitou a salvação nem a ordem dispersa – quase "informal" – dos lírios do campo, mais belos que Salomão em toda a sua glória (cf. Mt 6,28 s.).

É claro que ninguém gostaria de diminuir o valor da tradição figurativa, que continua a ser uma referência fundamental na arte eclesial. Mas a quem afirma que o figurativo é o *único* estilo cristão possível, devemos recordar uma página de Santo Agostinho em que fala da arte de cantar – e precisamente do "canto novo" que o Salmo 33 convida todo fiel a cantar. "Louvai ao Senhor com

---

6. *Sistema delle arti, compilato ad uso degli artisti per abbreviarne le riflessioni preliminari*, Milano, Muggiani, 1947.

a lira, com a harpa de dez cordas cantai para ele. Cantai ao Senhor um cântico novo!", recita o texto sagrado (Sl 33,2 s.), e Agostinho exorta então:

> Despojai-vos do que em vós há de velho: vós conhecestes o cântico novo. Novo homem, Novo Testamento, novo cântico. O cântico novo não compete aos homens velhos: só o aprendem os homens novos, renovados da velhice por meio da graça, que já pertencem ao Novo Testamento, que é o Reino dos céus. Todo o nosso amor suspira por ele e canta o novo cântico. Porém, o cantais não com os lábios, mas com a vida[7].

Segundo Agostinho, este canto que sobe a Deus "não com os lábios, mas com a vida", é uma obra abstrata, e não figurativa: utiliza apenas os sons, e não as palavras. Afirmando que é o próprio Deus quem dá o tom, o bispo de Hipona, de fato, convida quem assim quisesse cantar a

> [...] não procurar palavras, como se fosse possível dar forma a um canto que agrade a Deus. Canta em *júbilo*. O que significa *jubilar*? Compreender sem poder explicar em palavras o que se canta com o coração. De fato, quem canta, seja durante a colheita, seja durante a vindima, ou quando se está apaixonadamente ocupado em alguma outra atividade, começa a alegrar-se com grande felicidade com a letra dos cantos, mas depois, quase que impregnado de tanta alegria que não se consegue mais expressá-la em palavras, abandona as sílabas das palavras e se abandona ao som do júbilo. O júbilo é um certo som que significa que o coração quer dar à luz aquilo que não pode ser dito. E quem merece esse júbilo senão o Deus inefável? Na verdade, o que não pode ser dito é inefável; e, se não se pode dizê-lo, mas também não se pode calar sobre isso, o que resta senão alegrar-se [...] para além dos limites das sílabas?[8]

Uma obra que traduz bem esse princípio é o tríptico de Filippo Rossi intitulado *Magnificat*, de 2008, na igreja do mosteiro ecumênico da Community of Jesus em Orleans, Massachusetts (fig. 29). Rossi – que em 2009 foi convidado

---

7. Santo Agostinho, *Comentário ao Sl 33[32]*, Sermo I, 7 s.; cf. *CCL* 38, 253 s. (ed. it., *Opere di sant'Agostino*, XXVIII: *Esposizioni sui Salmi*, a cura di V. Tarulli, Roma, Città nuova, 1993).

8. Ibidem.

por Bento XVI para o encontro com os artistas na Capela Sistina –, nos três painéis, evoca a ação de graças de Maria ao seu Criador: uma gratidão que o artista interpreta em chave musical. A oração da jovem escolhida por Deus para trazer Cristo ao mundo sobe forte, mas doce e melodiosamente, até Deus. No entanto, é um canto para duas vozes: abaixo, os pensamentos transbordantes de alegria da "cheia de graça" brilham com vários tipos de ouro, e elevam-se para aquele que lhes dá esplendor – para Deus, *sol iustitiae* – notas harmônicas que irradiam dos três pentagramas dispostos em cada painel do tríptico. Esses são diferenciados: no compartimento central, como que para sugerir o movimento musical da canção, o pentagrama é interrompido, enquanto nos dois painéis laterais os pentagramas unem a criatura ao Criador sem qualquer interrupção. Na verdade, Maria hesitou por um instante e, perturbada, perguntou ao anjo: "Como acontecerá isso, já que não conheço homem algum?" (Lc 1,34); Deus, por outro lado, ama *ab aeterno* a criatura escolhida como escrínio do seu único Filho. Mas os três painéis juntos formam uma sinfonia que se expande por toda a obra; na verdade, a música parece emergir do quadro, e o espectador permanece completamente envolvido por ela.

Completamente envolvido: duas intervenções artísticas em igrejas existentes na Itália sugerem a eficácia do não figurativo na transmissão desta experiência extática de "envolvimento". A primeira, de 1996, é da autoria do artista minimalista americano Dan Flavin em uma construção milanesa desenhada em 1932 por Giovanni Muzio, Santa Maria in Chiesa Rossa. Flavin incorpora um sistema de iluminação fluorescente à estrutura moderna de estilo clássico, brincando com cores simbólicas: azul aurora na nave, vermelho pálido no transepto e amarelo-ouro no presbitério. Quanto menor for a instalação, então, mais permanente é a transformação da igreja dos Santos Pedro e Paulo em Rovello Porro (Como, Itália), 2001-2002, na qual o artista Valentino Vago "dissolve" os sete mil metros quadrados do interior do edifício tradicional em superfícies diáfanas, oscilantes com sutis modulações cromáticas e tonais que deixam vislumbrar, mas de forma quase visionária, estrelas e personagens celestes.

Novas igrejas

O desafio, ao mesmo tempo mais importante e mais difícil, no entanto, não diz respeito à arte que decora as igrejas, mas – numa cultura descristianizada – aos próprios "edifícios sagrados", chamados pelo concílio a apoiar ritos radicalmente simplificados, trazidos de volta à sua transparência comunicativa original. No mundo católico (e não só), os quase cinquenta anos que se seguiram ao último concílio representam um único período de investigação e experimentação arquitetônica, dividido em fases distintas.

Os textos da constituição conciliar sobre a liturgia, *Sacrosanctum concilium*, não apresentam diretrizes particulares, exceto a regra de ouro de uma "idoneidade" litúrgica das novas igrejas. Essa ausência de regras específicas desencadeou uma onda de espaços experimentais em que se tentou dar uma nova estrutura ao espaço celebrativo, insistindo em plantas que favorecessem a relação entre fiéis e presidente: lembramos a capela das freiras da Caritas Socialis de Klosterneuburg (1967-1968, Ottokar Uhl), a capela da clínica das dominicanas em Turim (1969, Franco D'Agnolo Vallan), Santa Edviges em Colônia (1967-1968, Emil Steffann) e a dramática igreja de Zurique-Witikon com suas massas cubistas (1965, Justus Dahinden e o escultor Georg Malin). Há também uma nova atenção ao contexto urbano ou paisagístico e uma capacidade de evocação vernacular, como na igreja monástica de Christ-in-the-Desert no Novo México (1967, George Nakashima).

Muitos arquitetos privilegiam elementos "gestuais" para as igrejas, na crença de que o edifício sagrado deva proclamar a sua presença, distinguindo-se de outras tipologias arquitetônicas. Entre os exemplos de maior sucesso citamos a co-catedral de Taranto (1971), de Gio Ponti, e a inusitada estrutura projetada por Pier Luigi Spadolini para Tor Bella Monaca, nos arredores de Roma (1987). Entre os interiores que fascinam graças ao jogo estrutural colocado a serviço da luz, recordamos os de Santa Maria Assunta a Riola (Bolonha), de Alvar Aalto, de 1966-1978, e de Santa Maria ad Assago (Milão), de Maria Antonietta Crippa e Clemente Schiatti, de 1990-1992.

O mais agudo dos problemas da arquitetura eclesiástica pós-conciliar diz respeito, de fato, à identidade expressiva do edifício da igreja e à sua capacidade "dialógica" em uma época marcada pela secularização e pelo funcionalismo racionalista: questões que colocaram em segundo plano ou cancelaram inteiramente o aspecto simbólico de cada tema arquitetônico. Depois do primeiro momento altamente "gestual" – o momento de Giovanni Michelucci, Gio Ponti e Alvar Aalto, por assim dizer –, muitos clientes e arquitetos preferiram de fato o anonimato das igrejas polivalentes: grandes salões luminosos, mas desprovidos de elementos que evocam a tradição de fé da Igreja, que – por fora – se mimetizam com a arquitetura funcional dos novos bairros suburbanos onde são (tipicamente) construídas.

Para legitimar a renúncia à identidade histórica, existiu quase sempre uma atitude antitriunfal e o desejo de osmose com o mundo, decorrente de uma leitura superficial da *Gaudium et spes*. Embora a "santificação da realidade" fizesse sentido para uma igreja no início da sua jornada, nos séculos IV e V, depois de dois mil anos, qualquer sala de aula convertida para uso cultual desperta, no entanto, desorientação, em vez de identificação mística. Depois da beligerância do ateísmo marxista e da "morte de Deus", o Ocidente secularizado experimenta agora uma indiferença religiosa mitigada pelo fascínio pelas religiões e filosofias orientais e pelo renascimento de formas espirituais gnósticas e/ou sentimentais.

O desafio da arquitetura cristã hoje é recuperar a carga de expressividade positiva do sagrado. Muitos arquitetos conseguem fazer algo desse tipo: Peter Zumthor (Capela de São Bento, Sumvitg, Cantão dos Grisões, 1988), Mario Botta (Catedral da Ressurreição, Évry, Île de France, 1988-1995; Centro Pastoral João XXIII, Paderno-Seriate [Bérgamo], 1994-2004), Richard Meier (igreja paroquial de Deus Pai Misericordioso, Roma, 1996-2003); Rafael Moneo (Catedral de Nossa Senhora dos Anjos, Los Angeles/CA, 1997-2002); Heinz Tesar (Cristo esperança do mundo, Viena, 1999/2000); William Rawn (Igreja da Transfiguração, Rock Harbor, Orleans/MA, 2009). Contudo, como estamos lidando com o presente, essas escolhas – de temas, de artistas, de obras – são "pessoais": são escolhas sem qualquer natureza normativa mensurável. E a nossa *Breve história da arte sacra cristã* pode terminar aqui.

Dada a natureza sagrada do tema, gostaria, no entanto, de deixar a última palavra a dois críticos excepcionais: os pontífices romanos João Paulo II e Bento XVI. O primeiro, na *Carta aos artistas* de 1999, enfatiza a autocompreensão ética e espiritual à qual o dom do talento chama o artista. Para João Paulo II, o talento é de fato uma tarefa, e a arte, um serviço; cada ser humano é chamado a ser artífice da própria vida, diz o papa, mas o artista – nas coisas que faz e que revelam a sua vida – contribui como pessoa para moldar a vida interior dos outros seres humanos.

O sucessor de João Paulo II, o Papa Bento XVI, diz algo semelhante no discurso proferido em 21 de novembro de 2009 na Capela Sistina, perante centenas de artistas de diversas áreas. Tendo atrás de si o *Juízo Final* de Michelangelo, perguntou aos presentes: "O que pode restaurar o entusiasmo e a confiança, o que pode encorajar o ânimo humano a reencontrar o seu caminho, a elevar o olhar para o horizonte, a sonhar com uma vida digna da sua vocação, *se não a beleza?*"[9]. Ele então dissipou qualquer possibilidade de mal-entendido, distinguindo a "beleza autêntica" da beleza efêmera e superficial, e lembrando que a experiência da beleza

> [...] não é algo acessório ou secundário na busca de sentido e felicidade, porque essa experiência não distancia da realidade, mas, pelo contrário, conduz a um confronto próximo com a vida cotidiana, para libertá-la das trevas e transfigurá-la, para torná-la luminosa, bela.

Depois, com uma insistência que não encontramos nos seus antecessores, Bento XVI sublinhou que hoje

> [...] muitas vezes [...] a beleza que se promove é ilusória e mentirosa, superficial e deslumbrante a ponto de atordoar e, em vez de fazer os homens saírem de si mesmos e abri-los para horizontes de verdadeira liberdade, atraindo-os para cima, aprisiona-os dentro de si mesmos e os torna ainda mais escravos, desprovidos de esperança e alegria. É uma beleza sedutora, mas hipócrita, que desperta o desejo, a vontade de poder, de posse, de domínio sobre o outro, e que logo se transforma no seu oposto, assumindo as faces da obscenidade, da transgressão ou da provocação como fim em si mesma.

E Bento XVI continuou:

> Em vez disso, a beleza autêntica abre o coração humano à nostalgia, ao desejo profundo de conhecer, de amar, de ir em direção ao Outro, rumo ao Além de si. Se aceitarmos que a beleza nos toca intimamente, nos fere, nos abre os olhos, então redescobrimos a alegria da visão, da capacidade de captar o sentido profundo de nosso existir, o Mistério do

---

9. Para esta e outras citações do discurso, cf.: <https://www.vatican.va/content/benedict-xvi/pt/speeches/2009/november/documents/hf_ben-xvi_spe_20091121_artisti.html> (grifo nosso). (N. do T.)

qual fazemos parte e do qual podemos haurir a plenitude, a felicidade, a paixão do compromisso diário.

Pois bem, a arte sacra do futuro terá de cumprir essas tarefas.

Bibliografia

Em um trabalho sumário como este, tanto as notas de referência como a bibliografia são necessariamente sumárias. Assim, as poucas anotações textuais, concentradas essencialmente no breve ensaio introdutório e nos primeiros capítulos do texto, têm a única função de indicar as fontes das citações diretas e algumas fontes histórico-críticas. Esta bibliografia, de caráter geral, é apenas indicativa, e não exaustiva.

Bibliografia geral, manuais e enciclopédias

BAIRATI, E.; FINOCCHI, A. *Arte in Italia*, 3 voll. Torino: Loescher, 1984.

BENEVOLO, L. *Introduzione all'architettura*. Roma/Bari: Laterza, 1960.

CASTELFRANCHI, L.; CRIPPA; M. A. (dir.). *Dizionario di iconografia e arte cristiana*, a cura di R. Cassanelli e E. Guerriero, Cinisello Balsamo. Milano: S. Paolo, 2004.

DE VECCHI, P.; CERCHIARI, A. *Arte nel tempo*, 3 voll. Milano: Bompiani, 1991-1992.

Enciclopedia universale dell'arte, 15 voll. Roma/Venezia: De Agostini, 1958-1967.

GOMBRICH, E. H. *The Story of Art*. London, 1950 [trad. it.: *La storia dell'arte*. Torino: Einaudi, 1968].

MALE, E. *L'arte religiosa nel '600. Italia, Francia, Spagna, Fiandra*. Milano: Jaca book, 1984.

———. *Le origini del gotico. L'iconografia medioevale e le sue fonti*. Milano: Jaca book, 1986.

PEVSNER, N. *An Outline of European Architecture*. London, 1948 [trad. it.: *Storia dell'architettura europea*. Bari: Laterza, 1959, ^{9}2003].

PIGNATTI, T.; GEMIN, M.; PEDROCCO, F. *L'arte nel mondo*, 3 voll. Bergamo: Atlas, 1989.

PREVITALI, G.; ZERI, F. (ed.). *Storia dell'arte italiana*, 12 voll. Torino: Einaudi, 1979-1983.

Storia Universale dell'Arte, 19 voll. Torino: UTET, 1978-2001.

Storia dell'Arte in Italia, 23 voll. Torino: UTET, 1978-2001.

VERDON, T. *L'arte sacra in Italia. L'immaginazione religiosa dal paleocristiano al postmoderno*. Milano: Mondadori, 2001.

VERDON, T. (ed.). *Arte cristiana in Italia*, 3 voll. Milano/Cinisello Balsamo: S. Paolo, 2005-2008.

Introdução: A arte sacra

Particularmente interessantes para o presente livro são:

JUNGMANN, J. A. *The Early Liturgy to the Time of Gregory the Great*. Notre Dame/IN, 1959.

RIGHETTI, M. *Manuale di storia liturgica*, 4 voll. Milano: Àncora, ³1964 (ed. anast., 1998).

VAGAGGINI, C. *O sentido teológico da liturgia*. São Paulo: Loyola, 2009.

Além desses:

VON BALTHASAR, H. U. *Gloria. Una estetica teologica*, 6 voll. Milano: Jaca book, 1971.

BOUYER, L. *Eucharistie. Théologie et spiritualité de la prière eucharistique*. Paris, 1966 [trad. it.: *Eucaristia. Teologia e spiritualità della preghiera eucaristica*. Leumann (To): ElleDiCi, 1969, ²1983].

CHAUVET, L. M. *Símbolo e sacramento. Uma releitura sacramental da existência cristã*. São Paulo: Loyola, 2023.

CHENU, M.-D. Pour une anthropologie sacramentelle. In: *La Maison Dieu* 3 (1974) 85-100.

COOKE, B. *Ministry to Word and Sacraments. History and Theology*. Philadelphia/PA, 1977.

JONES, CH.; WAINWRIGHT, G.; YARNOLD, E. (eds.). *The Study of Liturgy*. New York, 1978 (com importantes ensaios de COBB, P. G. *The History of the Christian Year*, 403-418, e *The Architectural Setting of the Liturgy*, 473-487; DONOVAN, K. *The Sanctoral*, 419-431; WYBREW, H. *Ceremonial*, 432-439).

FINK, P. E. (ed.). *The New Dictionary of Sacramental Worship*. Collegeville/MN, 1990.

GATTI, V. *Liturgia e arte. I luoghi della celebrazione*. Bologna: EDB, 2001.

KLAUSER, T. *La liturgia della Chiesa occidentale. Sintesi storica e riflessioni.* Leumann (To): ElleDiCi, 1971.

VAN DER LEEUW, G. *Sacred and Profane Beauty. The Holy in Art.* New York, 1963.

LODI, E.; RUFFINI, E. *"Mysterion" e "Sacramentum". La sacramentalità negli scritti dei Padri e nei testi liturgici primitivi.* Bologna: EDB, 1987.

MALDONADO, L.; POWER, D. (ed.). *Symbol and Art in Worship.* New York, 1980.

NEUNHEUSER, B. *História da liturgia através das épocas culturais.* São Paulo: Loyola, 2007.

POWER, D. *Unsearchable Riches. The Symbolic Nature of Liturgy.* New York, 1984.

POWERS, J. M. *Eucharistic Theology.* New York, 1967 [trad. it.: *Teologia eucaristica.* Brescia: Queriniana, 1969, ^{2}1979].

SARTORE, D. Panoramica critica del dibattito attuale sulla religiosità popolare. In: *Liturgia e religiosità popolare. Proposte di analisi e orientamenti* (Atti della VII settimana di studio dell'Associazione dei professori di liturgia). Bologna: EDB, 1979, 17-50.

SARTORE, D.; TRIACCA, A. M. (ed.). *Nuovo dizionario di liturgia.* Roma: Edizioni Paoline, 1984 [nuova ed., Cinisello Balsamo (Mi), 2009].

TAGLIAFERRI, R. Modelli di comprensione della scienza liturgica. In: *Il mistero celebrato. Per una metodologia dello studio della liturgia* (Atti della XVII settimana di studio dell'Associazione dei Professori di Liturgia, Assisi 1988). Roma: CLV – Edizioni liturgiche, 1989, 19-102.

VALENZIANO, C. *Liturgia e antropologia.* Bologna: EDB, 1997.

VERDON, T. *Vedere il mistero. Il genio artistico della liturgia cattolica.* Milano: Mondadori, 2003.

_____. *Attraverso il velo. Come leggere un'immagine sacra.* Milano: Àncora, 2007.

Capítulo 1. Da arte helênica à arte cristã

BECKWITH, J. *Early Christian and Byzantine Art.* Harmondsworth (Middlesex, England), 1970.

BRENK, B. *Die frühchristlichen Mosaiken von S. Maria Maggiore zu Rom.* Wiesbaden, 1975.

CECC HELLI, C. *I mosaici della Basilica di S. Maria Maggiore.* Torino: ILTE, 1956.

VON FALKENHAUSEN, V. I bizantini in Italia. In: *I bizantini in Italia.* Milano: Garzanti/Scheiwiller, 1993, 1-136.

FARIOLI, R. *Ravenna romana e bizantina*. Ravenna, Longo, 1977, espec. 29-39.

GRABAR, A. *Christian Iconography. A Study of Its Origins*. Princeton/NJ, 1968.

KITZINGER, E. *Byzantine Art in the Making. Main Lines of Stylistic Development in Mediterranean Art, 3rd-7th Century*. Cambridge/MA, 1977, spec. 81-99.

KRAUTHEIMER, R. *Le basiliche paleocristiane di Roma, IV-IX secolo* (Corpus basilicarum christianarum Romae, vol. V). Pontificio Istituto di archeologia cristiana, Città del Vaticano 1980.

———. *Rome. Profile of a City, 312-1308*. Princeton/NJ, 1980.

RITZ, S. *L'insuperabile creazione del passato, presente e futuro. Il tempio perenne di S. Stefano Rotondo in Roma, la nuova Gerusalemme dell'Apocalisse*. Roma: PUG, 1978.

VOLBACH, W. F.; HIRMER, M. *Arte paleocristiana*. Firenze: Sansoni, 1958.

De particular utilidade é o catálogo monumental da mostra celebrada em Roma, de 22 de dezembro de 2000 a 20 de abril de 2001: LA ROCCA, E. (ed.). *Aurea Roma. Dalla città pagana alla città cristiana*. Roma, 2000, com sessenta e três ensaios (e relativa bibliografia).

Capítulo 2. A Alta Idade Média

CAVALLO, G. (dir.). *Exultet. Rotoli liturgici del Medioevo meridionale*, a cura di G. Orofino e O. Pecere. Roma: Istituto poligrafico e Zecca dello Stato/Libreria dello Stato, 1994.

CONANT, K. J. *Carolingian and Romanesque Architecture 800-1200*. London, 1959.

DEMUS, O. *Pittura murale romanica*. Milano: Rusconi, 1969.

GARRISON, E. B. *Studies in the History of Italian Medieval Painting*. 3 voll. Firenze: Tipografia L'Impronta, 1953-1962.

KNOWLES, D. *Christian Monasticism*. New York, 1967 [trad. it.: *Il monachesimo cristiano*. Milano: Il saggiatore, 1969].

MATTHIAE, G. *Mosaici medioevali delle chiese di Roma*. Roma: Istituto poligrafico e Zecca dello Stato/Libreria dello Stato, 1967.

PEIFER, C. *Monastic Spirituality*. New York, 1966.

PENCO, G. *Storia del monachesimo in Italia*. Roma: Edizioni Paoline, 1968.

SCHAPIRO, M. *Arte romanica*. Torino: Einaudi, 1982.

VERDON, T. *Monasticism and Christian Culture*. In: ___ (ed.). *Monasticism and the Arts*. Syracuse/NY, 1985, 1-28.

———. Il monachesimo e le arti. In: ___ (ed.). *Pellegrinaggio, monachesimo, arte. La visibilità del cammino interiore*. Firenze: Polistampa, 2000, 32-62.

VOLBACH, W. F. *L'impero carolingio*. Milano: Rizzoli, 1981 (Milano: Feltrinelli, ¹1968).

ZARNECKI, G. *The Monastic Achievement*. New York, 1972.

Capítulo 3. O gótico

BALTRUSAITIS, J. *Il Medioevo fantastico*. Milano: Mondadori, 1973.

BECHMANN, R. *Le radici delle cattedrali. L'architettura gotica espressione delle condizioni dell'ambiente*. Milano: Mondadori, 1989.

BRIVIO, E. (ed.). *Repertorio delle cattedrali gotiche*. Milano: Fabbrica del Duomo di Milano/Nuove edizioni duomo, 1986.

DUBY, G. *L'arte e la società medioevale*. Bari: Laterza, 1977.

FRUGONI, C. *Francesco e l'invenzione delle stimate*. Torino: Einaudi, 1993.

MARTINDALE, A. *Arte gotica*. Milano: Rusconi, 1990.

PACE, V.; BAGNOLI, M. (ed.). *Il gotico europeo in Italia*. Napoli: Electa Napoli, 1994.

PANOFSKY, E. (ed.). *Architettura gotica e filosofia scolastica*. Napoli: Liguori, 1986.

VON SIMSON, O. *La cattedrale gotica. Il concetto medievale di ordine*. Bologna: Il mulino, 1997.

THODE, H. *Francesco d'Assisi e le origini dell'arte del Rinascimento in Italia*, ed. it. a cura di L. Bellosi. Roma: Donzelli, 1993.

VERDON, T. *Bellezza e identità. L'Europa e le sue cattedrali*. Bologna: FMR, 2006.

____. *San Francesco negli affreschi di Giotto a Assisi*. Torino: UTET, 2011.

Capítulo 4. O século XV

ARGAN, G. C. *Brunelleschi*. Milano: Mondadori, 1985.

BAXANDALL, M. *Pittura ed esperienze sociali nel Trecento e nel primo Quattrocento*. Torino: Einaudi, 1978.

BENNETT, A.; WILKINS, D. G. *Donatello*. Oxford, 1984.

BETTINI, S. *Il gotico internazionale*, a cura di E. Bordignon Favero. Vicenza: Neri Pozza, 1996.

CASTELFRANCHI VEGAS, L. *Il gotico internazionale in Italia*. Milano: Fabbri, 1966.

CHASTEL, A.; KLEIN, R. *L'umanesimo e l'Europa della Rinascita*. Milano: Electa, 1966.

De Fusco, R. *L'architettura del Quattrocento*. Torino: UTET, 1980.

Firpo, L. *La città ideale del Rinascimento*. Torino: Ramelli, 1974.

Garin, E. *Medioevo e Rinascimento. Studi e ricerche*. Bari: Laterza, 1954.

———. *La cultura del Rinascimento*. Bari: Laterza, 1967.

Gombrich, E. H. *Norma e forma. Studi sull'arte del Rinascimento*. Torino: Einaudi, 1973.

Heydenreich, H. *Il primo Rinascimento. Arte italiana 1400-1460*. Milano: Feltrinelli, 1974.

Huizinga, J. *L'autunno del Medioevo*. Firenze: Sansoni, 1944.

Krautheimer, R. *Lorenzo Ghiberti*. Princeton/NJ, 1956.

Panofsky, E. *Early Netherlandish Painting. Its Origins and Character*. Cambridge/MA, 1953.

———. *Rinascimento e rinascenze nell'arte occidentale*. Milano: Feltrinelli, 1971.

Rossi, S. *Dalle botteghe alle accademie*. Milano: Feltrinelli, 1980.

Smith, C. *Architecture in the Culture of Early Humanism*. New York, 1992.

Snyder, J. *Northern Renaissance Art*. New York, 1985.

Verdon, T.; Henderson, J. (ed.). *Christianity and the Renaissance. Image and Religious Imagination in the Quattrocento*. Syracuse/NY, 1990.

Winney, M. *Early Flemish Painting*. New York/Washington, 1968.

Wittkower, R. *Principi architettonici nell'età dell'Umanesimo*. Torino: Einaudi, 1964.

Capítulo 5. O século XVI

Benesch, O. *The Art of the Renaissance in Northern Europe*. Cambridge/MA, 1945.

Bruschi, A. *Bramante*. Bari: Laterza, 1985.

Cutler, C. D. *Northern Painting from Pucelle to Bruegel*. New York, 1968.

De Fusco, R. *L'architettura del Cinquecento*. Torino: UTET, 1981.

De Maio, R. *Michelangelo e la Controriforma*. Bari: Laterza, 1981.

Deusch, W. *German Painting of the Sixteenth Century*. London, 1963.

Goffen, R. *Piety and Patronage in Renaissance Venice. Bellini, Titian and the Franciscans*. New Haven/CT, 1986.

Hauser, A. *Il manierismo. La crisi del Rinascimento e l'origine dell'arte moderna*. Torino: Einaudi, 1965.

HEYDENREICH, L. H.; PASSAVANT, G. *I geni del Rinascimento. Arte italiana 1500-1540*. Milano: Rizzoli, 1975.

PFEIFFER, H. *Zur Ikonographie von Raffaels Disputa*. Roma: PUG, 1975.

ROSAND, D. *Painting in Cinquecento Venice: Titian, Veronese, Tintoretto*. New Haven/CT, 1982.

SHEARMAN, J. *Il manierismo*. Firenze: S.P.E.S., 1983.

VERDON, T. *Michelangelo teologo*. Milano: Àncora, 2005.

___. *La Basilica di S. Pietro. I papi e gli artisti*. Milano: Mondadori, 2005.

Capítulo 6. O barroco

ARGAN, G. C. *Borromini*. Verona: Mondadori, 1952.

BLUNT, A. *Art and Architecture in France 1500-1700*. Harmondsworth (England: Middlesex), 1953.

CATTAUI, G. *L'architettura barocca*. Roma: Studium, 1962.

FAGIOLO DELL'ARCO, M. *Bernini. Una introduzione al gran teatro del barocco*. Roma: Bulzoni, 1967.

FALDI, I. La scultura barocca in Italia. Milano: Garzanti, 1958.

FRANCASTEL, P. La contre-réforme et les arts en Italie à la fin du XVIe siècle. In: BÉDARIDA, H. (ed.). *A travers l'art italien du XVI au XX siècle*. Paris, 1949.

FRIEDLAENDER, W. *Caravaggio Studies*. Princeton/NJ, 1955.

GALASSI PALUZZI, C. *Storia segreta dello stile dei gesuiti*. Roma: F. Mondini, 1951.

HIBBARD, H. *Bernini*. Harmondsworth (England: Middlesex), 1965 [cf. in it.: *Bernini e il barocco*. Milano: Fabbri, 1968].

HINKS, R. *Michelangelo Merisi da Caravaggio. His Life, His Legend, His Works*. London, 1953.

JULLIAN, R. *Caravage*. Lyon/Paris, 1961.

LAVIN, I. *Bernini and the Crossing of Saint Peter's*. New York, 1968.

MAHON, D. *Studies in Seicento Art and Theory*. London, 1947.

MARCONI, P. *La Roma del Borromini*. Roma: Capitolium, 1968.

MARTINELLI, V. *L'ultimo Bernini 1665-1680. Nuovi argomenti, documenti e immagini*. Roma: Quasar, 1996.

MOIR, A. *The Italian Followers of Caravaggio*, 2 voll. Cambridge/MA, 1967.

PALLUCCHINI, R. *La pittura veneziana del Settecento*. Roma/Venezia: Alfieri, 1960.

Pope-Hennessy, J. *Italian High Renaissance and Baroque Sculpture*. London, 1963 [trad. it.: *La scultura italiana*, III: *Il Cinquecento e il Barocco*. Milano: Feltrinelli, 1966].

Portoghesi, P. *Roma barocca. Storia di una civiltà architettonica*. Roma: C. Bestetti edizioni d'arte, 1966 [hoje: Roma/Bari: Laterza, ^{9}2001].

Rosenberg, J.; Slive, S.; ter Kuile, E. H. *Dutch Art and Architecture, 1600-1800*. Harmondsworth (England: Middlesex), 1966.

Spike, J. *Caravaggio*. New York, 2001.

Waterhouse, E. *Italian Baroque Painting*. London, 1962.

Wittkower, R. *Art and Architecture in Italy 1600-1750*. Harmondsworth (England: Middlesex), 1958 [trad. it.: *Arte e architettura in Italia. 1600-1750*, con un saggio di L. Barroero. Torino: Einaudi, ^{15}2008].

Capítulo 7. O período moderno e contemporâneo

Begni Redona, P. V. (ed.). *Paolo VI su l'arte e agli artisti. Discorsi, messaggi e scritti (1963-1978)*. Brescia/Roma: Istituto Paolo VI/Studium, 2000.

Bonanno, G. *Profezia dell'arte contemporanea. Itinerari inquieti nel XX secolo*. S. Gabriele (Te): Stauros, 2000.

Calvesi, M. (ed.). *La porta. Segno di Cristo ed evento artistico. Porta segno architettonico. Porta metafora spirituale*, catalogo della IX biennale d'arte sacra. S. Gabriele (Te), 15 luglio – 15 ottobre 2000. S. Gabriele (Te): Stauros, 2000.

Celant, G. (ed.). *Cattedrali d'arte. Dan Flavin per Santa Maria in Chiesa Rossa*. Milano: Fondazione Prada, 1997.

Chenis, C. *Fondamenti teorici dell'arte sacra. Magistero post-conciliare*. Roma: LAS, 1991.

———. *Ragioni concettuali e valenze linguistiche dell'arte sacra contemporanea. Un tentativo di diagnosi e di terapia secondo il pensiero della Chiesa*. S. Gabriele (Te): Stauros, 1995.

——— (ed.) *L'arte per il culto nel contesto postconciliare*. In: *L'iconografia*. S. Gabriele (Te), 1999.

De Carli, C. (ed.). *Paolo VI e l'arte. Il coraggio della contemporaneità. Da Maritain a Rouault, Severini, Chagall, Cocteau, Garbari, Fillia*, catalogo della mostra: S. Giulia, Brescia, 9 novembre 1997 – 25 gennaio 1998. Milano: Skira, 1997.

——— (ed.) *Gli artisti e la Chiesa della contemporaneità*, catalogo della mostra: Museo diocesano, Brescia, 10 novembre 2000 – 10 gennaio 2001. Milano: Mazzotta, 2000.

____. Montini/Maritain e gli artisti contemporanei. In: GALEAZZI, G. (ed.), *Montini e Maritain tra religione e cultura. Atti del convegno nazionale dell'Istituto Italiano "Jacques Maritain"*, Roma, Pontificia Università Gregoriana, 28-29 novembre 1997. Città del Vaticano: Libreria Editrice Vaticana, 2000, 204-214.

DE PAZ, A. *Il Romanticismo e la pittura. Natura, simbolo, storia.* Napoli: Liguori, 1998.

DEBUYST, F. *Chiese. Arte, architettura, liturgia dal 1920 al 2000.* Milano: Silvana Editoriale, 2003.

FALLANI, G.; MARIANI, V.; MASCHERPA, G. *Collezione Vaticana d'arte religiosa moderna.* Milano: Silvana Editoriale, 1975.

FUMET, S. *Processo all'arte*, a cura di C. De Carli. Milano: Jaca book, 2003.

GRASSO, G. (ed.). *Chiesa e arte. Documenti della Chiesa, testi canonici e commenti.* Cinisello Balsamo (Mi): San Paolo, 2001.

LONGHI, A. *Luoghi di culto. Architetture 1997-2007.* Milano: Motta, 2008.

MALTESE, C. *Storia dell'arte in Italia. 1785-1943.* Torino: Einaudi, 1960, 1992.

PASQUALI, M. (ed.). *La Raccolta Lercaro.* Bologna, 1992.

POLVARA, G. *Arte, arte cristiana, arte liturgica.* Milano: B. Angelico, 1932.

PUPPO, M. *Il Romanticismo.* Roma: Studium, ^{6}1975.

RÉGAMEY, P. R. *Art sacré au XX siècle?* Paris, 1952.

ROSSI, E. *L'arte sacra oggi. Bellezza e verità.* Roma: Studium, 1980.

SCARPA, G. *Colloqui con Arturo Mar-tini.* Milano: Rizzoli, 1968.

Segni del 9cento. Architettura e arti per la liturgia in Italia, catalogo della mostra itinerante, Ufficio Nazionale per i Beni culturali della Conferenza Episcopale Italiana. Roma: Cierre Grafica, 2001.

TUCHMAN, M. (ed.). *The Spiritual in Art. Abstract Painting 1890-1985*, catalogo delle mostra: County Museum of Art (Los Angeles) 23 novembre 1986 – 8 marzo 1987; Museum of Contemporary Art (Chicago) 17 aprile – 19 giugno 1987; Haags Gemeente Museum (The Hague) 1 settembre – 22 novembre 1987. Los Angeles/CA, 1986.

TUNIZ, D. Arte sacra contemporanea. In: ANDERSEN, C.; DENZLER, G. (ed.). *Dizionario storico del Cristianesimo.* Cinisello Balsamo (Mi): San Paolo, 1988, 66-69.

UNIONE CATTOLICA ARTISTI ITALIANI (ed.). *Profezia di bellezza. Arte sacra tra memoria e progetto. Pittura, Scultura, Architettura. 1945-1995*, catalogo della mostra: Braccio di Carlo Magno, S. Pietro in Vaticano, 27 gennaio – 3 marzo 1996. Roma: Ciscra, 1996.

VERDON, T. *Bellezza e vita. La spiritualità nell'arte contemporanea.* Cinisello Balsamo (Mi): San Paolo, 2011.

Figura 1
Cristo-Hélios, mosaico, séc. III. Necrópole vaticana, mausoléu dos Júlios.

Figura 2
São Pedro no Vaticano, reconstruções do interior (Grimaldi, 1619) e do exterior (Brewer, 1892) do conjunto da antiga basílica

Figura 3
Santo Apolinário in Classe,
Ravena, altar e abside.
Abaixo, detalhe dos mosaicos
do recôncavo da abside, séc. VI.

Figura 4   Capa do evangeliário da rainha Teodolinda, final do séc. IV-início do séc. VII. Museu e Tesouro do Duomo de Monza.

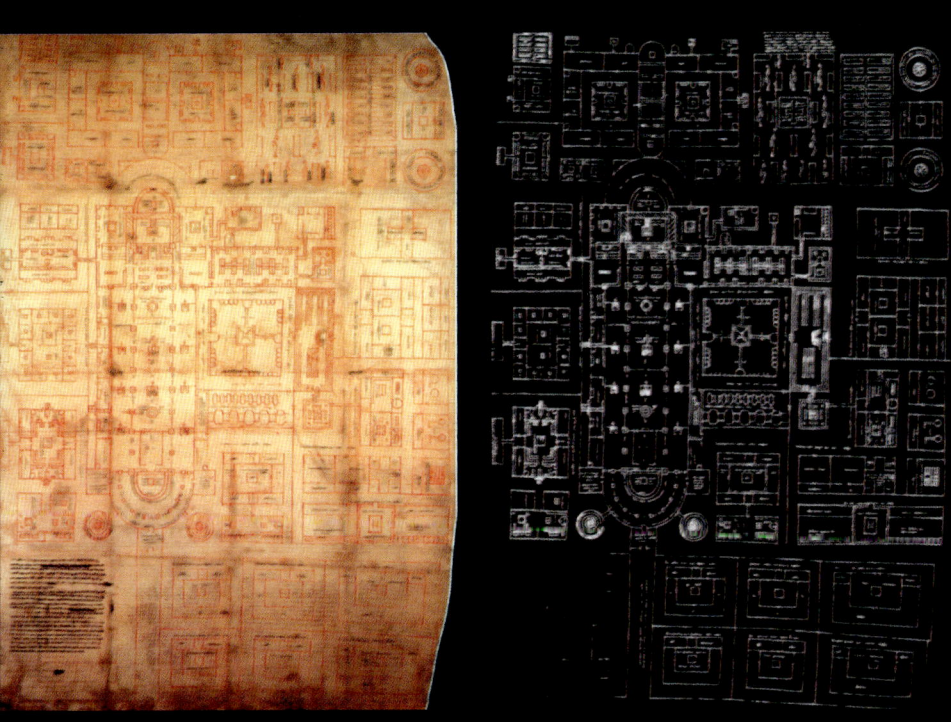

Figura 5   Planta de um mosteiro, c. 820. São Galo, Biblioteca do capítulo, ms. *Sagallensis* 914.

Figura 6
Winchester, catedral da Santíssima Trindade, dois cortes do interior do transepto norte, em estilo normando, séc. XI.

Figura 7
Santiago de Compostela, Porta da glória (com esculturas em policromia), séc. XII. À direita, detalhe.

Figura 8
Paris, Saint Denis, vista do interior do deambulatório, c. 1140-1144.

Figura 9   Paris, catedral de Notre-Dame, vista do lado externo, voltado para o rio Sena, com os arcobotantes.

Figura 10 Reims, catedral de Notre-Dame, portal-mor, *Anunciação e Visitação*, séc. XIII.

Figura 11
Giotto,
Beijo de Judas,
c. 1304-1306,
Capela dos
Scrovegni, Pádua.

Figura 12 Lorenzo Ghiberti, *Sacrifício de Isaac*, painel do concurso de 1401. Museu Nacional do Bargello, Florença.

Figura 13 Filippo Brunelleschi, *Hospital dos inocentes*, anos 1420-1446, fachada, Florença.

Figura 14
Masaccio,
Trindade,
c. 1425-1427,
Santa Maria Novella,
Florença

Figura 15 Jan van Eyck e Hubert van Eyck, *Cordeiro místico*, c. 1426-1432, detalhe do retábulo do altar para a catedral de Gand.

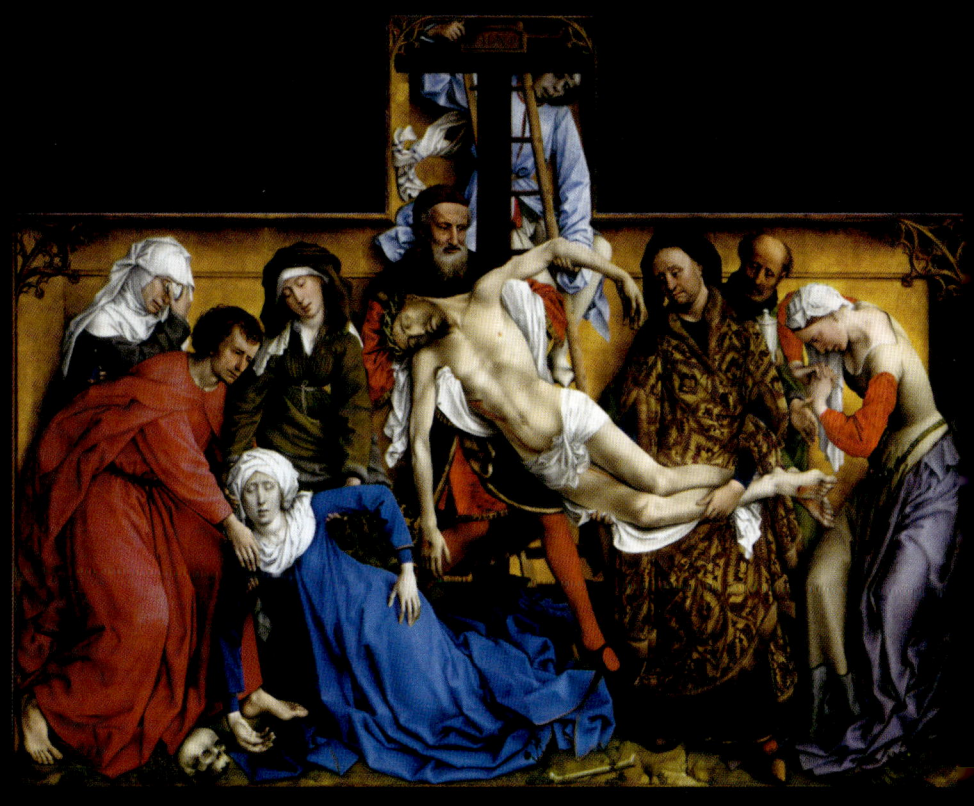

Figura 16 Rogier van der Weyden, *Deposição*, c. 1435, Museu do Prado, Madri.

Figura 17   Giovanni Bellini, *São Francisco em êxtase*, c. 1480.
The Frick Collection, Nova York.

Figura 18   Michelangelo Buonarroti, *Criação de Adão*, c. 1510.
Capela Sistina, Cidade do Vaticano.

Figura 19 Matthias Grünewald, *Crucificação*, c. 1512-1516, detalhe do retábulo de altar para a igreja de Issenheim. Museu Unterlinden, Colmar.

Figura 20
Ticiano Vecellio,
Sepultamento de Cristo,
c. 1523-1526.
Museu do Louvre, Paris.

Figura 21
Andrea Palladio,
Igreja do Redentor, 1577.
Ilha da Giudecca, Veneza.

Figura 22   Caravaggio, *Vocação de São Mateus*, 1599-1600.
Igreja de São Luís dos Franceses, Roma.

Figura 23 — Peter Paul Rubens, *Golpe de lança*, 1620, Museu Real de Belas Artes, Antuérpia

Figura 24   Rembrandt Harmenszoon van Rijn, *Cristo que prega aos pobres*, chamado de "gravura dos cem florins", c. 1647-1649.

Figura 25   Gian Lorenzo Bernini, Praça de São Pedro, 1656-1667, Cidade do Vaticano.

Figura 26
Johann Friedrich Overbeck.
Triunfo da religião nas artes, 1831-1840.
Städel Museum,
Frankfurt a.M.

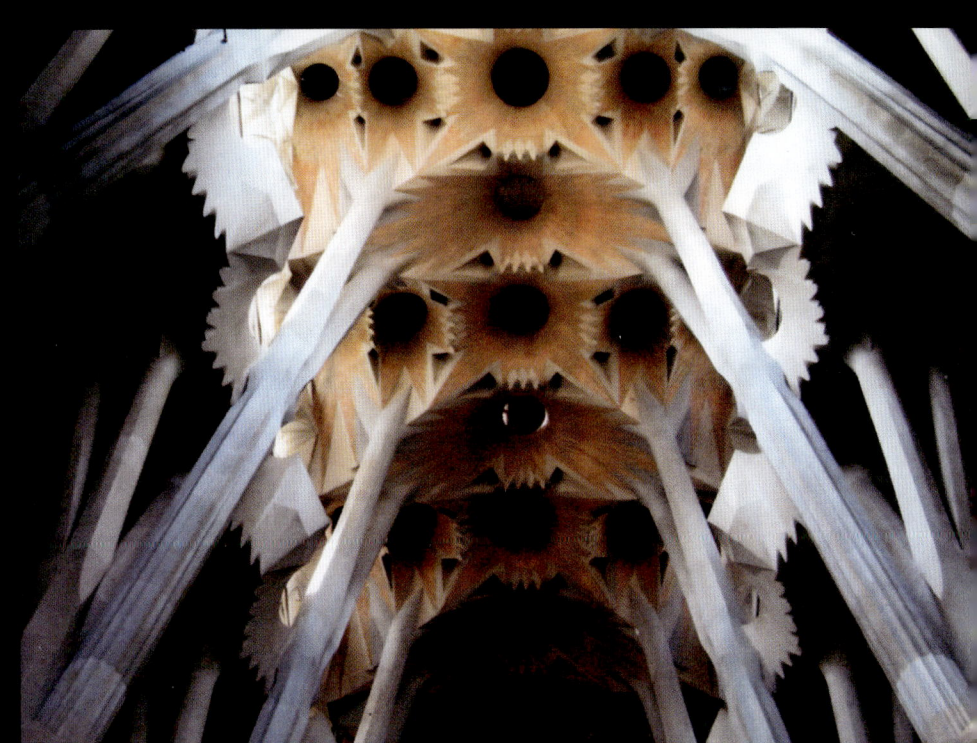

Figura 27 Antoni Gaudí. *Sagrada Família*, 1883-1926, vista do interior. Barcelona.

Figura 28   Le Corbusier, *Notre-Dame du Haut*, 1950-1955, Ronchamp.

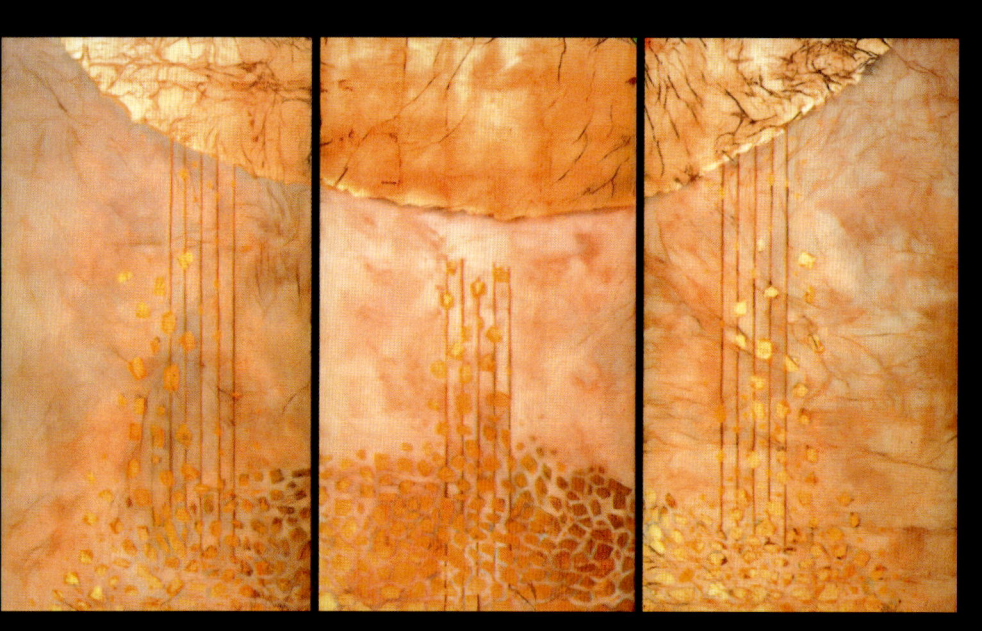

Figura 29   Filippo Rossi, *Magnificat*, 2008, Igreja da Transfiguração, Orleans, MA (EUA).